중년의 일탈일기

티베트로 가는 길
차마고도

송승구 지음

물과 바람, 사람과 말의 길 茶马古道

자연은 사람을 품을 때라야 아름답다.
파란 하늘을 뚫을 기세의 만년설을 머리에 얹은 히말라야 능선, 장엄한 위용을 자랑하는 붉은 바위산, 그 사이 흘러내릴 듯 걸친 빙하, 그것이 녹아 내리쏟다 흩날리는 폭포, 짙푸른 원시 숲을 가르는 칭커의 누런 물결……
어딘들 이 장쾌하고 조화로운 채색의 향연이 있을까? 숨이 멎을 만큼 미려한 산하, 자연에 순응하며 공존하는 삶이 있다. 그러기에 더 없이 아름다운 茶马古道!

책을 펴내며

이익 또는 효용의 반대편에는 손해가 상존합니다.

기회를 갖는다는 것은 또 다른 기회의 상실이기도 합니다.

기회비용이 너무 커서 용기를 내기가 쉽지 않았습니다.

작아지는 용기를 보완하기 위해 소문을 내고 다녔습니다.

'나는 티베트에 간다.'

용기를 내지 못하면 떠밀려서라도 갈 수 밖에 없는 상황을 스스로 만든 것입니다. 그렇게 해서 중국 윈난성云南省에서 8일, 차마고도에서 6일, 티베트에서 5일, 네팔에서 6일 등 25일의 여정으로 자연과 사람을 보았습니다.

중국인과 티벳탄의 다른 점은 무엇인지, 티벳탄과 우리는 조금이라도 닮은 점이 있는지, 혹시 그런 것이 있는지 궁금하여 그것을 보기 위해 천천히, 서두르지 않고 다녀 보았습니다.

중국어는 물론 티베트어는 한 마디도 못합니다. 영어를 잘하는 것도 아닙니다.

내가 알지 못하기에 그곳 사람들과 현지어로 의사소통을 하는 것은 불가능합니다. 내 영어 실력이 짧기도 하지만, 그들도 잘 모르기 때문에 그것마저도 기대하기 어렵습니다.

그런데 어떻게 의사소통을 할까요?

얼마든지 가능합니다. 몸동작, 손동작으로도 가능하지만, 내가 보았던 티벳탄의 얼굴에는 말하지 않아도 통할 수 있는 그 무엇이 있었습니다. 이번 여행에서 직접 대화를 나누거나 부딪친 인연은 거의 티벳탄, 그들이었습니다.

후티아오시아 트래킹에서 만난 마부 룬펑, 리지앙에서 만나 다시 더친에서 조우한 아가씨, 쉐가르에서 뵈었던 할머니 등 우연히 만난 사람이 모두 티벳탄이었다는 사실이 신기합니다.

교감이 없다면 절대로 나타날 수 없는 표정이 그들에게는 살아 있었습니다. 어떻게 보면 그것을 보고 느끼기 위해 이번 여행을 했던 것이 아닌가 하는 생각이 듭니다.

저는 글을 쓰는 소설가나 수필가가 아닙니다. 이 책은 몸으로 부대끼면서 우여곡절과 함께 한 좌충우돌 여행기입니다. 미려美麗한 문장은 스스로도 기대하지 않습니다. 힘들지만 세상과 부딪쳐야 하는 중년 남자의 허심탄회虛心坦懷한 독백일 수도 있습니다. 그렇다고 하여 대단한 인생 고백은 더더욱 아닙니다.

40대 중반을 훌쩍 넘어서서 어떤 계기에 의해 불현듯 일상을 벗어남에 관한 이야기입니다. 벼르고 별러서 현실을 내려놓았습니다. 그리고서야 본 것입니다.

이 땅에서 살아야 하는 4, 50대 중년의 삶은 그렇게 녹록지는 않은 것 같습니다. 직장, 주거, 교육, 안전, 노후 등 손으로 꼽기도 어려울 만큼 뭐 하나 잘 풀리는 것이 없습니다.

사회생활만 하더라도 그렇습니다. 경제적 어려움, 제도적 한계, 내 뜻이나 의도와는 다르게 전개되는 엉뚱한 상황 등 여러 사정에 의해 사는 것 자체가 힘들 때도 있습니다.

그렇게 삶이 무겁다고 느껴질 때 그들을 상기하겠습니다. 가까이에서 보았던 티벳탄의 미소와 순수한 마음, 그들의 검소한 삶을 돌아보겠습니다. 그리고 어쩌면……

그곳에 다시 갈 꿈을 꿀지도 모르겠습니다.

송 승 구

contents

제1부 일탈 … 11

1 동경 :: 마음속의 길 • 12
2 일탈 :: 꿈을 꾸다. • 14
3 일전 :: 어디 가는데? • 17

제2부 윈난 여행기 … 19

1 해방감 :: 실소 失笑 • 20
2 무모함 :: 쿤밍짠 昆明站 • 24
3 인심 :: 기차와 아주머니 • 29
4 만만디 :: 슬린의 여학생 • 32
5 우여곡절 :: 택시비가 없다. • 39
6 행색 :: 민꽁차오 民工潮 • 43
7 다툼 :: 자리와 새치기 • 47
8 흥망성쇠 :: 남조 왕국과 따리 • 51
9 豪氣 :: 차와 술 • 55
10 当心坠落 :: 창샨 트래킹 • 60
11 서운함 :: 똘배와 옥수수 • 65

12 아리랑? :: 리지앙 구청과 티벳탄 · 70
13 결합 :: SAKURA CAFE · 76
14 장쾌함 :: 후티아오시아 · 80
15 흥정 :: 마부馬夫 룬핑 · 85
16 회상 :: 아픈 손가락 · 89
17 상큼 :: 고진감래? · 94
18 第一厠 :: 중투커잔 · 98
19 기다림 :: 어디로 갈까? · 102
20 훔친 이름 :: 쫑디엔 · 108
21 정성 :: 백수대 그리고 양시오잉 · 114
22 비애 :: 한복과 한글 · 120
23 다름 :: 쟁기와 말 · 124
24 헷갈림 :: 은행이 도둑질? · 128
25 조바심 :: 같은 여관이 두 개? · 132

제3부 茶马古道를 따라 … 139

1 꿈길 :: 챠마구다오 • 140
2 인연 :: 동행자 • 143
3 슬픔 :: 눈망울 • 147
4 생명줄 :: 야크와 소금 • 152
5 재회 :: 우연한 만남, 아리랑 • 159
6 막힘 :: 차마고도의 실체 • 164
7 아쉬움 :: 와 거긴 안 가노? • 172
8 대립 :: 목마른 사람이 우물 판다. • 177
9 우려 :: 비가 왔다. • 181
10 가름 :: 란창지앙 • 186
11 경험 :: 4,000m에서 라면이 끓을까? • 193
12 지나침 :: 밥 묵을 데 없노? • 198
13 안심 :: 72굽이, 교통사고를 피하다. • 204
14 섬임 :: 칭슈에이누지앙 清水怒江 • 211
15 인정 :: 동생들 걸뱅이 아이가? • 215
16 일상 :: 풍경과 사람 • 220
17 공존 :: 샹바라 라이구춘 • 225
18 신념 :: 염주와 마니차 • 234
19 느림 :: 위티토우디 五体投地 • 239
20 미안함 :: 이공 易贡 차밭 • 244
21 애틋함 :: 어미 • 252
22 흐릿함 :: 연결 끈의 실체 • 257
23 추억 :: 이쁘면 다 용서 되잖아요. • 264
24 연민 :: 티벳탄 젊은이 • 268
25 억울함? :: 군대 가던 날 • 271
26 후련함 :: 금연결의가 깨졌다. • 275
27 반가움 :: 오! 포탈라 • 280

제4부 티베트 일기 … 287

1 신뢰 :: 소주 한잔의 의미 • 288
2 어긋남 :: 라싸에 대한 단상 • 293
3 희미함 :: 독립의 꿈 • 300
4 지워짐 :: 시가체와 르카즈어 • 307
5 서러움 :: 막걸리 • 313
6 노림수 :: 한족화 정책 • 317
7 이별 :: 한국에서 찾아뵙겠습니다. • 322
8 상념 :: 어머니와 차비 • 326
9 확신? :: 허가증 • 331
10 기도 :: 짜시텔레 • 334
11 오버랩 :: 할머니를 보았다. • 339

12 황당함 :: 버스에서 쫓겨났다. • 343
13 의미심장 :: 티벳탄 여성 가이드 • 348
14 뭉클함 :: 초모랑마 • 353
15 환상 :: 히말라야의 속살 • 357
16 경계 :: 금線을 넘다. • 363
17 한계 :: 안나푸르나와 서민 • 367
18 복귀 :: 한국인과 티벳탄 • 373

못다 한 이야기 … 378

제 1 부

일탈

1 동경 :: 마음속의 길

가끔은 서 있고 싶을 때가 있다. 뒤 돌아보아야 할 필요도 있다.

매일 반복되는 일상 그리고 경쟁, 하루 종일 하늘 한 번 쳐다보지 못하고 좁은 곳을 헤매는, 뭔지 모를 허전함이 가슴 한 쪽을 짓누를 때면 막연하지만 일탈을 생각했다.

마음속에 보고 싶은 곳이 있었다. 가고 싶은 길이 있었다. 마방馬帮의 길 차마고도를 거쳐 티베트, 라싸拉萨로 가는 꿈을 꿨다. 왠지는 모르겠지만 그런 생각이 들었다. 아마도 뭔가를 통해 가슴에 묻어 두었던 동경의 대상이었는지도 모르겠다.

언젠가 가깝게 지내는 친구가 티베트 트래킹에 관한 이야기를 꺼냈다. 히말라야 등반을 할 것은 아니고……. 같이 갈 사람이 있으면 한번 가보고 싶다고 했다. 나는 평소 산을 좋아하는 편은 아니었지만, 친구의 티베트 이야기에는 귀가 번쩍 뜨였다.

나이가 더 들면 산으로 들어갈 것이라면서 오직 산에 파묻혀 사는 공인중개사公認仲介士 업을 하는 정용철이라는 친구가 있다. 그렇잖아도 설악산 수렴동水簾洞에서 한동안 살았었다. 몇 그루의 차나무를 가꾸고 싶어 다운茶耘이라는 아호를 쓰는 꽤 오랜 지기다. 내 마음을 슬쩍 숨기고,

"누가 티베트에 가 보고 싶다는데 얘기나 한번 해 보겠어?"

다운 반응이 좀 놀라웠다. 티베트에 갈 준비를 한 지가 10년은 된 것 같다고 했다. 칸첸중가, 안나푸르나, K2, 매킨리, 킬리만자로 등을 입에 달고 사는 사람이다. 핸드폰 번호도 초모랑마 에베레스트 해발고도와

같은 8848번을 쓴다. 그러면서 딱 두 곳을 꼽는다.

"티베트와 잉카 제국의 마추픽추"

가슴 한쪽에 자리 잡고 있는 티베트는 어떤 곳일까? 그곳에 대한 궁금증은 나로 하여금 '꼭 한번 가 봐야겠다.' 는 결심을 굳히게 하였고, 얼마 후 구체적인 실행 계획을 세우게 했다.

티베트만 갔다 올 것인지 기왕이면 주변 지역까지 돌아볼 것인지, 가능한 여정을 여러 가지로 궁리했다. 이참에 옌비엔延边 조선족의 삶과 백두산은 어떨까?

'백두산······.'

누군가는 중국 여행을 하려면 최소한 네 번은 해야 한다고 했다. 첫째는 발로 걷는 여행, 둘째는 눈으로 보는 여행, 셋째는 귀로 듣는 여행 그리고 마지막, 가슴으로 느끼는 여행······.

즉, 만리장성을 포함한 베이징北京 인근은 죽어라 걸어야 해서 이를 두고 발로 하는 여행이라 하고, 상하이上海를 중심으로 한 쑤저우苏州, 항저우杭州 등 볼거리 위주의 편안한 여행을 눈으로 하는 여행이라 한다.

실크 로드의 출발점 시안西安, 진시왕릉의 빙마요웅컹兵马俑坑을 보면서, 옛날 병사의 고함, 말발굽 소리, 창이 부딪치는 소리를 듣는다 하여 이를 귀로 하는 여행이라 한다.

끝으로 우리 한국 사람에게만 국한될 일인지는 모르겠으나, 한민족의 성지 백두산과 천지를 보면서 가슴 뭉클한 민족적 감동을 느껴 보는 것이 마지막, 가슴으로 하는 여행이라고 한다.

그래서 옌지延吉로 들어가 백두산을 거친 후 베이징에서 칭창후아쳐青藏火车, 열차를 타고 티베트로 들어가는 방법, 아니면 청도우成都로 들어가서 라싸를 거쳐 다시 청도우로 나와 장지아지에张家界, 구이린桂林을 돌아오는 방법 등을 생각해 보았다. 여러 가지 궁리를 듣던 다운이 정곡을 찌른다.

"형! 차마고도로 갈 수는 없을까?"

"차마고도?"

그 일탈 :: 꿈을 꾸다.

차마고도!

그전부터 한번쯤은 가보고 싶은 길이었고, 언젠가 TV에서 본 기억도 있어 가슴에 묻어 두었지만 엄두가 나지 않아 말을 못 했었다. 그런데 다운이 그곳 차마고도를 얘기하고 있다. 오히려 라싸보다 티벳탄의 삶이 원형 그대로 살아 있다는 옛 캄Kham, 康巴 지역의 문화와 생활…….

'그래! 그걸 보기로 하자.'

차마고도와 티베트에 대한 궁리는 내 마음을 이미 그곳에 가 있게 했다. 백두산을 추후로 미뤘더니 다른 곳은 안중에 들어오지도 않는다. 나는 이때부터 티베트, 차마고도라는 단어가 한시도 머리에서 떠나질 않았다.

그런데 차마고도를 어떻게 갈 것인가. 방법이 있기나 할까? 여러 가지 정보를 수집해 본 결과, 인원과 허가 등 절차도 그렇고, 비용도 만만치는 않다. 더구나 우기에는 절대로 갈 수 없고, 겨울에도 불가능하다고 한다. 어쩔 것인가?

'그래, 시기를 앞당기자.'

8월 말에서 9월 사이가 가장 좋을 것 같다는 결론에 이르렀다. 마음이 급해졌다. 다행히 차마고도를 동행할 파트너가 있다고 한다. 대구에 계시는 두 분이다. 여행허가를 의뢰하고 경비를 마련하면서 본격적인 준비를 하였다.

나는 평소 등산을 잘 하지 않았기에 가지고 있는 장비가 별로 없다. 배낭, 침낭, 등산화, 두꺼운 옷, 방수용 점퍼에 심지어 고글까지 새로 장만해야 했는데 그 돈도 적진 않다.

다운과 함께 여행 일정을 점검하고 날짜를 확정하려는데 아뿔싸! 처음 티베트 이야기를 꺼냈던 친구는 동행할 여건이 안 돼 어쩔 수 없이 둘이 갈 수밖에 없는 상황이 되었다.

'둘이 간다. 단둘이······.'

가이드가 다 알아서 해 주는 패키지 여행이 아니다. 해결해 줄 사람은 우리 외엔 없다. 친밀한 사람이라도 장기간 여행에서 고집을 세우거나 양보를 하지 않아 마음이 상하면 껄끄러운 관계가 되어 돌아오는 경우도 있다고 한다.

'어떻게 할까? 연기할까?'

말도 안 통하는 오지奧地 여행이다. 다운은 내가 못 가면 혼자서라도 가겠다고 고집을 세운다. 그럴 수도 없고, 어쩌랴······. 죽이 되건 밥이 되건 같이 가 보자. 내 나이 오십 언저리, 마흔 중반의 다운.

'적지 않은 나이에 단둘이 배낭여행이라······.'

여행, 관광과는 뭐가 다를까? 관광은 남이 해 주고, 여행은 내가 하는 것일까? 그런 면에서 보면 가이드 뒤만 따라다니는 관광은 몰라도 외국 여행을 해 본 적이 단 한 번도 없다.

'내가 한다.'

중국어는 슈에이水, 이一, 얼二과 같은 토막 단어 외엔 한 마디도 못 한다. 오지여서 영어가 통할지는 모르지만 그마저도 시원찮다. 그렇다면 최후의 필살기, 바로 보디랭귀지?

우리의 여행 경로는 쿤밍으로 출국해서 따리, 리지앙을 거쳐 후티아오시아 트래킹을 한 이후 쭝디엔부터 차마고도를 통해 라싸로 들어가서 시가체, 라체를 거쳐 초모랑마 베이스캠프를 들러 쟝무를 통해 네팔 카트만두로 넘어가서 포카라를 경유하여 귀국하는 것으로 했다.

여행 방법은 쿤밍부터 쭝디엔까지는 단둘이 배낭여행으로, 쭝디엔부터 라싸까지는 랜드크루저로 대구에 계시는 두 분과 동행하고, 라싸부터 네팔까지는 다시 둘만의 배낭여행으로 잡았다.

어쨌든 기가 막힌 계획 아닌가? 하루 이틀 어긋나는 것은 당연히 감수해야 한다. 어쩌면 예기치 못한 일로 며칠의 시차가 발생할 수도 있다. 들어오는 날은 확정할 수가 없기에 현지 상황에 맞추기로 했다.

드디어 꾸던 꿈이 현실이 되는 느낌이다.

3일전 :: 어디가는데?

아마 장기간 사무실이나 집을 비워야 할 상황이 되면 어쩔 수 없는 출장이 아닌 한 설득이 쉽진 않을 것이다. 회사의 업무차 가야 할 외국 출장이라도 군소리는 피할 수 없을 텐데, 하물며 여행을 간다면 더 이상 말할 것도 없다. 표시를 내지 않고 준비를 했다. 어쩌면 일탈을 위한 가장 어려운 관문이 남았다.

"집사람에게 얘기는 했어?"

"아니요, 그냥 가는 거지요 뭐."

우리는 마지막 결전을 치러야 했다. 진행 중이던 사무실 업무는 거의 정리했다. 미진한 것은 직원에게 일러두었다. 어딘지도 모르는 티베트를 갔다 오겠다는 이야기를 어떻게 할 것인가? 며칠간 눈치만 보았다. 과연 허락을 할까? 그냥 밀어붙일까? 고민 중이던 어느 날,

"나한테 얘기도 안 하고 비행기 표 끊은 건 뭐야?", 들켰다.

"티베트 좀 갔다 오려구."

"거기가 어딘데- 며칠이나 걸려?"

"중국 지나서……. 한 20일 좀 넘게 걸려."

"미쳤어? 사무실은 접으려구?", 예상했던 대로다.

"거길 어떻게 가려고 그래, 수술한 사람이"

무슨 얘기를 들었나? 사무실 운영엔 지장이 없다는 점, 고소증高所症은 이길 수 있고 건강에 이상이 없다는 점, 무엇보다 중요한 것은 지금 안 가면 영원히 갈 수 없기에 꼭 한번 가보고 싶다면서 여러 가지 이유를 들었다. 거듭된 설득에도 불구하고 아무

말도 안 하더니,

"갔다 와, 언제 내가 하지 말라고 해서 안 한 적 있어?"

억지로 동의를 얻었다.

"언제 출발하는데?"

"내일모레"

"정말 너무한다. 어지간하다. 그래, 언제 오는데?"

"가 봐야 알 것 같아, 들어오는 날이 오는 날이야."

내가 생각해 봐도 좀 그렇긴 하다. 집사람의 이해할 수 없다는 반응, 수긍할 수밖에 없다. 그래도 난 좀 낫다. 다운은 출발하기 하루 전날 얘기했다고 한다. 어떻게 그럴 수 있느냐면서 난리가 났었다고 한다. 미리 얘기하면 안 보내줄 줄 알았느냐면서……

이 땅에 사는 중년 가장은 이렇다. 우리뿐만 아니라 대부분 그럴 것이라고 본다. 고등학생, 대학생을 자식으로 두고 있는 중년의 가장이 일상에서 발을 뺀다는 것은 그만큼 만용에 가까운 용기가 아니면 어림없을 것 같다.

"내가 좀 너무했나요?"

"약간 무리가 따르지 않으면 되겠어?"

그렇게 우리는 일상을 벗어났다.

제 2부

윈난 여행기

| 해방감 :: 실소失笑

드디어 쿤밍행 비행기에 몸을 싣는다.

당연히 이코노미 클래스로 구매한 항공권, 다운은 처음 가는 해외여행이라선지 조금은 흥분되는 모양이다. 나도 깃발 따라다니는 관광은 가 봤지만 스스로 하는 여행은 처음이다.

배낭을 수하물로 부치고 탑승을 하려는데 항공사 직원이 우리를 부르면서 시트 번호를 다시 부여해 준다. 인터넷으로 자리까지 지정하였는데 무슨 일인가 싶다. 비행기를 타고 바뀐 자리를 보니,

'비즈니스 클래스라……'

뜻하지 않은 행운(?)으로 넓은 자리에 앉아 여유 있게 여행을 즐기는 것도 괜찮다. 그런데 조금은 걱정이다. 배낭여행 가는 사람이 처음부터 너무 편한 것은 아닌가? 어쨌든 출발은 좋다.

업그레이드 이유는 모르겠지만, 등산복 입은 사람은 우리뿐이다. 중국의 밤하늘을 가르면서 첫 여행의 설렘과 함께 시트 기울기에 일반석과의 차이를 실감하면서 창밖을 바라본다.

어느 순간, 불꽃놀이 하듯 번개가 날카로운 선을 그린다. '아! 번개가 저렇게 생기는구나.', 구름 위에서 처음 보았다. 그리고 번개는 항상 땅으로 내려간다는 아무도 의심하지 않는 당연한 상식을 확인했다. 어느덧 쿤밍昆明의 낯선 불빛이 다가온다.

'아! 드디어 도착했구나.'

쿤밍 국제공항 우자바지차앙巫家坝机场, 좀 어두침침하다. 밤이 늦어서 그런지도 모르겠다. 입국심사대 앞에 섰다. 조금은 긴장된다.

다른 사람 행동을 유심히 봐 두었다. 똑같이 따라 했다. 말 한마디 안 했는데? 심사가 끝났다.

베이징에서도 그랬지만, 삐끼가 장난이 아니라고 들었다. 배낭 멜빵을 여미고 팔과 배낭을 붙잡는 그들 사이를 유유히 빠져나가 승차장에 줄을 서니, 택시 타는 순서를 공안公安, 경찰이 정리해 준다. 우리 같은 사람이 이용하기에 참 편하긴 한데 이런 데까지 공안이 투입되면? 무질서를 행정력으로 보완하는 것이 중국인가? 공안이 없으면 거의 뒤죽박죽, 초행길에는 택시를 타지도 못할 것 같다.

택시 기사에게, "뚱펑둥루 차화빈관", 하고 행선지를 알려줬더니 내 발음이 어설픈지 잘 못 알아듣는다. 발음을 고쳐 다시 한 번,

"동펑둥루 차화빈관", 그제야 알아들었는지,

"아! 차화빈관? — OK!" 하더니, 한적한 춘청루春城路를 시원하게 달린다.

쿤밍, 사계절 꽃이 피는 아름다운 도시라고 들었다. 그래서 도로 이름에 봄이라는 글자가 들어간 걸까? 아니 쿤밍의 또 다른 이름이 춘청春城이라던가. 밤 12시가 넘어선지 도로는 조용하다. 조금은 어두운 거리를 뚫고 숙소에 도착했다.

차화빈관茶花賓館, Camellia Hotel, 애초에는 전 일정을 도미토리에서 묵을 생각이었다. 한 방에 여섯 명에서 여덟 명이 잘 수 있도록 침상을 배치하고 1인당 20위안에서 30위안 하는 도미토리가 배낭 여행자에겐 딱 맞다. 그러나 배낭을 통째로 도둑맞을 수도 있다는 얘기를 듣고는 포기했다.

트윈 룸, 150위안이라고 한다. 200위안을 지불했는데 거스름돈을

안준다. 이상해서 뜨악한 표정으로 쳐다보니까 영수증을 보라고 손짓을 한다. 기재된 내용을 보니 야진押金 50위안!

'아! 이게 디파짓Deposit이라는 거구나……'

내일 아침에 잊으면 안 되겠다 싶어 다운에게 다짐하고 짐을 풀었다. 꽤나 후덥지근한 객실에 에어컨은커녕 선풍기도 없다. 천장에 그 흔한 형광등 하나 없이 희미한 벽 등만 붙어 있다.

벽지는 떨어졌고 침구도 지저분한 것 같다. 그걸 숨기기 위해 일부러 컴컴하게 해 놓은 것 같은 느낌이 든다. 숨이 턱- 막히는 기분이다. 7, 80년대 우리나라 여관방과 비슷하다.

물론 내 집처럼 편안함을 바라진 않지만 이렇게밖에 못 할까 하는 어설픔이 쿤밍의 첫인상으로 다가온다. 새로 산 침낭이 제 몫을 할 것 같다. 한국의 모텔은 여기에 비하면 호텔이다.

'어쩌랴……. 도미토리가 아닌 걸로 만족해야지'

여행 첫날이다.

밤이 꽤 이슥해졌지만 그냥 자기에는 허전할 것 같아 거리로 나섰다. 숙소 바로 옆 야식을 파는 식당이 있다. 안주거리를 고르는데 뭘 어떻게 먹어야 할지, 영- 고민이다. 알에서 막 깨어난 병아리를 통째로 구워 놓은 것이 있다. 차마 그건 못 먹겠다.

굼벵이인가? 이상한 벌레 같은 것, 전갈 튀김, 참새구이 비슷한 것, 생전 보지도 못한 꼬치구이가 종류별로 천태만상千態萬象이다. 중국은 날아다니는 것은 비행기 빼고, 땅에 있는 것은 책상다리만 잘라내고 다 먹는다더니 정말인가 보다.

"다운, 뭘 먹지?"

차화빈관 카페에서

결국 돼지 족발 비슷한 꼬치구이와 크게 독하진 않은 42% 술 한 병을 골라 앉았다. 꼬치 굽는 연기가 들어차 매캐하다. 그리곤 왁자지껄한 중국인 특유의 걸걸한 억양이 섞여 마치 시장 통에 들어와 있는 기분이다. 그것마저도 좋다. 더 이상 바랄 것이 없다.

독주 한 잔의 목 넘김은 식도를 타고 위장을 지나 발끝까지 이어지는 싸-한 느낌에 있다. 그러나 이 맛은 오히려 달콤함에 가깝다. 마음은 붕- 떠 있다. 드디어 일탈을 결행했음을 자각한 이후에야 느껴지는 해방감에 저절로 나오는 실없는 웃음을 술 한 모금으로 대신한 것이다. 약간 취기가 오른다.

나도 그렇지만 다운도 꽤나 술꾼이다. 다운은 집으로 가려면 내가 사는 동네를 지나야만 한다. 우린 평소에도 참새가 방앗간을 그냥 지나치지 못하는 것처럼 맥주를 한잔하곤 했다. 딱 한 잔이 자정을 넘어 한 시, 두 시로 내달린 적이 많았다.

그래서 집에서는 불성실 가장으로 낙인찍힌 지 오래다. 집에서뿐만 아니라 나는 다운 집사람에게 그리고 다운도 마찬가지로 찍혀 있었다. 그런 만큼 다운과의 어울림은 꽤 오래되었다. 주변에서 알 만한 사람은 다 안다. 종종 이런 말을 들었다.

"아주 둘이 살아라."

술꾼의 생리상 차화빈관 3관 화단 바로 옆, 카페의 불빛이 우릴 부르는 것을 거절하지 못했다. 카페라고 해 봐야 허름한 공간에 예닐곱 개의 테이블, 한쪽 벽은 마오쩌둥 毛泽东 초상화가 다 차지했다.

맥주를 달라 하니 4홉들이 병맥주를 준다. 소주를 조금 섞은 폭탄주처럼 맛이 진하지만, 긴장이 풀린 청량감은 더없이 좋다. 인류역사상 최고의 발견은 술이었다고 굳게 믿는 두 사람……

콜럼버스의 신대륙을 뛰어 넘는 가장 위대한 발견 그리고 진화의 결정체, 커뮤니케이션의 강력한 매개, 즐거움을 배가시킬 수단, 아마도 다운을 비롯한 친구와의 친밀감에 결정적 기여를 했을 술, 그 한잔이 있어 행복하다. 맥주 딱 두 병, 기분 좋게 마셨다.

앞으로 닥칠 우여곡절을 예감도 못 한 채 뒤척였다

2 무모함 :: 쿤밍짠 昆明站

쿤밍에서의 이틀째 계획은 오전에 슬린 관광을 하고 오후에는 따리로 이동하는 것으로 했다. 시내는 관심이 없다. 슬린은 쿤밍에서

남동쪽으로 90km 거리에 있다고 한다. 기차를 타고 갈 예정이다.

  첫날, 설렘에 자는 둥 마는 둥 눈을 뜬 시각이 6시 40분경, 고양이 세수 후 이동 준비를 했다. 아침 식사를 하러 식당에 들어가려고 했더니 종이쪽지를 들고 보여 달라고 한다. 해서 다시 나와 다운을 보니 얼굴이 상기되어 있다.

  어젯밤에 맡긴 야진 50위안을 찾기 위해 한참을 기다렸다고 한다. 다른 볼일 보면서 딴청을 피우는 카운터 직원들이 좀 안돼 보인다. 다운이 가지고 있던 숙박 영수증을 내보이니 식당에 들어가라고 한다.

  '아!~ 아침 식비가 숙박비에 포함되어 있구나. 체험하면서 하나하나 배워 보자.'

  간간이 들리는 우리말, 한국 사람도 꽤 있는 모양이다. 가벼운 옷차림의 관광객이 그득하다. 해장국 비슷한 것, 계란 프라이……. 미시엔米线, 쌀국수은 먹을 만하다. 나는 이때만 해도 이번 여행이 다시는 계란 프라이를 먹지 않는 계기가 될 줄은 몰랐다.

  차화빈관에는 배낭여행객이 많이 묵는다. 그래선지 호텔 로비 앞에 택시가 자주 들어온다. 배낭을 밀어 넣고 쿤밍역昆明站으로 출발했다. 대중교통 이용하는 것은 열차보다는 버스가 낫다. 그러나 우리는 가능하면 많은 것을 보고 느끼고 배우고자 했으므로 굳이 후아쳐火车, 기차를 한번 타 보기로 했던 것이다.

  쿤밍의 대중교통 체계에 대해 우리는 사전 정보가 없다. 쿤밍 역에 도착하여 바로 중앙 계단을 통하여 역사 안으로 들어가려 했더니 무전기를 든 뚱뚱한 여성 공안이 길을 막고 안 들여보낸다. 승차권이 있어야 대합실로 들어갈 수 있다는 것을 몰랐다.

아마도 대합실을 개방하면 걸인이나 잡상인이 많이 들어오니 그것을 막기 위해 표가 없는 사람의 입실을 통제하는 것 같다. 공안에게 물어보고 다시 1층으로 내려와 매표소 앞에 줄을 서서 아무 생각 없이 기다렸다. 차표를 구하려는 사람이 무지하게 많다.

차례가 되었다. "슬린 얼! 워푸", 헉! 창구 직원, 다른 창구에서 표를 사야 된다고 손짓을 한다. 가리킨 창구로 가서 "슬린! 얼", 하고 외쳤는데 표 팔던 여직원, 뭐라고 알아듣지도 못하는 말 몇 마디 하더니 클로즈 표시만 세워 놓고 가 버린다. 근무 시간이 다 되었는지 아예 자리를 떠 버렸다.

조금은 당황스럽다. 외국인이라고 특별한 대우를 바라진 않는다. 그러나 퉁명스러운 태도에 기분이 좋진 않다. 알아듣게 하는 노력이라도 보여줄 수는 없었는지……. 하지만 내가 착각했음을 나중에야 알았다.

중국의 열차는 침대칸인 워푸^{卧铺}, 푹신한 의자인 르완워^{软卧}, 딱딱한 잉워^{硬卧} 등으로 구분하고 요금에 차이가 난다. 나는 수많은 사람이 붐비는 열차 역에서 배낭을 멘 채, 이리저리 밀리면서 푹신한 의자를 착각하고 역무원에게 "워푸"라고 하였고, 슬린은 가까운 거리기 때문에 워푸로 된 표는 없었던 것이다.

공공장소에는 공안이 많이 나와 있다. 해서 그들을 붙잡고 "슬린! 슬린!", 하면서 의사를 전달하니 친절하게도 공안이 앞장서 도와주어 겨우 후아처피아오火车票-열차표를 구했다. 고맙다고 눈인사를 했다.

매표소 2층에 있는 허우처씨候车室, 대합실로 들어가기 위해서는 모든 짐을 공항에서 검색하듯 X-ray 투시기에 통과시켜야 한다. 그것도 한 개의 문짝만 열고. 그러니 그 앞은 명절 전 재래시장처럼 북새통을 이룬다. 그런데 형식적인 것 같다. 별로 살피지도 않는다.

 출발 시각은 11시 50분, 8시 30분에 출발하는 열차를 타려고 했던 것이 세 시간 이상이나 밀렸다. 1970, 80년대, 우리나라도 열차로만 사람이 몰렸었다. 그때의 기차를 미처 생각하지 못했다. 필요 이상의 여유가 생겼다.

 여행 스케줄은 처음부터 어긋난다. 대합실에 물건 보관함이 있는지 이리저리 찾아보았다. 그러나 사용 방법을 모르겠다. 무조건 공안을 활용, 배낭 한 개에 3위안을 주고 맡겼다. 몸이 날아갈 것 같다.

 큼지막한 황소 동상을 가운데 둔 쿤밍역 광장은 정말 넓다. 그럼에도

쿤밍역

사람이 바글바글하다. 쿤밍 기차역 정면으로는 베이징루北京路가 쭉 뻗어 있고 역 광장과 가까운 곳에 버스 터미널이 자리를 잡았다.

베이징루를 따라 걸으면서 바나나, 파인애플 등 각종 열대 과일을 파는 좌판, 액세서리 등 물건을 파는 행상과 살 마음도 없는 흥정을 하다 옆구리를 찌르는 거지를 외면하고 사거리를 돌아 뒷골목으로 들어가 본다.

대로변과는 딴판이다. 아스팔트는 패여 있고 구정물이 흥건하여 어젯밤 흥청거림의 흔적이 그대로 남아 있다. 어설픈 담장 너머로 보이는 아파트 뒷마당은 사람의 손길이 미치지 않는지 쑥대 같은 풀과 잡초가 무성하다.

저층 아파트는 흡사 슬럼가Slum 街를 연상케 한다. 곧 넘어질 것 같은 아파트의 벽에서 콘크리트 조각이 떨어졌고, 창문마다 두껍게 녹이 슨 방범 창살이 붙어 있다. 널려 있는 빨래가 겨우 사람이 사는 곳임을 알려준다.

길거리 음식 파는 곳을 기웃거리다 여권을 복사하고 은행으로 들어갔다. 특별히 볼 일은 없다. 규모는 크지 않지만 소파가 편하다. 중국 공공장소에서의 편리한 점 하나, 담배를 피울 수 있다는 것이다. 옆에 아이가 있어도 개의치 않는다. 소파 깊숙이 허리를 묻고 한국이라면 상상도 할 수 없는 여유를 부렸다.

쿤밍역은 서울역보다 복잡한 것 같다. 아마도 버스 노선이 여의치 않고, 워낙 장거리여서 열차로 사람이 몰리기 때문인 것 같다. 인파를 뚫고 2층 허우처씨로 들어갔다.

대합실 안은 각종 짐 보따리와 사람들이 뒤엉켜 의자뿐만 아니라 통로에도 주저앉아 큰 소리로 떠들어대니 실내가 왕왕거려 열차 출발 안내방송이 들리질 않는다. 어차피 무슨 말인지도 모르지만…….

대합실 한편으로는 칸막이가 낮아 의미가 없는 흡연실이 있다. 군데군데 공안이 나와 메가폰으로 정리한다. 카랑카랑한 목소리의 주인공은 여성 공안인데 눈매가 상당히 매섭다. 어떤 사람이 들어오다 쫓겨 나간다. 아마 잘못 들어온 모양이다. 한마디로 북새통이다.

1주일 남짓한 베이징 패키지 관광이 중국 여행의 전부인 나, 바닷물은 처음 건너온 다운, 중국어는커녕 영어도 시원찮은 두 사람, 자장면과 짬뽕이 중식이라고 하니 그런가 하고 먹었지, 중국 음식은 그것 외엔 이름도 모른다.

우리가 감행한 여행이 무식함에 근거한 무모한 도전임을 자각하는 데는 며칠 안 걸렸다.

3인심 :: 기차와 아주머니

배낭여행의 어려움을 실감한다.

슬린행 기차를 몇 번 플랫폼에서 타야 하는지도 모른 채, 수많은 사람에게 떠밀렸다. 아치형 지붕이 설치된 승강장을 울리는 안내 방송 특유의 목소리만 사람들 소음을 뚫고 설렘을 유발한다.

열차표를 보여 주고, "슬린"이라는 한 마디로 눈치껏 때려잡아 기차를 탔다. 우리나라 70년대와 똑같다. 지금은 없어진 비둘기호 열차처럼 의자 한 개에 세 명이 마주 보고 앉게 되어 있다.

좌석 번호 표시가 눈에 잘 띄질 않아 겨우 자리를 찾았다. 다운은 한 칸 뒤쪽 반대편, 나는 외국인과 학생 사이, 다운과는 등을 지고 앉았다. 입석표도 많은가 보다. 우리가 그랬던 것처럼 빈자리에 앉아 있다 좌석 주인이 오면 비키느라 소동이 벌어진다.

중국인이 시끄럽다는 것은 익히 알고 있다. 옆 사람과의 이야기 소리, 전화 받는 소리, 멀리 떨어진 일행을 부르는 고성과 함께 중국어 특유의 투박한 억양이 섞여 더욱 소란스럽다. 쿤밍 역 대합실의 소음 수준을 그대로 열차 객실에 옮겨 놓은 것 같다. 기차를 타고서도 정신이 없기는 마찬가지다.

앞에 마주 앉은 아주머니, 다섯 살, 세 살 정도 된 남매를 데리고 앉아 나를 보고 쉴 새 없이 떠든다. 내가 한국 사람이라고 했지만 소용없다. 계속 말을 붙인다. 알아듣지 못하고 웃고만 있었다. 창밖을 바라보면서 느긋하게 여행을 즐기기는 애초부터 글렀다.

아주머니, 아이 둘과 함께 불편하게 앉은 아가씨가 선반에 올려놓았던 보따리가 통로 옆 총각 녀석 무릎에 떨어졌다. 기회를 잡은 녀석이 아가씨에게 작업을 거는데 그 아주머니, 그 사이에도 끼어들어 참견하다 뒷자리에 앉은 남자의 전화 받는 소리에 내 얼굴을 쳐다보며 시끄럽다고 머리를 절레절레 흔든다.

그러다 뭔가 조금 미안하다는 표정으로 보따리에서 먹을거리를 꺼내 권한다. 사양했더니 억지로 손에 쥐어 주고는 옆에 앉아 독서삼매경에 빠진 서양인에게도 쿡쿡 찔러 권한다.

잠시 밖으로 눈을 돌렸다. 어느 순간 호수가 보인다. 양종하이 阳宗海, 바다 해 자를 붙일 만큼 큰 호수는 아닌데 어쨌든 이름이 그렇다.

호수 끝에는 원자력 발전소 阳宗海发电厂가 있다. 그 유명한 우크라이나 체르노빌과 똑같은 형태의 노爐 시설이 보인다. 조금은 불안한 마음에 얼른 지나길 바랐다.

옆에 앉은 여학생, 내가 들고 있는 메모지를 보며 "한꾸어?" 하면서 묻기에, "한국!" 하면서, 이 글자가 한글이라고 했더니 고개를 까딱하면서 처음 본다고 한다. 한국과의 교류가 적어 한글로 된 간판을 본 적도 없는 모양이다.

각자 가진 음식이나 과일 등을 권하면서 나누는 모습을 보니 아직도 순박한 마음을 간직하고 있는 것 같은 이들이 푸근하다. 아주머니에게서 뻥튀기 같은 과자, 옆에 앉은 총각에게서 해바라기 씨를 얻어먹었다. 내 기억 속의 7, 80년대 기차 풍경과 똑같다. 그때의 기차 하면 떠오르는 것,

'삶은 계란 세 개, 귤 한 줄······.'

초등학교 6학년 때, 전학을 가느라 원주에서 어느 마을로 가는 기차를 처음 탔었다. 수많은 사람 틈에 끼어 손을 놓치면 큰일이라는 생각에 어머니에게 매달려 탄 기차, 의자에 앉아서도 그게 기차라는 것을 미처 몰랐다.

기차가 굽은 길을 달릴 때면 맨 앞, 디젤 기관차 굴뚝에서 뿜어 나오는 매연이 신기하여 창밖을 통해 계속 바라봤다. 그러다 두어 칸 앞에 앉은 아주 못생긴 또래 녀석과 눈이 마주쳤다. 외면하다 앞을 내다보면 계속 마주쳐 원치 않는 눈싸움을 했다.

전학 절차를 마치고 반 배정을 받았다. 뒤쪽 빈자리에 앉으라는 선생님 말씀에 따라 앉고 보니 기차에서 본 그 녀석이 짝이 되었다.

어린 눈에도 못생겼다는 생각이 들었었는데 요즘 말로 하면 반에서 왕따였다. 다른 친구가 생기기 전까지 한동안 붙어 다녔었는데 그 뒤로는 기억이 없다. 이름도 까맣게 잊었던 녀석이 생각난다.

예전 기차에는 추억도 많았다. 그곳에서 인연도 생겼었다. 어설픈 기타 반주에 맞춘 손뼉 장단에 노래를 불러도 제지하는 사람은 없었다. 조명이 시원치 않아 터널로 들어갈 때면 장난도 많이 쳤다. 매캐한 냄새에 콜록거리다 보면 콧구멍이 새카매지는 줄도 몰랐다. 그런 추억은 이제 토막만 남아 있다.

지금의 새마을호 열차는 삭막하기 그지없다. 누구하고도 모르는 사람과는 얘기하지 않는다. 아니 다른 사람에게 방해가 될까 봐 떠들 수가 없는 분위기다. 편안함을 추구하기 위해 앞만 바라볼 수 있게 만든 의자가 어느새 인정을 갈라놓았다.

가끔 열차를 타면 그 조용함에 숨이 막힐 것 같다.

4 만만디 :: 슬린의 여학생

열차에 탄 사람들의 표정 살피기가 거의 끝날 즈음, 창밖을 보니 밭 가운데 드문드문 박힌 바위가 완전히 다른 분위기를 연출한다. 드디어 슬린石林 역에 도착했다. 시골의 간이역을 연상시킨다. 아주머니에게 눈인사를 하고 돌아섰다. 성수기를 지나선지 내리는 사람은 별로 없다. 뒤따라 내린 다운 왈,

"내가 가이드 구했어요.", 다운 뒤로 여학생이 따라오고 있다.

"참 재주도 좋다. 그새 학생들을?"

우리는 기꺼이 동행하기로 했다. 이곳에 처음 왔다는 여학생을 가이드 삼아 역에서 슬린 입구까지의 택시 요금을 홍정했다. 이길 수가 있나? 10위안에 택시를 타고 보니

슬린행 기차에서

역 앞에는 인가가 한 채도 없다. 슬린 역은 순전히 관광을 위해 만든 것으로 보인다.

우리는 학생들 점심까지 인심을 쓰고, 공원石林国家地质公园, 석림국가지질공원을 돌아보기 시작했다. 슬린은 바다가 융기하면서 생긴 독특한 카르스트 지형으로 바위 숲이라는 이름에 걸맞게 아기자기한 바위가 솟아 있는데, 그 면적은 약 12만평 정도四百平方公里라고 한다.

표지석을 지나 좀 더 들어가니 병풍처럼 둘러싸인 바위를 휘감고 이름 모를 빨간 꽃이 흐드러지게 피었다. 바위 사이를 잔디와 연못으로 조성했다. 띠엔시아띠이치관天下第一奇观이라더니 과연 기괴한 모습에 눈을 어디에 둬야 할지 모르겠다.

한글로 쓰인 안내도가 있다. 중국어, 영어, 일본어 그리고 한글을 위 아래로 병기했다. 내 귀에만 그런지 일본말보다는 한국말이 더 들린다. 한국 사람이 많이 오는 모양이다. 그렇다면 안내도는 한국인을 겨냥한 것인가?

중국인 단체 관광객이 인산인해다. 중국 여성들, 하나 같이 양산을 들었다. 얌전히 들면 좋겠는데 조심해야 한다. 잘못하면 눈 찔리기 십상이다. 수십 년 전, 한복 입고 떼를 지은 관광지 아줌마들 모습이다.

자외선이 강해서 양산은 거의 필수품이다.

빨간 바탕의 치마에 화려한 무늬를 수놓은 전통복을 입고 둥그런 모자를 쓴 열 살 내외? 이 지역에 많이 산다는 츠니주撒泥族 소녀 셋이

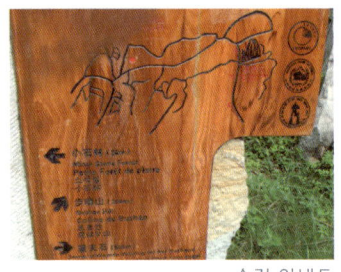
슬린 안내도

관광객을 위한 사진 모델을 하고 있다. 얼른 다가가 조금은 귀찮아하는 아이들을 카메라에 담았다.

여학생 둘은 서로 대비된다. 한 학생은 키와 덩치가 크고 활달한 데 비해 다른 학생은 키도 작고 말랐다. 그리고 말이 거의 없다. 쿤밍에서 대학교를 다니는데 만화영화를 전공한다고 한다.

그래선지 일본의 애니메이션에 대해 관심이 크다고 한다. 우린 「아기공룡 둘리」, 「날아라, 슈퍼보드」 등 어설프게 알고 있는 만화영화 몇 편의 타이틀을 나열하면서 한국의 애니메이션이 굉장히 발전했다는 증명할 수 없는 주장을 했다.

여학생들을 보면서 만만디慢慢的라는 말을 실감한다. 슬린 탐방로 주변의 잔디며 풀, 나무와 돌조각, 꽃잎과 야생화, 기어가는 개미와 벌레까지 일일이 카메라에 담으면서 이동하는데 우린 그 정도로까지 느긋하진 못하다.

마냥 기다릴 수가 없다. 느리기만 한 것을 만만디라 하지는 않는다. 실행 전에 세밀한 것까지 살펴 준비하고, 작은 것 하나라도 놓치지 않는 철저함을 일컫는 말이다. 학생들도 전공이 그래선지 하찮은 것이라도 더욱 세세히 관찰하는 모양이다. 우리가 지칭하는

만만디와는 다르다. 결국 동행을 포기했다.

　슬린은 외곽으로 한 바퀴 도는 코스와 중심부 쪽의 월호, 선녀호, 장호 등의 호수가 있는 지역으로 구분할 수 있는데, 우리는 먼저 외곽으로 돌았다. 바위 숲이 끝이 없이 파노라마처럼 펼쳐졌다. 햇살이 살아 있는데도 비가 오기 시작한다.

　'조금만 참아줘라…….'

　나무 아래 작업하던 사람들 틈에 끼어 비가 그치기를 기다렸다. 아마 슬린 공원 내의 조경을 담당하는 회사의 근로자들인 모양이다. 역시나 시끌벅적, 잠시 기다리니 빗방울이 가늘어졌다. 여우비 같다.

　외곽 지역을 한 바퀴 돌아 출구로 나가려니 길이 없다. 지붕이 없는 관광용 셔틀버스가 있다. 요금을 물어보니 꽤 비싸다. 장삿속이

츠니주 아이들

대단하다. 출구 쪽으로 왔던 사람들이 울며 겨자 먹기로 버스를 타지 않을 수 없도록 한 것 같다.

배낭여행이다. 편의성은 사양하기로 했다. 반대쪽으로 돌아 나오다 보니 중심부의 왕펑팅望峰亭, 바위 위에 지은 정자으로 가는 지름길이 있다. 기념품을 파는 사람들이 무지하게 많다. 아예 허리를 잡아끈다.

왕펑팅 주변, 바위 사이의 호수, 그리고 다리, 돌아서 또 호수, 바위 밑으로 기어 나오면 또 호수 그리고 바위……. 한참 이리 저리 구경하면서 감탄사를 연발하고 있는데, 이게 웬 일? 출구를 찾을 수가 없다. 여기가 저기 같고, 저기가 여기 같고, 안내 표시도 없다.

젊은이 몇 사람, 손바닥만 한 화석을 팔기 위해 아예 팔을 잡아끈다.

슬 린

그들이 파는 조개류貝類 화석은 슬린이 바다가 융기되어 생겼다는 점을 증명한다. 얼마라고 손가락을 펼쳐 들고는 출구가 어디냐고 물어도 숫제 대답도 없다. 여학생들도 안 보이고……. 이젠 슬린이고 뭐고 눈에 들어오질 않는다. 빨리 나가고 싶다.

좋아하는 노래도 세 번 이상 들으면 지루하듯 그 멋진 광경이 눈에 들어오질 않는다. 어떻게 해서 돌다 보니 사람들이 많이 들어오던 그곳이 입구이자 출구다. 한참을 기다렸다. 여학생들 이럴 땐 진짜 만만디, 안 보인다.

'에라, 모르겠다. 먼저 가자.'

슬린 입구의 터미널에 도착하여 쿤밍행 교통편을 알아보니 1시간 30분 후에 출발하는 버스밖엔 없다. 우린 가장 먼저 표를 끊었기 때문에 맨 앞자리, 즉 운전석 바로 뒷자리에 앉았다. 시간이 늦어 따리행 버스는 이미 끊겼을 것 같다.

버스가 출발할 즈음, 여학생들이 헐레벌떡 오르면서 앞에 앉아 있는 우리가 눈에 띄자 살짝 원망의 눈빛으로 쳐다본다. 아마도 우릴 찾았나 보다. 조금은 미안해진다. 그 마음을 "쿤밍 가서 저녁 식사를 함께 하자.", 는 말로 대신했다.

슬린에서 쿤밍으로 향하는 길은 같은 노선의 고속도로가 있어선지 꽤나 열악하다. 운전기사, 1분이 멀다하고 경적을 울린다. 우리가 언제쯤 경적을 울릴지를 가늠하면서 "빠방!" 하면, 영락없이 경적이 울린다. 갓길도 없는 도로에 고장 난 차량이 많이 서 있다.

운전기사, 고갯마루 반대편 차선이 확인되지 않아도 경적을 울리면서 유유자적, 내 상식으로는 도저히 거리 확보가 안 되어도 경적과 함께 곡예를 한다. 그런데 도로 사정상 이들은 그런 운행 방법에는 이미 익숙해진 모양이다.

　나처럼 신경 쓰는 이는 한 사람도 없다. 앞으로 버스 탈 때 맨 앞자리는 앉지 말아야겠다. 차라리 안 보는 것이 낫겠다. 그 후로는 오금이 저려 차창 밖으로 시선을 외면해 버리고 말았다.

　고속도로 다리가 좀 이상하다? 교각 위에 상판을 얹을 때, 우리는 보통 교각과 상판 사이에 공포拱包라는 것을 설치하여 온도 차에 따르는 상판의 수축과 팽창 및 충격을 흡수하도록 하는데, 교각 위에 그냥 상판을 얹었다. 기온 차이가 거의 없어 수축과 팽창 작용이 없는지도 모르겠다.

　여러 가지 우리와 다른 모습을 보면서 생각에 잠겨 있다 보니, 어느새 쿤밍에 도착한다. 여학생들은 아버지가 마중을 나와 계셔서 저녁 식사는 함께할 수 없다고 한다. 약간의 아쉬움을 달래며,

　"오늘 하루 고마웠다. 잘 가라.", 하고 돌아섰다.

　어느새 컴컴해졌다. 여행 계획에 잡혀 있던 따리로 가는 버스가 있는지 알아보았으나 예상대로 이미 끊겼다. 서둘러 쿤밍 역 물품 보관함에서 배낭을 찾았다.

　"형, 여기 중국이잖아, 만만디라면서? 천천히 가지요 뭐."

　"차화빈관 별론데 다른 곳으로 가자."

　택시 승차장으로 갔더니 이게 웬 일? 그 학생들이 쿤밍 역 앞까지 와서 기다리다 우리에게 택시를 탈 수 있도록 안내해 준다. 그리고 기사에게 세세히 설명하고 신신당부를 한다. 아마도 제대로 찾아갈 수 있을지 걱정이 되었나 보다. 창문을 내리고 두 손을 흔들어 고맙다는

표시를 했다.

5 우여곡절 :: 택시비가 없다.

중국 사람은 쌀 열 섬을 세 명의 자식에게 나누어 줄 때, 우선 석 섬씩 분배하고 다음은 서 말씩, 그리고 석 되씩, 또 세 홉씩 그리고 나머지 한 홉은 낱개로 세어서 분배해 준다고 한다.

중국 사람의 철저함을 일컫는 말이다. 꼭 점심값에 대한 대가는 아니겠지만, 어쨌든 쿤밍 역 앞까지 와서 우리를 일부러 기다렸다가 안내해 준 학생들에게 정말 고맙다. 택시 기사에게 어눌한 말투로,

"쿤밍따쟈오스꾸어지칭니엔뤼수?昆明大脚氏国际青年旅舍"

가랑비가 살짝 뿌리는 쿤밍 시내를 거쳐 조금은 한적한 곳에 위치한 숙소에 도착했다. 그러나 예약하지 않았으면 방이 없다고 한다. 어쩔 수 없이 다른 숙소를 알아봐 달라고 하여 그곳에서 써 준 메모지를 들고 무턱대고 다시 택시를 탔다.

그런데, 아뿔싸! 한국에서 환전해 간 위안화가 다 떨어지고 지갑에 8위안 밖에 없는 것을 미처 몰랐다. 시내에서는 환전이 편리할 것으로 생각했다. 아무 때나 바꾸면 되겠지 하고 한국에서 700위안밖에 가져오지 않은 것이 오판이었다.

이곳은 베이징이나 상하이 등과 달리 달러나 한국 돈이 전혀 통용되지 않는다고 한다. 베이징에 갔을 때 자금성 뒷문 쪽에서 이제 걸음마를 뗀 코흘리개 아이도 "천 원!, 천 원!" 하는 것을 보았었다.

기념품, 과일 등은 예외 없이 1,000원에 맞춰 팔고 있었다. 그런데 여기서는 한국 돈을 그대로 쓸 수가 없다.

'아— 택시비 12위안을 어떻게 할 것인가?'

고민을 하면서 무슨 수가 있겠지 하는데, 이게 웬 일!? 첫날 묵었던 숙소가 싫어서 칭니엔뤼수를 선택했었는데, 거기서 소개해 준 곳이 또다시 차화빈관일 줄이야……

"메모지 확인 안 해 봤어?"

어쨌든 택시비를 지불하기 위해서는 환전이 필요했다. 다운이 100달러 지폐를 들고 빈관 카운터로 간 사이, 멀뚱하게 바라보는 택시 기사와 손짓 발짓을 섞어 흥정을 시작했다.

"한국 돈 천 원, 1달러, 중국 돈 6위안, 8위안 합쳐 14위안이다."

택시 기사, 머리를 살래살래 흔들면서,

"한꾸어 머니 No!", 다시 한 번 얘기했다.

"코리아 머니, 한국 돈 1,000원, 너네 돈, 중구어 씩스 위안, 중국 돈 8위안 합쳐 다 준다. 오케이?"

그 놈 갸웃갸웃 하면서 내 얼굴 한번 쳐다보고,

"……. No!"

'돌겠네……'

"야 잘 봐, 내가 지금 중국 돈이 이것밖에 없어. 한국 돈 1,000원 이게 너네 돈 6위안이 넘어, 8위안 합쳐 다 준다. 됐지? 오케이?"

손짓 발짓 동원하여 뜻을 전달하니 놈이 다시 한 번 내 얼굴 쳐다보고 사기꾼 같아 보이지는 않았는지 고개를 끄덕이면서,

"OK!" 한다. 알아듣지도 못하는 기사에게,

"너 인마 땡 잡은 거야, Bye-Bye?"

택시를 보내고 돌아보니 다운이 아가씨와 이야기를 하고 있다. 웬일인가 하고 보니, 빈관 카운터에서 환전을 해 주지 않아 옥신각신하다가 소릴 한 번 질렀는데 뒤에서 누군가, "아이 깜짝이야", 하더란다. 그래서 한국인이구나, 좀 도와 달라 하여 환전을 했다고 한다.

숙박비로 야진 포함 200위안을 주고 남은 돈을 확인해 보니 450위안밖에 안 된다. 뭐가 어떻게 되는 건지 모르겠다. 수수료를 너무 많이 떼는 건가? 그제야 그 아가씨가 얘기한다.

"환율이 너무 안 좋아요."

한국에서 1달러에 7.3위안으로 알고 달러로 환전하여 갔는데, 100달러에 겨우 650위안을 준 것이다. 1할이 넘는 돈이 날아갔다. 완전히 뒤통수를 맞은 기분이다. 순간! 여행 경비에서 1할이 넘는 돈이 날아가면? 갑자기 머릿속이 복잡하게 꼬인다.

우여곡절 끝에 함께 한 식사 자리, 잠시 후, 아가씨 친구가 들어오면서, "안녕하세요?", 하기에 한국인인가보다 하고 인사를 나누었는데, 자신은 일본인이고 이름은 「이토 싱야」라고 한다. 여자 친구는 「문○리」라고 한다.

이 친구는 한국 사람이라 해도 믿을 만큼 우리말이 상당히 유창하다. 별로 차이가 없다. 여자 친구와는 꽤 오래된 사이 같다. 한 달 전부터 이곳에서 공부하고 있다고 한다. 자리를 옮겼다. 어제 맥주 마시던 차화빈관 내에 있는 카페로 갔다.

다시 맥주 한 병, 어제 먹던 바나나가 생각나 종업원을 불러 어제 너무 비싸게 받았다고 핀잔을 주었다. 우린 그 후 종업원을 "헤이!

바가지—", 라고 불렀다. 녀석은 "바가지—", 하고 부르면 종종걸음을 치면서 잘도 쫓아온다.

싱야라는 일본인 친구와 문ㅇ리라는 아가씨와 꽤 오랜 시간 이야기를 나눴다. 사회나 제도와 관련한 얘기를 나누면서도 껄끄러운 내용은 용케 피해가는 모습에 나이가 많지 않음에도 참 용의주도하다는 느낌을 받는다. 상당히 차분한 성격을 가진 것 같다.

"치밀함이 오히려 상대방이 다가갈 틈을 주지 않게 되어 단점이 될 수도 있다. 약간의 틈새를 보여 주는 것도 연애의 테크닉이다."

대충 이런 이야기와 함께 자정이 넘도록 일본인, 한국인의 결혼 생활, 사회관계 등 여러 가지 이야기를 하다 보니 이토 왈,

"혹시 목사님이세요?", 한다.

차회빈관 앞

자신이 나가는 교회의 목사와 말투나 목소리가 정말 비슷하단다. 내 인상이나 억양에서 풍기는 이미지가 이렇게까지 굳어진 줄 미처 몰랐다. 학교 선생님이나 공무원이냐고 물어보는 사람이 꽤 많았었는데 인식을 못 했다. 내 얼굴이 어떻기에?

총인구의 1%가 안 될 정도로 크리스천이 드문 일본, 그런데도 일본인이 교회? 아마도 문ㅇ이라는 한국인 여자 친구의 영향으로 교회엘 나가게 되었는지도 모르겠다.

'난 교회 근처에는 가 본 적도 없는데……'

6 행색 :: 민공차오 民工潮

차화빈관이 싫다. 정서적으로는 도시가 별로라 얼른 쿤밍을 벗어나고 싶다. 6시 30분, 어제 다리품을 판 덕에 시내 지리가 눈에 좀 익었다. 쿤밍 버스 터미널을 가기 위해 시내버스를 타 보기로 했다.

차화빈관을 나와 우회전하니 춘청루 春城路 와 동평동루 东风东路 가 교차하는 사거리에 육교가 있다. X자로 독특하게 생겼다. 육교 자체가 4방향 및 대각선으로도 갈 수 있도록 설치되어 있다.

위에서 내려다보니 근사하게 설치한 육교, 헛돈 쓴 것 같다. 어른, 아이 무리를 지어 육교를 외면하고 도로를 무단 횡단하고 있다. 이용하는 사람이 별로 없어 거리에 비해 썰렁하다.

그래도 버스 타는 곳은 중앙선 쪽으로 배치되어 있다. 이른바 버스 전용차로, 서울이 베낀 건지 아닌지는 모르겠지만, 대중교통을 편리하게 배치한 모습은 참 인상적이다.

쿤밍 시내는 좌회전이 거의 금지되어 있는 것 같다. 보통 한 블록을 더 가서 U-턴하여 원하는 방향으로 가도록 하였다. 우리나라도 좌회전을 금지하고 U-턴을 잘 활용하면 소통이 훨씬 원활할 것 같다.

시내 교통 체계의 중심은 쿤밍 역인 듯, 버스 행선지는 알아보기 쉽다. 쿤밍짠, 버스 요금은 단돈 1위안, 베이징루北京路는 곧게 뻗은 도로여서 멀리서도 쿤밍 역이 정면으로 보인다.

쿤밍치쳐커윈짠昆明汽车客运站, 터미널, "따리, 리지앙-", 웬 삐끼가 그리도 많은지 소매를 잡아끌거나, 얼굴을 코앞에 들이밀고 호객을 하고 있어 대합실엔 들어가기도 어렵다. 정신이 없다.

공용 버스와 개인이 운영하는 미엔바오쳐面包车. 우린 빵차로 불렀다가 공존하는 모양이다. 빵차 호객꾼이 극성을 부리는데도 제지하는 공안은 없다. 이런 모습은 일자리 창출의 한 형태인지 아니면 공공 서비스가 부족하여 어쩔 수 없는 선택인지 분간이 되지 않는다.

빵을 미엔바오面包라 한다. 빵차, 외관은 우리나라 차 중에 다마스와 거의 흡사하다. 장거리를 간다면? 요금이 조금 싸다고는 하지만 장시간 앉아 있을 자신이 없고 그들이 미덥지 못해 공용 버스를 타기로 했다. 사람들 사이를 뚫고 버스표를 끊기 위해,

"따리, 얼"

하고 외치니 매표원이 뭐라고 알아듣지도 못할 말로 빠르게 이야기 한다. 겨우 한 마디만 들었다.

"까오콰이", 어떻게 할 거냐고 묻는 것 같다. 무턱대고,

"까오콰이 OK!"

200위안을 주었더니 24위안을 거슬러 준다. 삐끼는 삐끼다. 버스표를 끊고 돌아 나오는 것을 보고도 빈말처럼, "따리" 한다. 그냥 따리가 입에 붙었다.

커-피아오客票, 승차권를 보니 2시간가량 남았다. 어제는 3시간을 기다렸다. 오늘은 2시간이다. 터미널 벽에 부착된 요금표를 보니 다른 버스는 81위안인데 우리가 끊은 표는 88위안이다. 그냥 81위안짜리로 끊을 걸 잘못했나? 무슨 차이일까…….

'아! 좋은 버스인가보다.'

중국의 버스는 침대차인 워푸커쳐卧铺客车, 까오콰이高快, 쭝바中巴, 미니버스 : 우린 쭝빠로 불렀다로 구분되는데 버스 값에 차이가 많은 것 같고, 우리보다 결코 싼 것 같진 않다. 1인당 14,000원 정도니 사람들이 열차 역으로 몰리는 이유를 알 것 같다. 주차장에 서 있는 버스를 둘러보았다.

'45인승, 저 정도는 되는 모양이다.'

승차장 쪽에 앉아 있기 지루하여 대합실 앞 반대편으로 옮겼다. 그늘이다. 진작 옮길 걸……. 배낭여행의 장점, 아무 곳이나 벽에 배낭을 기대고 깔판을 깔면 어디나 훌륭한 쉼터가 된다.

쿤밍 역에 도착한 사람들이 시내로 들어오는 길목에 버스 터미널이 자리를 잡았다. 교통연계성이 좋다고 해야 하나? 시골에서 온 사람들, 우리의 70년대와 마찬가지로 정부미政府米 포대 비슷한 것으로 만든 가방 같은 것을 많이 들고 지고 다닌다.

중국의 55개 소수 민족 중에서 티벳탄藏族, 바이주白族, 나시주纳西族, 미아오주苗族, 뿌이주布依族, 하니주哈尼族, 츠니주撒泥族 등 25개 민족,

가장 많은 소수 민족이 흩어져 사는 곳이 바로 이곳 윈난성이다.

'저 사람은 무슨 족일 거다. 저 사람은 티벳탄일 것이다.'

나름대로 사람들의 복색服色을 구분하면서 소수 민족 낯을 익히기 시작했다. 그러나 특징적인 복장이 아닌 한 우리 눈으로 구별해 내는 것은 거의 불가능하다. 그런데 두툼한 점퍼, 더구나 내피까지 있는 가죽점퍼를 입고 다니는 사람, 날이 꽤 뜨거운데 이해하기 어렵다.

인구 300만 명이 넘는다는 대도시 쿤밍, 조금은 남루한 옷차림을 한 사람들이 정말 물밀듯이 들어온다. 인민복도 아닌 마치 옛날 학생복 같은 촌스런 차림새 그리고 이기지도 못할 것 같은 엄청나게 큰 짐 보따리를 이고 들고……

행색으로 보아 시내로 이주하러 오는 사람들, 산업화 이후 생기는 현상인 민꽁차오 民工潮 : 농민의 집단적 도시 이주 현상을 일컫는 말가 아닌가 싶다. 유난히 젊은 아가씨들이 많은 것 같다. 옛날 우리나라 70년대 도시유입이 여기에 있다.

중국의 4대 직할시 중 충칭重庆의 인구는 무려 3,000만 명이라고 한다. 쿤밍은 그에 비하면 아직 10분의 1 수준이다. 그러나 짐 보따리를 들고 물밀듯 들어오는 사람들로 보아 500만, 600만 명의 대도시가 되는 것은 아마 시간문제일 것 같다.

이윽고 출발 시각이 되었다. 그런데 아무리 둘러보아도 따리 행 버스가 통 보이질 않는다. 한참이나 이곳저곳을 기웃거리던 다운,

"시내에서는 공안을 활용해야 돼요.", 라면서 그들을 붙잡고,

"따리! 따리!"

한쪽 구석에 있는 버스를 보는 순간! 우린 뭔가 잘못된 것 아닌가

했다. 45인승은커녕, 24인승 버스가 조금은 초라해 보인다. 이게 비싼 버스㎅오콰이인가 하고 주위를 둘러보았다.

대형 버스를 보니 광저우广州, 청도우成都, 셴젠深圳 등 최소한 1박 2일 이상 가는 워푸커쳐인지라, 겨우 대여섯 시간 정도(?)의 노선은 원래 그런가 보다 했다. 그러면 88위안 하고 81위안은 무슨 차이일까? 나는 그냥 미루어 직통 버스려니 위안 삼기로 했다.

이제 알겠다. 까오콰이란 좋은 차란 뜻이 아니라 완행인 쫑빠에 비해 좀 더 빨리 갈 수 있다는 상대적 개념임을……. 버스 앞에 운전기사와 안내원인 듯, 마치 손님을 맞는 가게 주인처럼 나란히 서 있다.

우리가 다가가서 승차권을 보여 주니 짐칸에 배낭을 실을 수 있도록 트렁크 문을 연다. 흰 바지와 옷깃에 수를 놓은 전통복을 입은 바이주白族 안내원이다. 무심코 물었다.

"백족?", 알아들을 리가 있나.

"바이주?" 하니, 고개를 끄덕인다.

7 다툼 :: 자리와 새치기

버스에 올랐다. 그런데 우리 좌석운전석 뒷자리에 웬 뚱뚱한 아주머니가 애를 데리고 앉아 있다. 표를 보여 주면서 비켜 달라고 하니 우리 쪽은 쳐다보지도 않고 운전기사에게 항의하듯 큰소리를 친다. 자리를 못 내놓겠다고 우기는 것 같다.

출입문 뒷자리도 서양인이 표를 끊었는데 다른 사람이 앉아 있다. 먼저 탔는데 무슨 소리냐는 듯이……. 운전기사가 우리보고 양보하라고 한다. 우리를 쳐다보거나 양해를 구하는 것도 아니어서 괜한 마음에 양보해 주기가 싫다.

우리도 고집을 세우고 버티기를 3, 4분여, 그 여자가 어쩔 수 없는지 뒷자리로 돌아간다. 젊은 서양인도 자기 자리를 찾아 앉았다. 독일인이라고 한다. 그들과 돌아보며 머리를 절레절레 흔들면서 웃었다.

중국의 시외버스는 지정좌석제다. 우리도 예전에 좌석 때문에 다투는 경우가 많았다. 제도에 의한 질서가 자리 잡으려면 아직 한참 걸릴 것 같다. 그래서 공안이 많이 배치되어 있는지도 모르겠다.

어수선한 분위기를 보았는지 공안이 올라온다. 중국의 신분증에는 우리의 주민등록증과 같이 일반적인 사항 외에도 반드시 어느 민족_{소수 민족 여부}인지를 명기하여 주민 통제 수단으로 활용하고 있다고 한다. 공안이 우릴 보더니 뭐라고 묻는다. 짐짓 모른 체하며 눈만 끔뻑끔뻑…….

멀뚱멀뚱 쳐다보자 공안이 "빠스포트" 어쩌고 한다. 여권을 보여 주니 "한꾸어?" 하는데 가만히 있을 다운이 아닌지라 듣거나 말거나, "한국" 하면서 억지로 우리말로 수정한다.

잠시 후, 공안이 젊은 남자를 끌어내리더니 수갑을 채워 연행한다. 기소중지자_{起訴中止者}인가? 그 여자가 소란을 부리는 바람에 애꿎은 녀석 하나만 달려가게 됐다. 뒷모습이 안돼 보인다. 그 사람 짐을 들어내느라 예정보다 늦게 출발한다.

도심을 벗어나기까지 별다른 특색은 없다. 쿤밍에서 따리까지는 고속도로로 연결되어 있다. 그런데 조금은 어설퍼 보인다. 갓길이나

가드레일 등 안전시설이 미비해서 그렇게 보이는 모양이다.

편도 2차선 중 바깥 차선은 300m를 못 가 고장 난 트럭이 정차해 있어 실제로는 편도 1차선만 운행 중이라 해도 과언이 아닐 듯하다. 더더욱 이해 못 할 것은 고속도로 2차선에 자갈, 시멘트 등을 적치해 놓고 공사판을 벌였다. 우리 상식으로는 가능한 일인지 모르겠다.

운전기사, 1분이 멀다하고 경적을 울려댄다. 고장 난 차에서 내린 사람들, 떼를 지어 고속도로를 횡단하는 사람들, 아이까지 있어 아찔하다. 그러니 빵빵거리지 않을 수 없다.

추우시옹楚雄 인근 농촌

그래도 우리 앞에 앉은 안내원의 상냥한 표정과 흥얼거리는 콧노래 속에서 여유를 발견하게 된다. 그리고 무슨 할 말이 그리 많은지 운전기사와 끊임없이 웃으면서 얘기한다.

'저렇게 일을 하여 옛날 우리 누나들처럼 동생들 공부시키겠지.'

중국의 버스 기사는 지금도 꽤 괜찮은 대접을 받는 것 같다. 안내원이 모든 수발을 들며 음료수와 차를 제공하고 지엔쳐차-앙检车场의 검문까지 다 한다.

안내원은 거의 프로다. 검차장의 공안에게 자동차 등록증 같은 것을 보여 주고 공안이 버스에 와 보지도 않았는데 검문이 끝날 수 있도록 다 알아서 한다. 웃는 얼굴에 침 못 뱉는 건지 아니면 늘 다녀서 구면이라 그런지는 모르겠다.

서너 시간을 가도 옥수수, 채소, 콩밭 그리고 논과 야트막한 산이 이어지는 풍경에 지루함을 느낄 때쯤, 그 상냥하던 안내원도 꾸벅꾸벅 졸고 있다. 잠이 들었는지 아예 말이 없다. 버스가 추우시옹楚雄을 지나면서 승객 대부분이 졸거나 잠들었다.

중국에 들어와서 이렇게 조용한 순간을 맞이하기는 처음이다. 잠을 청하는 사람에게 방해가 될까 봐 조용히 창밖을 주시한다. 운전기사도 졸리지 않을까 염려가 되어 눈치를 살피는데 규모가 작은 허름한 휴게소가 나온다. 다행이다.

우리나라와는 비교도 할 수 없는 휴게소, 쉬는 차량이 대여섯 대 뿐이어서 한국에서의 번잡함에 길들어 있는 내 눈에는 그냥 시골 정류장 분위기를 벗어나지 못한다.

식사 시간인 모양이다. 메뉴는 오직 한 가지, 볶음밥과 기름에 볶은 나물 그리고 닭 매운탕 비슷한 것, 단체 급식소처럼 줄을 서서 각자 식판에 담아야 한다.

'별놈 다 보겠네?'

어떤 사람이 내 앞자리로 새치기를 하려는지 꾸역꾸역 몸으로 밀어붙인다. 번개처럼 스치는 생각에 가방을 놈과 반대편으로 돌리고 한참을 몸으로 밀치면서 끝까지 자리를 지켜 식사를 하는데 그놈 뒤통수가 왠지 밉다.

눈치를 보니 혼자다. 고개 한번 들지 않는다. 후다닥 밥을 먹더니 이내 밖으로 나간다. 담배를 빼어 물었다. 그렇게 급했나? 식사 시간은 반밖에 안 되면서 새치기를 하려 했을까?

'진짜 별놈 다 보겠네-'

자리 가지고 다투던 여자, 새치기하려던 남자 모두 마음이 급해지는 모양이다. 만만디는 이제 더 이상 중국 사람을 상징하는 말이 아닌 것 같다.

8 흥망성쇠 :: 남조 왕국과 따리

따리大理는 중국에서 여섯 번째로 큰 얼하이洱海 호숫가에 있는 도시다. 그 옛날 당나라와 대적하던 남조 왕국의 수도인 따리와 신도시인 샤관下关으로 분리되어 있다. 행선지를 따리로 붙여 놓았더라도 모든 노선버스는 샤관까지만 운행된다. 우리가 가고자 하는 따리는 샤관에서 북쪽으로 12Km 정도 더 올라가야 한다.

따리가 위치한 곳이 어떻기에 천혜의 요새라고 하는지 확인해 보고 싶었다. 지형을 유심히 살폈다. 신도시인 샤관을 들어가기 전, 좌우로 산을 끼고 내리막길을 돌다 보니 갑자기 눈앞이 확 트이면서 샤관 시내가 펼쳐진다.

정말 협곡 사이만 지키면 뒤는 4,100m의 창샨, 앞은 얼하이, 이 협곡이나 아니면 샤관으로 들어오지 못하는 한, 누구도 범접하지 못할 기막힌 지리적 조건을 갖춘 곳이다. 빈말이 아님을 확인했다.

따리치쳐커윈잔大理汽车客运站에서 내렸다. 샤관은 규모가 크진 않지만, 쿤밍이나 다른 곳 못지않게 현대화된 도시며 고층 건물로 이루어진 상업 중심지다. 그래선지 시내 거리도 제법 붐빈다. 각종 차량의 경적 소리가 시끌시끌하다.

따리구청행 시내버스를 찾았으나 터미널 앞에서는 보이질 않는다. 주변 사람에게 물어봐도 뜻이 통하질 않는지 대답이 없다. 학생들에게 물어보고 눈치껏 파악한 내용은 세 정거장 정도 이동해야 따리행 쫑빠를 탈 수 있다는 것이었다.

학생들의 안내를 받아 따리행 버스를 탔는데, 그 학생들이 우리에게 길을 가르쳐 주기 위해 일부러 버스에 동승했던 것 같아 미안하고 고맙다는 생각을 왜 나중에야 했는지…….

따리구청大理古城에 도착할 즈음, 옆에 앉은 사람에게 양린지에洋人街가 어디쯤이냐고 물으니 못 알아듣는다. 한 아주머니가 "양렌지에?", 하고 묻는다. 발음을 그렇게 해야 하는 모양이다.

아주머니에게 푸씽루夏兴路, 후꾸어루护国路 등 주변의 지명을 총동원하여 물어보니 직진하다 좌회전하면 내리라고 한다. 창밖을 보니 버스가 이미 구청 동문을 지나고 있다. 수더분하게 생긴 아주머니에게 고맙다는 인사를 하고 구청 한가운데에 내렸다. 뒤처진 채 주변을 둘러보던 다운,

"느낌 진짜 좋다-."

나도 다르지 않다. 느낌이나 기분이 좋을 때는 처음 가는 낯선 곳임에도 의외로 일이 쉽게 풀림을 경험할 때가 있다. 우리는 숙소를 찾기 위해 잠깐 걸어가다 아마도 여기쯤에서 우회전하면 맞을 것 같다면서 돌았는데, 딱 눈에 띈다.「No. 3 게스트 하우스.」

번듯한 모텔이 아니어서 구청의 분위기상 눈에 띄지도 않을 작은 간판만 붙어 있다. 그것을 보았으니 어찌 반갑지 아니할까? 왜냐하면 이곳에서는 우리 음식을 먹을 수 있기 때문이다.

게스트 하우스 매니저에게 듣는 "어떻게 도와 드릴까요?", 라는 우리말 인사가 반갑다. 무엇보다 먼저 눈에 띈 것은 카운터 위 천장에 걸린 김치찌개, 된장찌개, 삼겹살 등 한글로 쓰인 음식 이름이다.

이곳은 모든 방이 도미토리로 이루어진 순전히 배낭 여행자를 위한 숙소다. 1인당 숙박비는 30위안인데, 한국 사람에게만 10위안을 깎아준다고 한다. 그리고 외국 사람이 물으면 30위안이라고 얘기해 달라고 부탁(?)까지 한다.

방에 들어가 보니 1, 2층의 침대로 된 6인실이다. 배낭을 기둥에 서로 묶었다. 여행을 다니면서 경비 절감 노력은 했지만 10위안에 괜히 기분이 좋아지는 것은 어쩔 수 없는 속물근성인가? 쿤밍에서의 각박한 느낌과는 대비되는 인상이다.

짐을 풀고 나니 이미 5시를 가리키고 있다. 하루 종일 한 일이라곤

따리구청

표정 살피기 그리고 이동. 계획했던 창샨 트래킹은 어려울 것 같아 구청을 둘러보기로 했다.

따리구청大理古城, 옛날 당나라 태종世民은 투판吐蕃의 쏭짠칸부왕에게 조카인 문성공주文成公主를 보냈다. 형식적으로는 청혼을 받아들였다지만, 일종의 동맹을 위한 정략결혼이었다.

쏭짠칸부왕은 당 태종에게 당당하게 청혼을 했다. 받아들이지 않을 수 없을 만큼 당 태종은 투판왕구어티베트가 두려웠다. 그러기에 정략결혼만으로는 안심할 수 없었다. 좀 더 안정적인 견제가 필요했다.

바로 따리 지역의 바이주가 중심이 되어 일으킨 남조 왕국을 지원하여 투판을 견제했다. 그러나 이들의 세력이 강해지면서 오히려 남조 왕국의 위협을 받게 되는 자충수를 둔 곳으로 유명하다.

난자오왕구어南诏王国는 앞은 물길, 뒤는 4,100m의 산길이 가로막고 있는 천혜의 요충지에 자리를 잡아 그 지리적 조건에 의해 흥했다. 세월이 흘러 몽골의 전성기, 쿠빌라이가 3일간의 전투에도 불구하고 상관을 못 넘고 퇴각하자 안심했다. 그러나 몽골 대군이 남조 왕국이 가장 믿었던 창샨을 넘으면서 하룻밤에 멸망했다.

남조 왕국 흥망성쇠의 상징 따리와 창샨, 그것 때문에 흥했지만 그것을 믿었다 멸망했다. 그런 역사적 아픔 때문인지 옛 영화는 간데없고, 구청 안쪽은 옛 건물이 그대로 남아 있어 분위기는 그럴싸한데 사람은 거의 상인이다.

지금은 오직 은銀 세공품을 하나라도 더 팔기 위해 행인의 팔을 잡아끌어야만 하는 시장통이 되었다. 물론 옛날에도 시솽반나에서 올라오는 차茶 등 물자가 집산하는 중개 무역 중심지기는 했다.

느긋하게 둘러본 따리구청, 호객 소리만 없다면 나름대로의 운치 있는 모습을 잃지 않았다.

♡ 豪氣 :: 차와 숯

따리는 우리식으로 표현하면 대리다. 즉, 대리석大理石의 원산지다. 나는 대리석을 건물 벽이나 바닥을 치장하는 건축 자재로만 알고 있었는데, 이곳의 대리석은 전혀 다르다. 원석을 얇게 켜면 기가 막힌 그림이 나타나는 것이다.

산과 하늘과 구름이 나타나고, 개와 사람의 모습을 한 문양이 나온다. 더구나 부처의 모습까지 보이는데, 그것을 액자처럼 만들어 팔고 있다. 영구불변의 그림이다. 하나쯤 샀으면 했다. 가져갈 수나 있으려나?

다운은 차를 좋아한다. 좋은 차가 있다면 자다가도 일어날 사람이다. 혹시나 괜찮은 차를 볼 수 있을까 하여 차좌앙茶庄, 차 가게에 들러 바이주 점원이 따라 주는 몇 가지 차를 마셔 보았다. 우리가 보이차로 부르는 푸얼차普洱茶다.

이번 여행의 가장 큰 목적은 차마고도 답사에 있다. 티베트 고원의 삶은 차가 없이는 불가능했다. 채소가 없는 티벳탄에게 비타민을 공급할 유일한 방법은 바로 차였다. 티벳탄이 세상과 소통할 방법은 말馬밖엔 없다. 자연스럽게 교차무역이 성행했고 그 중심에 따리가 있었다.

따리는 어떻게 보면 차마고도가 시작되는 곳이다. 시솽반나西双版纳에서 생산된 푸얼차는 중국 각지로 퍼져 나갔다. 티베트로 차를 운반하던 마방은 가장 큰 중개 무역 중심지인 이곳 따리에서부터 대장정을 시작했다.

그래선지 구청 골목마다 차좌앙이 즐비하다. 지름 1m 정도는 돼 보이는 차를 상당히 화려하게 장식하여 중앙에 진열해 놓았다. 가격을 보니 10,000위안이다. 차 값을 억지로 깎아서 30위안을 주었는데, 주인인지는 모르겠으나 옆에 있던 한족 여자가 돈을 획 잡아챈다.

건네줄 때 받아도 될 텐데 꼭 낚아채듯 하는 모습은 보기에도 안 좋다. 상권은 한족이 쥐고 심부름은 바이주가 담당하는 것 같은 모습을 보며 차를 괜히 마셨다는 생각에 조금은 씁쓸해진다.

저녁 시간, 삼겹살 야채 볶음에 된장, 상추, 김치, 오이지 등을 먹으니 살 것 같다. 식성은 변하지 않는지 매일 먹는 김치와 된장은 며칠 거르면 간절해진다. 그것이 먹고 싶고 입맛에 맞는다는 것은 숨길 수 없는 한국인의 징표다.

그런데 컵, 접시 등 모든 그릇은 이빨이 빠졌다. 성한 그릇이 하나도 없다. 한국이라면 난리 났을 것이다. 우린 너무 풍족하다 못해 낭비하고 산다. 조금만 흠이 있으면 바로 버린다. 이빨이 빠졌어도 사용하는 데 별로 불편하진 않다.

이른 저녁을 먹고 나니 딱히 할 일이 없다. 저녁 어스름, 다시 나와 본 구청 골목, 수양버들이 늘어진 수로 옆 벤치에 앉았다. 골목 분위기는 아마 경주쯤이나 혹은 전주 한옥 마을에 한 층을 얹은 그런 인상이 들게 한다.

평화쉐위에风花雪月, 펑은 샤관下关에 부는 바람을, 화는 샹관上关에 피는 꽃을, 쉐는 창샨苍山에 내리는 눈을, 위에는 얼하이洱海에 비치는 달을 일컫는데, 이는 따리를 한 마디로 표현하는 상징적인 말이다.

한국 사람들이 따리를 방문하면 많이 들르는 곳이 있다. 얼하이 가운데 떠 있는 섬에 조성한 난쟈오펑칭다오南诏风情岛, 남조 왕국의 왕이 머물던 별장으로 정원이 아름다운 곳이라고 한다.

원래의 계획은 오늘 창샨 트래킹을 하고 내일 들러 보려고 했었다. 그러나 일정상 포기할 수밖에 없겠다는 생각이 든다. 시간상으로도 그렇지만 더 나아가 그곳에서 얼하이洱海 : 길이 37km의 광활한 호수로 한눈에 들어오지도 않는다.에 비치는 달을 볼 수 있을지도 의문이다.

게스트 하우스 주변, 왁자지껄한 단체 손님은 안 봐도 어느 나라 사람인지 대충 알겠다. 듣는 사람이 있으면 한국사람, 무조건 떠들면 중국사람, 그런 차이에도 불구하고 시끄럽긴 매한가지다.

그렇지만 탁자 위에 놓인 술병은 한국이 한 수 위다. 왁자지껄한 젊은이들, 맥주병 일렬종대, 안주 놓을 공간도 없다. 따리 맥주, 아마 한국에서 마시던 맥주에 소주를 살짝 섞은 폭탄주처럼 맛이 진하다. 그러기에 한 줄로 세우고 나면 목소리가 한 옥타브 올라가는 것은 아주 자연스러울 정도다.

한국의 식당에서도 단체 손님이 있으면 대화가 불가능할 정도로 시끄럽다. 그런데 굳이 체면을 차릴 필요가 없는 중국에서 떠들썩한 골목 노천카페라면 호기를 부려도 핀잔먹을 일은 없다. 저녁을 먹고 둘러본 따리구청 카페 골목에서 한국인의 기운과 만만치 않은 이빨 그리고 술빨을 확인했다.

외국인 여행자들은 예외 없이 맥주 한 병과 독서 삼매경, 절대로

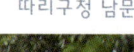

따리구청 남문

따리구청

두 병 이상 안 마신다. 우리도 앞으로 그렇게 하기로 했다. 딱 한 병만 마셨다. 따리 맥주, 참 맛이 괜찮다. 중국 맥주 중에 칭다오 青島 맥주가 좋다고 하는데, 따리 맥주도 그에 견줘 청량감이 뒤지지 않는 것 같다.

"앞으로는 따리 맥주만 마시자……."

번잡한 일부 지역만 제외하면 따리구청의 잘 정돈된 고옥 古屋과 수양버들 그리고 그 아래 수로는 여행에 지친 방문객이 앉아 한없이 쉴 수 있는 여유를 제공해 주어 오래도록 기억에 남을 것 같다.

난생처음 접하는 도미토리, 고즈넉한 옛 번화가, 어둠 속에 침대 2층, 소곤소곤, 젊은 남녀의 이야기 소리가 들린다. 괜한 관심이 소리가 나는 쪽으로 쫑긋한다. 그러나 내 귀는 어느새 버스에서 막무가내로 자리를 우기던 여자의 목소리에 묻혔다.

10 当心坠落 :: 창샨 트래킹

구청과 얼하이만 보고 가면 따리 여행은 절반만 한 것이다. 숲은 못 보고 나무만 본 것과 같다. 온전히 따리를 보기 위해서는 반드시 창샨에 올라 구청과 얼하이를 한눈에 담아야 한다. 그러기 위해 난쟈오펑칭다오는 포기했다.

아침 7시에 기상, 일찌감치 행장을 꾸려 카운터에 맡겨 놓고 창샨 쪽으로 접근하였다. 마부 꾼이 모여서 수군거리고 있다. 입구를 물어보니 턱짓으로 말을 타라는 시늉을 한다. 말을 탈 생각은 없다.

동네 아주머니가 차린 좌판에서 한 사람당 3.5위안을 주고

위렌루에서 내려다 본 협곡

미시엔米线 : 쌀국수을 주문했다. 중국 어딜 가나 있는 미시엔, 한국사람 입맛에는 샹차이香菜가 친근하진 않을 것 같다. 숨도 안 쉬고 우겨 넣었다. 무슨 맛인지 구분이 안 간다.

　대충 눈짐작에 의존했는데 창샨 입구다. 운이 좋다. 리프트 타는 곳까지는 상당한 거리, 길바닥에 박힌 성긴 돌에 등산화를 신은 발바닥이 아플 정도다. 5위안 달라던 3륜차를 1위안에 탔다.

　창샨 입구를 지키는 매표원, 리프트 탑승권을 내보였더니 울그락불그락, 삿대질과 함께 언성을 높이는데 영문을 모르겠다. 입장권을 들고 손짓 발짓, 한참이나 실랑이를 했다. 겨우 리프트苍山索道를 탔다. 뭐가 잘못된 것인지 통 알 수가 없다. 의사소통, 언어의 중요성을 다시 한 번 실감한다. 무슨 배짱인지 나도 모르겠다.

　리프트 발밑, 말을 타고 비탈을 오르는 사람들, 허리를 구부리고 긴장한 채 도착하면 걸을 수나 있을지 모르겠다. 리프트가 산 중턱을 오르니 안개가 몰려온다. 반바지에 얇은 옷을 입어 약간 한기가 느껴진다. 직원인 듯, 서너 명 외에 리프트는 거의 빈자리로 돌아가고 있다. 전기 요금이나 나올지 모르겠다.

　창샨 중턱에 쭝흐어시中和寺에서부터 칭비씨까지 약 11km에 걸쳐 위렌루玉仁路라는 트래킹 코스가 있다. 수직에 가까운 절벽, 창샨 중턱을 깎아 너비 1.5에서 2m 폭으로 만든 산책로다. 이를 따라 돌면서 구청과 얼하이를 조망할 수 있도록 하였다.

　빈 몸이라 해도 족히 세 시간은 잡아야 할 것 같다. 어떤 곳은 난간에 의지해도 아래쪽을 내려다보기 어지러울 정도로 급경사면에 설치되어 있다. 다운은 난간 쪽으로 접근도 하지 않는다. 튼튼해 보이는데 믿지 못하겠다는 표정이다.

　엄청나다. 수십, 수백 길 절벽이다. 이런 곳에 어떻게 길을 낼 수 있었을까? 망치 하나로 정을 두들기던 근로자들이 얼마나 땀과 피와 희생을 강요당했을까? 그러한 희생 위에 편안하게 따리구청과 얼하이를 조망하면서 정말 미안한 마음으로 조심스럽게 걷는다.

　지금도 혹시 모를 산불 예방을 위해 트래킹 코스를 따라 오로지 인력으로 급수 파이프를 설치하는 근로자들을 보면서 괜히 미안한 마음으로, "니- 하오?", 인사를 하고 지나간다.

　트래킹 코스는 산 중턱을 따라 구불구불 이어진다. 손을 뻗으면 닿을 것 같은 반대편 모퉁이까지는 한참이나 걸린다. 왼쪽으로 펼쳐지는 구청과 얼하이는 이 길을 내기 위한 근로자들의 땀방울이 소중한

창산 위렌루

것만큼이나 장관이다.

구청 위쪽의 총셩스 싼다紫조寺 三塔와 총셩스, 그리고 그 사찰과는 다른 무엇으로도 어울리지 않을 것만 같은 구청의 오밀조밀한 예스러움, 그것을 아우르는 듯 아스라이 얼하이와 맞닿은 하늘······.

위렌루

그런데 주민의 관심을 정치와 떨어뜨리려는 노력의 일환으로 만든 것 같은 현대적 종합 운동장 시설은 아무리 좋게 보려 해도 그다지 어울리지는 않는다. 마주 오는 사람들, 우리가 한국 사람이란 걸 어떻게 알았을까? 서툴러도 반가운 우리말 인사,

"안냐 하세요?", "안녕하세요?"

계곡이 있다. 잠깐 올라가 보기로 했다. 발을 담그니 시원하기 그지없다. 기암괴석과 폭포, 흐르는 물살, 설악산 어느 골짜기와 별반 다를 것은 없다. 다만, 산꼭대기가 한눈에 들어오지 않을 정도.

'쿠빌라이는 어떻게 대군을 이끌고 저 산을 넘었을까······.'

남조 왕국 흥망의 상징 창샨, 아직은 여행지로서 이름이 덜 알려져 있기도 하지만 촉박한 관광 일정에 위렌루를 트래킹 하는 것이 쉽진 않을 것 같다. 아이와 함께 온 현지인들 외엔 지나가는 사람이 많지 않아서일까? 조금은 한산한 느낌이다.

「当心坠落, 小心安全」

땅씬쭈이루워, 씨아오씬안췐. 트래킹 코스 중간 중간에 있는 표지판이다. 추락할 위험이 있으니 주의하고, 안전을 위해 조심하란 뜻이다. 우리는 그 후 '소심안전, 소심안전', 일부러 소리를 내면서 정말 겸허한 마음으로 걸었다.

칭비씨淸碧溪,폭포에 도착했다.

위쪽 계곡을 일컬어 창샨따씨아구우蒼山大峽谷라 써 놓고 케이블카는 창샨따쑤오다오蒼山大索道라고 한다. 중국인들, 큰 대 자를 붙이는 데는 꽤나 집착한다. 규모가 작은 계곡에 불과한데 대협곡이라고 했다.

칭비씨 앞에 30m는 될 듯, 장기판을 만들어 놓았다. 이른바 창샨지판蒼山棋盤, 한쪽은 코끼리 상象을 서로 상相으로 썼다. 왕이나 졸이나 같은 크기의 장기, 우리 것과 왜 다른지 장기를 몰라 해석이 안 된다. 정말 옛날 신선이 칭비씨 앞에서 장기를 두었을까?

케이블카를 타고 창샨의 또 다른 입구까지 내려왔다. 아마도 게스트 하우스에서 끊어준 표는 이쪽 케이블카 이용권인 것 같다. 케이블카와 리프트 운영 회사가 다른 모양이다. 그래서 리프트 탑승구에서 표를 본 안내원이 화를 낸 것 같다. 알아야 면장을 한다는 말을 실감한다.

중국 사람들, 걷는 것이 그렇게 싫었을까? 아니면 빨리빨리 오르고 내릴 필요가 있었을까. 웬만하면 유명한 산에는 거의 케이블카를 설치했다. 한국이라면 어림없을 것 같다.

창샨, 위렌루 트래킹이 끝났다.

11 서운참 :: 똘배와 옥수수

따리구청을 가기 위해 빵차를 타려니 꽤 많은 금액을 부른다. 무조건 반값에 후려치니 홍정이 안 된다. 이런 관광지에도 정기 노선버스는 없는 모양이다. 공용 버스를 투입할 여력이 없는 건지, 아니면 개인 빵차 운전자의 생존권을 보장해 주기 위한 것인지 분간할 수 없다.

홍정을 포기하고 일단 걸어서 내려가 보기로 했다. 중국의 관광지 입구는 어디나 마찬가지다. 출입로 좌우로 좌판이 다닥다닥 붙어 있다. 똘배를 파는 좌판이 있다. 맛보기로 주기에 한쪽씩 먹었다.

"형! 기가 막힌데?"

그렇게 말하는 다운은 먹고 싶다는 표정이 역력하다. 여기저기서 1근500g에 5위안이라고 소리를 지르면서 호객한다. 통상 2위안 정도라는 얘기를 들었던지라 주저주저하다 결국 지나치고 말았다.

몹시도 아쉬웠던가 보다. 다운은 그 뒤 며칠 지난 후에도 그걸 못 먹어 봐서 서운하다고 한다. 5위안, 우리 돈으로 기껏 800원, 그러나 바가지 쓴 후 내 뒤통수에 대고 그들이 낄낄거릴 것만 같은 생각이 들어, '내려가다 또 있겠지' 하면서 망설이다 결국 사질 못했다. 배만 보면 다운이 날 원망할 것 같다.

한참을 걷다 보니 빈 채 내려오는 빵차가 있다. 손님이 없었다는 말이지? 저렴하게 홍정하여 15위안을 주고 난멘南門에 도착하니 배가 출출……. 늦은 점심을 해결하고 게스트 하우스에서 배낭을 찾았다.

여행 중 어딘가로 이동하려면 괜히 마음이 급해진다. 매니저에게 물어보니 그냥 기다리라고 한다. 한참 후에 소형 승용차가 왔다. 구청 동문 광장까지 이동하는데 매표소의 영업 방식에 의문이 든다. 두 사람 버스표 판매를 대행하고 운송까지…….

'도대체 얼마나 떨어질까?'

이 지역의 버스표 판매 방식은 참 독특하다. 물론 터미널에서 표를 살 수도 있지만, 숙소에서 전화를 하면 매표 대행소인 듯, 버스표는 물론 창샨 리프트 이용권 같은 것도 출장 판매를 한다.

우린 따리까지 좁은 버스에 시달렸기 때문에 매표소 주인이 리무진 어쩌고 하기에 반갑게 "OK!" 했다. 꽤나 비싸게 준 것 같다. 그리하여 시간에 맞춰 구청 동문 앞 광장으로 와서 버스를 기다리고 있다.

'엥? 저게 리무진이야?'

쫑빠다. 뭘 보고 리무진이라 하는지, 정식으로 된 버스표도 없이 매표소에서 온 사람이 버스 기사에게 얘기하고 우리를 인계하니 그냥 태운다. 다른 매표소를 통해 버스에 타는 승객 예닐곱 명이 더 있다.

배낭을 싣고 꼴찌로 차에 오르니 맨 뒷자리밖에 없다. 통로 오른쪽은 한 사람이 앉고 왼쪽은 두 사람이 앉게 되어 있는 좁은 버스가 맨 뒷자리는 신기하게도 다섯 명이 앉을 수 있게 되어 있다.

생각해 보니 요금을 버스 회사, 기사, 매표소^{거의 사설 매표소} 주인, 승객 소개해 주는 게스트 하우스 주인 등이 나눠 먹기 하는 것 같아 속이 좀 안 좋다. 역시 발품을 파는 것이 최고다. 도대체 뭘 가지고 리무진이라고 하는 것일까?

'아하! 버스 승강장까지 타고 온 소형 고물 승용차?'

쿤밍에서 따리까지 올 때 탔던 버스가 훨씬 낫다. 그래서 외관상 큰 차이가 없어 보이는데 까오콰이하고 구분되는 모양이다. 오른쪽은

구청 수로

덩치 큰 외국인 남녀, 왼쪽은 아주머니와 아이 그리고 남자가 앉았다.

　나보다는 아이를 안은 아주머니가 고생이다. 꼭 끼어서 옴짝달싹 못하고 서너 시간을 가려니 '왜 이 고생을 할까?' 라는 생각이 절로 든다. 우린 그 뒤로도 큰 버스는 한 번도 타 보지 못했다.

　따리에서 리지앙까지는 고속도로인 것으로 알고 있다. 20여 분 진행하여 샹관을 지나니 통행료를 징수하는 쇼페이짠收費站, 톨게이트이 나온다. '아 고속도로 입구인가 보다.', 그런데? 도로는 변함이 없다. 우리 시골에 갓길 없는 지방도 정도인데 요금을 내는 고속도로라고 한다. 그냥 유료 도로라고 하는 것이 맞겠다.

　한국의 고속도로는 참 훌륭하다. 아니 국도라 해도 별 차이가 없다. 하루에 지나가는 차가 몇 대 안 되는 곳에도 뻥뻥 시원하게 뚫려 있다. 곳에 따라 고속도로가 있는데도 불구하고 4차선 국도를 뚫었다. 그렇게 통행량이 별로 없어도 훌륭한(?) 국도를 가졌다.

　경상남도에 하동河東이라는 곳이 있다. 섬진강이 전라남도와의 경계를 이룬다. 그 강을 따라 오르다 보면 십리 벚꽃 길이 이어진다. 도롯가에 벚꽃이 흐드러지게 필 때쯤, 섬진강과 어우러진 길을 달려 보지 않으면 그 아름다움을 알 수 없다. 난 진해의 벚꽃보다 그 길이 좋다.

　한국관광공사가 선정한「한국의 아름다운 길」첫손에 꼽힌 길이다. 그 길의 확장 문제를 가지고 설왕설래하는 모양인데, 도로 확장을 위해 벚나무를 잃는다면 빈대 잡자고 초가삼간 태우는 격이 되지 않을까?

　벚꽃이 없으면 누가 갈 것이며 가는 사람이 없으면 교통체증은 왜 일어날까? 주민들이 원하지 않는 그 길을 왜 굳이 확장하려 할까.

아둔한 나로서는 참 알 길이 없다.

 좁은 뒷자리에 아이까지 여섯 명이 앉아 있는 것을 본 운전기사가 한 사람을 앞으로 오라고 한다. 옆에 있던 젊은이가 앞으로 가서 엔진 덮개 위에 앉았다. 이제야 숨을 좀 쉴 것 같다.

 버스는 때로는 덜컹거리면서 끝없이 하늘을 향해 오른다. 내려간다는 것을 아주 잊어버리기라도 한 듯이……. 한 시간여 사이에 적어도 500m 이상은 오른 것 같다. 날이 추워진다. 쿤밍에서 본 가죽점퍼 입은 사람, 이해할 수 있겠다. 한 칸 앞에 앉은 다운은 이 상황에서 잘도 잔다. 부럽다.

 「루미엔지에빙 진셴지아시 路面结冰谨慎驾驶」

노면이 얼었을 때에는 신중하게 운행하라는 교통주의 표지판이다. 겨울에는 여행하기가 쉽지 않음을 실감한다. 바깥 풍경은 거의 변화가 없다. 논과 마을, 구릉과도 같은 산, 똑같은 모습에 약간 지루한 생각이 들자 눈을 감는다.

 리지앙은 과연 로맨틱한 곳일까? 그곳에 기다려 주는 사람이 있는 것도 아닌데 괜한 선입견이 자꾸 마음을 바쁘게 한다. 어떻게 보면 이번 여행에서 가장 많은 기대를 한 곳 중의 하나가 바로 리지앙일 수도 있다.

 어느새 땅거미가 져서 어둑어둑하다. 고갯마루에 이르더니 버스가 멎는다. 간이매점 앞이다. 사람들이 우르르 내리기에 따라 내렸다. 바지춤을 잡고 배수로를 건너는 사람들, 화장실이 있음을 뜻한다. 이럴 땐 얼른 따라붙어야 한다.

 화장실 입구에서 할머니가 5지아오씩 角: 1위안은 10지아오 사용료를 받고 있다. 주머니에 있던 4지아오를 내미니 들어가라고 턱짓을 한다. 말로만 듣던 유명한 중국 화장실, 칸막이도 없이 큰일을 치를 수 있는 구멍만 다섯 개, 그래도 처리하지 않을 수 없다.

내부가 컴컴하여 옆에서 낑낑거리던 사람이 누군지는 모르겠다. 아주머니가 솥을 걸고 좌판을 벌였다. 다운에게 조금은 미안한 마음에 옥수수를 샀는데 기가 막히다. 맛있게 먹던 다운 왈,

"형, 그 배……. 진짜 맛있더라."

"???"

12 아리랑? :: 리지앙 구청과 티벳탄

리지앙麗江,

나시주納西族 전통 고옥과 집집마다 닿는 수로 등 특별한 주거 형태도 그렇고, 1996년 발생한 대지진에도 끄떡없이 버텨 세계인의 주목을 받았다. 보호의 필요성이 인정되어 1999년 유네스코 세계문화유산으로 등재되었다.

뒤에는 위롱쉬에샨玉龙雪山, 그 앞에 아름다운 연못 헤이롱탄黑龙潭, 돌을 깔아 만든 골목길, 구청 전체를 아우르는 물길, 수로를 타고 오르는 이름 모를 물고기와 비단잉어, 능수버들의 조화로움까지 천혜의 관광 자원을 가졌다고 한다.

옥수수를 먹고 다시 오른 버스, 조용하던 실내가 화장실을 다녀오느라 잠을 깨워선지 이내 시끌벅적해진다. 버스 안은 또다시

담배 연기로 꽉 찬다. 완전히 어두워진 시골 길을 어디가 어딘지 분간할 수 없는 채로 내달린다.

왼편으로 슬쩍 지나가는 리지앙 싼이지차앙丽江三义机场, 가로등 몇 개가 전부여서 오래전에 사람이 떠난 빈집처럼 적막하다. 공항이 있다는 것은 그리 멀지 않았음을 뜻한다. 그러나 마음만 바빠 그런지 공항을 지나치고도 한참을 더 달린다.

리지앙에 도착했다. 커원잔丽江客运站, 버스 터미널 앞, 상가는 마사지 업소가 즐비하다. 발 마사지 받으라는 호객꾼 때문에 지나가기가 어려울 정도다. 배낭이나 팔을 잡아끌 때는 약간 짜증이 난다. 택시를 타고 구청으로 이동했다. 그런데?

거의 시장통이다. 스피커에서 토해 내는 고음의 음악 소리가 귓전을 때리고, 골목길 카페와 그 앞 공터에는 춤판이 벌어졌다. 삐끼들의 호객 소리, 시끌벅적 떼를 지은 사람, 어떻게 보면 난리법석이다. 순간! 잘못 온 것이 아닐까 했다.

홍등이 아니었더라면 우린 돌아갔을지도 모른다. 따리구청보다 더 왁자지껄, 연인과 함께 걷고픈 로맨틱한 분위기는 글쎄다. 고즈넉한 모습을 기대한 것은 나그네의 바람일 뿐이었을까……. 내가 꿈꾸던 이미지와는 완전히 다르다.

구청은 자동차, 자전거, 인력거 등 모든 교통수단의 출입이 통제되어 도보로만 이동해야 한다. 가로등이 일체 없다. 대신 골목길 가장자리, 처마 밑, 수로 사이, 나무와 나무, 걸 수 있는 모든 곳에 커다란 홍등이 일렬로 쭉 걸렸다.

장이머우张艺谋 감독의 영화「홍등大红灯笼高高挂, Raise The Red Lantern」을

보면서 눈이 아프더니, 하나같이 붉은색이어서 아롱아롱하다. 눈을 어디에 둬야 할지 모르겠다.

중국 사람들 붉은색은 왜 그리 좋아하는지, 홍등에 비치는 고옥과 수양버들, 수로에 흐르는 물, 그 사이를 오가는 사람들, 언제까지나 머물고 싶다는 글을 봤었는데, 잘 모르겠다.

짐을 풀기 위해 커쟌客栈을 찾았다. 간판만 보고 들어갔다. 시큰둥하니 방을 보여주는데 규모는 작지만 호텔급이다. 그냥 나왔다. 몇 걸음 옮긴 커쟌, 대문을 밀고 들어가니 어린 여종업원 둘이 손님 맞을 생각은 안 하고 카세트에서 흐르는 음악에 맞춰 노래를 부르면서 춤을 추고 있다.

방이 있느냐고 물어보는데 대답도 없이 춤사위에 빠져 있다. 그냥 나갈까 생각하다 잠시 지켜봤다. 약간 흥미를 끈다. 디스코 같은데 어떤 춤인지는 모르겠다. 음악이 끝난 이후에야 우릴 쳐다본다. 방값을 거의 절반으로 후려쳤다.

트윈 룸, 안마당 쪽 접이식 창문은 덜컹덜컹, 병풍처럼 허술해 보여 조금은 불안한 생각이 든다. 나시주 전통복장에 하이힐을 신은 것처럼 고옥에 서양식 침대, 그다지 운치 있는 구청의 모습은 아니다.

다운이 "응! 응?", 하는 두 음절로 음식점 안내를 부탁하자 못 이기는 척 따라나선다. 골목길 여기저기로 돌아가는데 어디가 어딘지 모르겠다. 담장과 수로, 수로 건너면 또 담장, 골목길을 한참 돌아 역시 수로 옆 음식점에 자리를 잡았다.

영업시간이 거의 끝나갈 무렵이어선지 몇 가지 음식은 주문이 안 된다. 종업원 중 서너 명은 수로 쪽 벽에 떼었다 붙였다 하는 미닫이문을 달고 있다. 마감 준비를 하는 모양이다. 어정쩡한 저녁거리에 술 한 병을 놓고 앉았다.

리지앙에 집단으로 거주하는 나시주는 천성이 명랑하고 쾌활하다고 한다. 이들은 등에 일곱 개의 둥그런 점을 수놓은 치싱피지엔七星披肩이라는 전통복장을 입는데, 7일 내내 쉬지 않고 일하는 근면성을 상징한다고 한다. 그것도 여성만 그렇다고 한다.

반면에 남자는 평생 하는 일이 세 가지라고 한다. 첫째는 태어나는 일, 둘째는 자식을 낳는 일, 셋째는 햇볕쪼이기라나? 상대적인 말 같긴 하지만, 만약 내가 나시주로 태어났다면? 남자들의 로망, 셔터맨이 장래 희망(?)이라는 사람도 많은데 상상만으로도 즐겁긴 하다.

탁자 옆을 흐르는 수로와 그 위를 덮을 듯이 늘어진 수양버들, 홍등에 비친 불그레한 분위기에 빈속에 털어 넣은 독주가 더해지니 동공이 풀리면서 몽롱해진다. 한잔 더 할 수 있는 곳으로 안내를 부탁하여 구청 입구 쪽 스탠드바 비슷한 곳을 들렀다.

리지앙의 밤

홀 중앙에 무대가 있고 그
주위에 디귿 자 형태로 테이블이
자리하고 있다. 우리는 구석
자리를 잡고 맥주를 한잔하면서
무대를 주시했다. 처음에는
노래하는 사람이 전부 가수인
줄 알았다. 우리가 흉내 내기

티벳탄 아가씨

어려울 정도의 고음인데도 다들 노래를 잘 부른다.
　청중들은 잘 들었다는 표시로 길이 2m 정도 되는 흰 천을 목에 걸어 준다. 그건 재물을 상징하는 것인지, 마음을 나타내는 것인지, 아무튼 천의 숫자와 청중의 호응은 비례한다. 많이 걸린 녀석은 으쓱하면서 희희낙락이다.
　프리마돈나가 등장하듯 홀연히 나타난 아가씨가 마이크를 잡았다. 나시주 전통복과는 달리 옷깃에 푸른색의 동정 같은 수를 놓은 빨간 옷을 입고 예의 흰 천을 걸었다. 반주도 없이 노래를 부른다. 마치 오페라에서「아리아」를 부르듯, 순간 실내 분위기가 완전히 바뀐다.
　제목은「아라지쵸」인지「아지라쵸」인지 아쉽게도 정확히 기억나지 않는데, 우리의 아리랑과 흡사한 음률의 노래를 하는 게 아닌가? 한 번만 듣고도 따라 부를 수 있을 정도의 익숙한 가락…….
　잠깐이지만 전율이 일었다. 우린 동시에 서로 쳐다보았다. 다운 눈빛은 무엇을 얘기하고 싶은지 말하지 않아도 안다. 이럴 땐 말보다는 느낌이 더 좋다. 그들은 우리의 탈춤 같은 춤도 추었다. 탈은 안 썼지만 길게 늘어뜨린 장삼 자락이 정말 우리 탈춤과 흡사하다. 그런 춤을 끝으로 노래하는 시간이 끝났다.

　유심히 보니 노래하던 아가씨 이 업소에서 일을 하는 모양이다. 주전자를 들고 다니면서 손님에게 차를 따라 주고 있다. 옆을 스치기에 우리 자리로 불렀다. 아까 한 노래 다시 한 번 불러줄 수 있겠느냐고 정중하게 청했다.

　미소를 머금고 테이블 앞에 선 아가씨, 서슴없이 다시 한 번 그 노래를 부른다. 우리도 같이 따라 불러 본다. 한국의 아리랑과 비슷하다며 아리랑을 불러주었다. 그 아가씨도 고개를 끄떡이는 모습이 비슷한 가락임을 느끼는 것일까?

　장발에 카우보이 신발을 신고 사회를 보던 친구가 우리 자리로 왔다. 한국이라고 얘기하니 대뜸, "오! 대장금?" 한다. 그러더니, "오나라, 오나라-", 어눌하지만 몸까지 흔들면서 흥얼거린다. 티벳탄인데 샹그릴라 출신이라고 한다.

　처음으로 티벳탄을 만났다. 우리 테이블 주변으로 몇 사람이 몰려와 티벳탄과 우리의 대화 내용에 관심을 기울인다. 쭝디엔을 거쳐 차마고도를 통해 라싸로 갈 예정이라 했더니 탄성을 지르면서 난리가 났다. 볼펜筆談으로 몇 마디를 나누고 헤어졌다. 테이블 옆에 서서 말없이 지켜보던 아가씨와도 눈인사를 했다.

　문화의 중요성을 몸소 확인했다. 드라마「대장금」이 없었다면 이 벽촌에서 한국을 알까? 그 노래는 우리 아리랑과 무슨 관련이 있는 것일까? 아니면 우연히 비슷한 것일 뿐이었을까…….

　숙소에서 우린 아무 말도 하지 않고 각자 생각에 잠겼다.

13 결함 :: SAKURA CAFE

　우리의 이번 여행의 가장 큰 목적은 차마구다오 답사와 후티아오시아 트래킹에 있다.

　후티아오시아 虎跳峽, Tiger Leaping Gorge, 협곡 사이 급류를 호랑이가 건너뛰었다는 곳, 진샤지앙이 가른 위롱쉬에샨 玉龙雪山과 하바쉬에샨 哈巴雪山 사이 최대 깊이 3,900m라나? 가늠하기도 어려운 협곡을 트래킹 하려는 것이다.

　뉴질랜드 남섬의 밀포드 사운드 트랙, 페루의 마추픽추 잉카 트랙과 함께 세계 3대 트래킹 코스중 하나로 꼽히는 호도협, 대양주와 남미까지 세 코스를 다 가 본다면? 실현성은 차치하고 상상만으로도 즐겁다.

　무슨 생각에 잠겼던지 밤잠을 설쳐 몽롱한 아침나절, 구청 담장과 수로를 따라 호객 소리와 시끌벅적한 중국인 단체 관광객 틈에 끼어 있었다. 배낭 멘 외국 여행객도 꽤 보인다. 명절 전 재래 시장만큼 붐빈다.

　구청 골목은 어젯밤의 흥청거림과는 다르다. 밤이 이슥하도록 스피커 찢어지는 소리가 그칠 줄 몰랐다. 소음에 귀가 따갑더니 낮엔 수많은 사람에 눈이 어지럽다. 밤거리의 유흥가 얼굴이 관광, 쇼핑 거리로 바뀌었다. 오가는 사람이 뒤섞여 어깨를 부딪친다. 그래도 미안한 표정을 짓는 중국인은 없다.

　깃발 든 가이드를 따르는 중국인 단체 관광객은 많기도 하거니와 무척 시끄럽다. 메가폰 소리가 서로 부딪쳐 알아듣는지 모르겠다. 제 나라를 다니는데 가이드 없이는 불가능하다. 아마도 말이 달라서일 게다.

리지앙 구청

    중국 텔레비전은 쉬지 않고 자막字幕이 뜬다. 그게 없으면 광둥广东 사람이 베이징 말을 알아듣지 못한다. 시골 사람 인터뷰할 때는 통역이 있어야 한다. 사투리라도 알아들을 수 있는 한국이 좋다.

    전통 복장을 한 아주머니들, 관광객에 비해 유난히 작은 몸집, 바구니 같은 등짐을 지기 위해 보기만 해도 더울 것 같은 두툼한 겉감을 덧대었다. 가느다란 멜빵은 삶을 짓누르듯 좁은 어깨를 파고든다. 자신의 땅에서 관광객에 밀려난 것 같은 나시주…….

    하늘거리는 민소매 원피스 차림, 떼를 지은 관광객의 발걸음과 등짐을 진 나시주 아주머니가 가는 길은 물과 기름처럼 도저히 섞일 수 없는 이질감을 느끼게 한다. 골목을 이룬 상가, 그 안에서 나시주 여인을 한 사람도 볼 수 없었다.

    청소를 하거나 옥수수, 감자를 구워 파는 노점상 나시주 여인에게서

휘황찬란한 카지노에서도 남자는 경비, 여성은 청소라는 그림자 같은 직업의 한계를 벗어나기 어려운 강원도 폐광촌廢鑛村 사람들의 쓴웃음이 보인다. 그처럼 치싱피지엔의 고집에는 바이주의 그것보다 더 아린 슬픔이 배어 나온다.

사람들에게 치여서 앉아 쉴 요량으로 사쿠라 카페라는 곳을 찾았다. 뭘 찾는 데는 다운이 감각이 좋다. 한국인 여성이 중국인과 결혼하여 「SAKURA CAFE」라는 일본어 간판으로 한국 음식을 파는 곳이라고 한다. 부조화의 극치일까? 아니면 극적 다름의 결합일까.

한국과 중국 그리고 일본은 참 많이도 다르다. 술을 마시는 방법도 제각각이다. 자작自酌이나 대작對酌 문화의 중국, 첨작添酌 문화의 일본, 한국의 수작 문화酬酌文化, 바로 잔 돌리기?

전 세계적으로 잔을 돌리는 음주 문화는 우리밖에 없을 것 같다. 요즘은 많이 사라졌다. 그래도 술 마시다 잔이 비면 앞에 앉은 친구에게 "전화 안 왔어?", 라고 묻곤 한다. 사쿠라 카페처럼 굳이 극적 다름의 결합이라고 해 두자.

그런데 우리는 도저히 어울릴 것 같지 않은 김치찌개를 안주 삼아 맥주를 마시고 있다. 이건 심리적 아니면 습관성 부조화인가? 지나가던 행상, 카페 창가에 앉아 있는 우리에게도 열린 창문으로 얼굴을 들이밀고 호객한다.

구청 안쪽은 대부분 숙박업소 아니면 기념품 가게와 음식점이다. 건물 전체가 기와를 얹은 나시주 전통 고옥이고 닳아서 반질반질해진 돌이 깔린 골목길, 사이사이 수로가 흐른다는 점을 제외하면 단순한 쇼핑 거리 이상의 느낌은 없다. 시끄러워도 밤이 좀 낫겠다.

카페 앞 좁은 골목은 사람으로 미어터진다. 창문을 통해 어깨 위 각양각색의 얼굴이 지나간다. 사람의 집단 이동을 보고 있는 느낌이다. 약간은 어설프지만 김치찌개의 매콤한 맛에 자극을 받은 혀에 닿는 미지근한 맥주, 무슨 맛인지 모르겠다. 조금은 무료해진다. 멍한 표정을 짓던 다운,

"형, 난 산이 좋아, 더 이상 머물지 말고 일찍 호도협으로 가자."

"그 얘기 왜 안 나오나 했다."

호도협! 갑자기 마음이 급해진다.

리지앙 버스 터미널로 이동, 치아오터우桥头 가는 버스를 타기로 했다. 표를 사고 보니 시간이 많이 남았다. 우리는 한 번도 제시간에 버스를 타 본 적이 없다. 근 1시간 이상은 기다려야 했다.

큼지막한 홍등을 가운데 건 대합실은 꽤나 넓다. 거의 5,6백 평은 되어 보인다. 한쪽 구석에 키 작은 칸막이로 구분한 흡연실이 있다. 아무도 개의치 않는다. 표시가 있건 없건 앉은 자리에서 피워댄다.

옆에 앉은 녀석들 셋이서 꾸아즈瓜子, 해바라기 씨 까먹는 기술이 거의 예술적 경지에 올랐다. 순식간에 바닥에 뱉은 껍데기가 수북하다. 매점에 들렀다. 해바라기 씨 종류가 무지하게 많다. 비닐 포장, 종이봉투에 담긴 것 등 가지가지다.

한 봉지를 샀다. 우리 것보다 서너 배는 될 만큼 엄청나게 크다. 세 개의 흰 줄이 그어진 꾸아즈, 표면에 조미료를 발랐는지 들쩍지근하다. 외화내빈이라더니 서너 배의 크기에 비해 알맹이는 보잘것없다. 그들처럼 껍데기를 바닥에 뱉으려니 영 어설프다.

중국인들 어딜 가나 건물은 왜 그리 크게 짓는지, 화장실을 찾아

대합실 2층으로 올라갔더니 휑뎅그렁한 공간에 화장실만 구석에 자리를 잡았다. 아래층 넓은 공간을 놔두고 왜 이렇게 불편하게 2층에 화장실을 만들었을까? 찾기도 어렵다. 꾸아즈처럼 필요 이상으로 외관이 좀 요란한 면이 있다.

주차장 한쪽 귀퉁이에 치아오터우 가는 버스가 보인다. 출입문이 열려 있기에 미처 표를 안 보여 주고 올라섰더니 기사가 끌어내리려 한다. 신경이 거슬린 다운, 삿대질하면서,

"말로 해! 옷을 잡고 난리야?"

'말로 해도 어차피 못 알아듣는데……'

시간이 정해져 있긴 한데 출발은 기사 맘이다. 승객이 기다리건 말건 자기 볼일 다 보고 난 후에야 시동을 건다. 역시나 짐짝처럼 실려서 예정된 시간보다 10분 이상은 지체하고 출발한다.

'드디어 후티아오시아로 가는구나……'

14 장쾌함 :: 후티아오시아

버스가 리지앙을 뒤로 하고 마주 보이던 산을 따라 돈다.

나는 또 맨 뒷자리다. 오른쪽엔 덩치 큰 외국인 남녀, 왼쪽엔 아이를 안은 아주머니가 앉았다. 아이 눈을 내려다보면서 속삭이듯 노래를 불러 준다. 리지앙 부근에 사는 나시주는 참 밝다. 틈만 나면 홍얼홍얼, 아이와 눈 맞춤 하는 모습이 더없이 다정하다.

나지막한 고개를 넘으니 오른쪽으로 호수가 보인다. 라쉬하이 拉市海, 자연

호수여서 우기와 건기의 모습이
전혀 다르다고 한다. 호수를
끼고 돌아 고개를 오른다.
리지앙 방향은 박무薄霧가 끼어
아스라이 멀어져 간다.

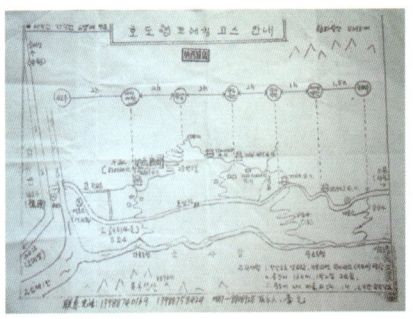

후티아오시아 안내도

진샤지앙에서 가장
아름답다는 장강 제1만万里长江
第一湾 가는 길을 버리고 산허리를 돌아 물길을 따라 내려간다.
왼쪽으로 보이는 진샤지앙은 여주驪州쯤의 강폭과 비슷해 보이지만
수량은 좀 더 많아 보인다. 저 물이 폭 1, 20m의 협곡으로 빠져나간다.
장관을 눈앞에 두고 있다.

버스가 다리를 건너 하바쉬에샨 기슭을 훑어 내려가면서 오른쪽
강 건너 위롱쉬에샨의 위용이 서서히 눈에 들어오기 시작한다. 앞에
앉은 중국인 젊은 친구는 벌써부터 흥분하기 시작한다. 아예 일어서서
사진을 찍느라 난리다.

우리가 탄 버스는 치아오터우까지만 운행되기 때문인지 승객
대부분은 호도협 트래킹을 위한 행장을 하고 있다. 반 이상은
외국인이다. 중국인 중에도 등산복 차림이 두 셋, 쭝디엔 가는 길은
치아오터우에서 진샤지앙을 버리고 왼쪽으로 틀어 고개를 넘어 간다.

종점에 도착한 기사가 호도협 트래킹코스 안내도를 나누어 준다.
받아 보니 게스트 하우스 광고를 위한 것인데, 「한국인 산악인
김ㅇ래 만듬」이라고 되어 있다. 누군지는 모르지만 고맙게 받아 들고
입장권을 끊고 트래킹을 시작하려니 마부꾼의 호객이 절정에 달한다.

관심 없는 듯, 산길로 접어들었다.

　외국인 두 사람은 벌써 저만치 앞서 간다. 우리 배낭의 무게는 만만치 않다. 마부 두 놈이 따라붙는다. 한 녀석은 많아야 열대여섯? 담배를 꼬나물고는 까불까불 묻지도 않은 말을 지껄인다.

　완만한 오르막길로 접어든다. 얼마 걷지도 않았는데 숨이 차다. 그걸 숨기고 눈치 싸움을 하는데 마부 녀석이 평상이 있는 집 앞에서 잠시 쉬었다 가라고 한다. 잘 아는 이웃집인지 차를 한잔 따라 온다.

　이가 시릴 정도의 차가운 물이 있으면 좋겠지만 밍밍한 차밖엔 없다. 중국에 차가 발달한 이유는 물에 있다. 마실 수 있는 생수가 별로 없기 때문이다. 한 번도 시원한 물을 마셔보지 못했다. 식도를 지나 위장까지 시원해지는 한잔 생각이 간절하다.

　쉬고 있는 말 입에는 종다래끼를 달아 놓았다. 소금이라고 한다. 소금을 그렇게 매달아 놓고 먹이는 모습을 처음 보았다. 담배 하나를 주고 짐짓 모른 척, 다시 출발했다. 어린 녀석은 틀렸다고 생각했는지

어느새 사라졌다.

　한 녀석은 꽤나 눈치가 있는 놈이다. 우리가 메고 있는 배낭의 규모를 보았는지 끈질기게 들러붙는다. 어차피 그 정도 무게라면 2박 3일간의 트래킹을 완주하지 못할 것이라는 점을 알기라도 하는 듯이…….
　녀석에게 나시 게스트 하우스까지 간다고 하였더니 30위안을 달라고 한다. 내 목적은 오늘이 아니라 내일이다. 남은 거리가 얼마나 되는지를 모르기에 30위안이 싼지 비싼지 감이 없다. 오늘 가격이 내일 일당의 기준이 될 수 있다. 모른 척 계속 걷다 배낭 2개를 10위안에 맡겼다. 날아갈 것 같다.
　맞은편 위롱쉬에샨, 참 높기는 높다. 구름이 끼어 꼭대기는 보이질 않는다. 내일은 다 보여 주려나? 그 장쾌함에 넋을 놓고 있는데, 따라오던 말이 푸르르- 하면서 내 엉덩이를 쳤다. 하마터면 넘어질 뻔했다. 옆으로 피하니 제 길인 양 지나간다. 엉덩이를 툭 치면서,
　"먼저 가라 이놈아"

후티아오시아 하이 패스는 트래킹을 위한 것이 아니라 하바쉬에샨 기슭에 사는 사람들이 왕래를 위해 만든 길이다. 한 사람 두 사람 다니다 보니 소문이 나서 서양에 먼저 소개되었다. 투자의 흔적은 거의 없다. 자연스럽게 만들어진 그런 길이다. 고갯길은 지그재그로 돌고 돌아야 한다.

마부 녀석이 없었다면 길을 찾기도 쉽지 않겠다. 현지인들이 사는 집 뒷담을 돌기도 하고 마당 앞을 지나기도 하면서 자연스럽게 마을 길, 마실 다니던 길, 그런 길을 지나간다. 마을에 주민이 별로 띄지 않는 걸 보면 한창 농번기인가 보다.

까마득한 비탈에 농사를 어떻게 짓는지 신기하다. 주로 옥수수 밭이고 논은 보이지 않는다. 다행히 위에 있는 밭이라면 어떻게 해 보겠지만 급경사 아래쪽에서 수확한 옥수수는 어떻게 지고 올라올지 괜한 걱정을 해 본다.

트래킹 코스는 한 사람 겨우 지나갈 정도, 아주 좁다. 경운기도 갈 수 없는 길에 농산물은 어떻게 내다 파는지, 말에 의존하는 것은 아무래도 한계가 있을 텐데……. 하바쉬에샨 기슭에 기댄 사람들의 고단함도 함께 느껴진다.

후티아오시아, 두 개의 곤추선 바위산 사이, 진샤지앙은 억겁을 흐르면서 바위를 깎았다. 그러곤 깊이를 가늠할 수 없는 세월의 흔적을 남겼다. 그 자리에 황토물이 포효하듯 쏟아져 내린다. 물살이 부딪쳐 안개를 피워 올리니 협곡 전체가 푹 젖은 느낌이다.

위롱쉬에샨, 13개의 봉우리가 연이어 굴곡진 병풍처럼 장엄한 위용을 자랑하고 있다. 해발 5,596m, 맞은 편 하바쉬에샨은 5,396m,

최대 표고 차는 3,790m라고 하는데, 산봉우리까지는 보이지도 않아 우리 눈에는 가늠조차 어렵다.

상협上峽에서 하협下峽까지 전장 18Km를 쉬지 않고 쏟아져 내리는 후티아오샤, 낙차는 무려 170m, 숨 쉴 틈도 없이 소용돌이친다. 이 세상에서 가장 호쾌한 강의 모습이 어떤 것인지를 실감하고 있다.

후티아오샤는 그렇게 답답했던 가슴까지 뻥- 뚫리게 하는 장쾌한 스케일이 어떤 것인지를 내게 보여 주었다.

15 총정 :: 마부馬夫 룬-펑

협곡 건너 위롱쉬에산에 넋이 빠져 있다 보니 어느새 좁은 길이 나시야그어納西雅阁로 안내한다. 게스트 하우스인데 대문이 닫혀 빈집처럼 조용하다. 갸웃? 하면서 들어서니 집안이 참 아늑하다.

나시주 고유의, 마당을 가운데 둔 장방형의 2층 집, 주인이 꽤나 깔끔한 모양이다. 정원수 몇 그루와 깨끗한 흙 마당은 맨발로 다녀도 될 것 같다. 해가 지려면 아직 멀었지만 선택을 잘 한 것 같다.

미처 못 봤는지? 여주인과 딸이 머리를 감다 오랜만에 오는 손님인지 우릴 보더니 반색을 한다. 배낭을 내려놓고 다운이 마당을 걸어가다 뽕— 하고 방귀를 뀌었다. 주인아주머니와 딸 둘이 박장대소하면서 자지러진다.

처음 만나는 사람과도 얘기를 잘 트는 것이 다운의 장점이다. 봉당 아래 물 호스에 대야를 받쳐 놨다. 양말을 벗어 코에 대고 냄새난다고 손사래를 치니 또다시 깔깔깔……. 금세 어색함이 사라졌다.

괭이 같은 도구를 들고 왔다 갔다 하는 중년의 남성, 바깥주인인 모양이다. 부인과 딸들이 배꼽이 빠져라 웃어젖히는데 본체만체 자기 일만 하고 있다. 나시주의 집안 경제는 부인이 책임을 진다. 그런 생활 관습 때문인지 천성이 그런지 집에 오는 손님과 눈인사라도 할 것 같은데 시종일관 무표정이다.

내일은 최소 6시간은 걸어야 한다. 그러기에 마부 녀석과의 흥정이 중요하다. 일단 10위안_{한국 돈 1,400원}을 주고 내일 얼마면 되겠느냐? 하고 물으니 300위안을 달라고 한다. 어라! 이놈 봐라?

"잔머리 굴리지 말고 네가 받을 만큼만 불러라."

300위안이면? 우리 돈으로 40,000원이 훨씬 넘는다. 이곳 물가를 잘은 모르지만 내 생각으론 터무니없기에 대꾸도 않고 가만히 내버려 두었다. 곁눈질로 녀석의 표정만 계속 살폈다.

전형적인 농촌 가옥을 증축한 것 같은 나시야그어, 아마 대대로 농사를 지으면서 살아오다 지나가는 사람이 많아지면서 숙박업을 하기 위해 집을 개조한 모양이다. 사람은 사람의 삶을 이렇게 변화시켰다. 농가에서 민박으로, 쪽문 옆 텃밭과 마당을 넘나드는 암탉 몇 마리, 눈이 마주쳤다.

"형, 어때요?"

나시주에게 백숙이라는 음식이 있는지는 모르겠다. 주인아주머니에게 닭백숙을 해 줄 수 있는지를 알아보기로 했다. 다운, 마당에 돌아다니는 닭을 가리키면서 동작언어의 종합 보디랭귀지,

"꼬끼요- 꽥, 쭈르륵-, 풍덩, 보일라 부글부글, 냠냠 쩝쩝 OK?"

여주인, 알아들었나 보다. 그런데 문제가 생겼다. 얼마라고 계산기에 찍어 주면서 설명을 하는데 도저히 알아들을 수가 없다. 찍힌 숫자는 턱 없이 적은데, 뭔 말인지 눈치 채기도 어렵다. 한참을 옥신각신, 딴소리만 하고 있다.

우린 서로 쳐다보면서 무슨 말인지 아느냐고 눈으로 물어본다. 다운도 전혀 모르겠다는 표정이다. 닭을 몇 등분하는 흉내를 내면서 계산기에 숫자를 찍어 보인다. 아하! 알겠다. 100g에 얼마라는 얘기다. 알아들었으니 무조건 "OK!"

손님이 통 보이질 않는데 2층에서 서양인 아가씨 둘이 내려다본다. 손을 흔들면서 인사를 나눴다. 프랑스인인데 트래킹 이후 쭝디엔을 거쳐 홍콩으로 간다고 한다. 우리가 차마고도를 거쳐 티베트를 간다고 하니, 엄지손가락을 치켜들고 예의 큰 몸짓에 흰자위까지 굴리면서,

"원더푸-울"

내 일만 남았다. 마부 녀석과 마주 앉았다. 녀석은 작대기로 마당에 「300」이라고 써 놓고는 꼼짝도 않고 우리가 닭백숙 주문하는 것을 지켜보고 있었다. 씻지도 못하고 날이 저물 때까지 실랑이를 하고 있다.

마부 녀석을 어떻게든 삶아서 흥정을 끝내야 한다. 녀석은 나름대로 300위안을 받아야 되는 이유를 설명하는 것 같은데 어차피 알아들을 수는 없다. 나도 녀석이 알아들을 리 없으니 내 방식대로 얘기하면서 비용을 깎자고 계속 손짓을 했다.

잠시 후, 250이라고 썼다가 지우고는 200을 쓰더니 눈치만 보면서 녀석도 묵묵부답이다. 여기서 물러설 수는 없지, 제 놈이 빈손으로 돌아갈 수도 없는 약점이 있으니, 100위안으로 후려쳤다.

더 이상 얘기를 안 하고 있으니 이놈이 답답한 모양이다. 한참이나 머리를 굴리다가 150이라고 쓴다. 나는 "얘기 끝났다. 100위안이다."라면서, 100이라는 숫자를 짚었다. 하려면 하고 그렇지 않으면 말아라. 배짱을 내밀고 있으니 놈이 어쩔 수 없는지 손을 들고

마부 룬핑

만다. 아주 지루한 한중협상韓中協商이 끝났다.

　마부 녀석과 흥정을 끝내니 서로 경계할 필요가 없어졌다. 필담 및 손짓 발짓으로 이런저런 이야기를 나눴다. 녀석의 나이는 스물 셋이고 이름은 룬핑润平이라고 한다. 그런데 재미있는 것은 호적상 이름과 학교에서 썼던 이름이 다르다는 것이다. 그래서 학교 다닐 때는 첸훼이치앙陈辉强으로 불렸다고 한다.

　녀석 이름을 어떻게 부르는지 발음을 배웠다. 내 이름, 다운 이름을 몇 번씩 반복하여 가르쳐 줬다. 내 이름자 중에 '승'이라는 발음은 도저히 안 되겠다. 후티아오시아젠 창승춘虎跳峡镇 长胜村 출신이라고 한다.

　어쩐지……. 트래킹 코스 초입 민가에서 쉴 때 제집처럼 들어가 차를 한잔 따라 왔었다. 이 길을 많이 다녀서 잘 아는 이웃집인가 보다 했었다. 그런데 아마도 룬핑이 사는 집인 모양이다. 그 동네가 창승춘이다. 티벳탄이라고 한다. 두 번째로 티벳탄을 만났다.

　일당을 너무 많이 깎은 것 같아 조금은 미안해진다. 진작 알았으면

200위안 정도로 결정했을 것 같다. 안타깝지만 되돌릴 수도 없는 일, 한족汉族에 대한 은근한 대결 심리가 엉뚱한 곳으로 튀고 말았다

16 회상 :: 아픈 손가락

녀석은 초등학교小学만 나왔다고 한다. 그 후 이곳에서만 살았다면 농사일 말고는 지금처럼 마부로 살아가는 것 외엔 선택할 수 있는 방법이 별로 없다. 또 다른 대안이 없었다면, 초입까지 따라붙었다 돌아간 어린 녀석의 삶이 룬핑의 과거에 겹쳤을 것이다.

룬핑이 사는 창승춘, 옥수수 농사가 거의 전부다. 그걸로 녀석을 중학교에 보내기는 현실적으로 어려웠을 것이다. 어쩌면 천형 같은 가난이 더 이상의 배움을 접게 했을지도 모른다. 그렇지만 삐뚤빼뚤 제 이름과 주소를 쓸 수 있다는 건 그나마 다행스럽다.

어렸을 적 우리 집도 그렇게 가난했었다. 물론 초근목피로 연명하는 정도까진 아니었다. 먹을 것이 없어 송기봄철에 물이 오른 소나무 속껍질를 벗겨 먹으면 그것이 소화되지 않아 변이 굳어지고 그 결과 항문에 상처가 날 수 있다. 그래서 찢어지게 가난하다는 말이 생겼다고 한다.

나는 음력으로 1960년 12월생이고 양력으로는 1961년 2월생이다. 당시는 음력으로 나이를 계산하였기 때문에 몇 되지도 않는 내 친구는 전부 쥐띠庚子年였다. 형이 초등학교에 들어간 이듬해 또래들이 전부 입학을 했다. 생일이 늦은 나에게는 취학통지서가 나오지 않았다.

"내 친구 대열이도 가고 창래도 가는데 나도 갈래."

무턱대고 떼를 썼다. 할머님이 학교에 가서서 사정하여 호적상 나이_{1962년 1월, 출생 신고를 늦게 하셨다.}보다 먼저 1960년생과 함께 입학했다. 요즘이라면 가능하지 않았을지도 모르겠다.

그 후, 우리 집은 농촌을 벗어나 다른 곳으로 거주지를 옮기고 아버님은 직업을 바꾸셨지만 사정이 별로 나아지지는 않았다. 그러기에 내 부모님은 형을 중학교에 보낼 것인지, 나를 보낼 것인지의 어려운 선택을 하실 수밖에 없었다.

형에게 "중학교 갈 거니?"라고 물었는데 "학교 다니기 싫다."고 대답하는 철없는 말을 궁여지책으로, 나를 선택하는 중요한 이유로 삼으셨다. 그리곤 오랜 세월······. 부모님 가슴에는 아픈 손가락으로 남았다.

내 입장에서만 본다면 불가피한 면이 있음을 인정하지 않을 수 없다. 부모님은 나를 중학교에 보내기 위해 5만 원짜리 1년 만기 정기 적금을 부어 입학금과 수업료를 장만하신 것으로 기억한다. 당시 그 이상의 경제력을 기대하기는 어려웠다.

형은 나이 오십에 이른 지금도 씁쓸한 표정을 지어 보일 때가 있다. 나는 어렴풋이 부모님께서 형의 중학교 입학을 강력하게 권하지 못하신 것을 알고 있었다. 어떨 때는 비록 내 뜻이 아니었을지는 모르지만 꼭 나 때문이라는 생각이 들어 정말 미안하다. 정말 많이······.

그러기에 형이 "낚시 가자, 어디 가자." 라고 제의하면 다른 중요한 것을 제쳐 두고서라도 나는 거절하지 못한다. 아니 거절할 수가 없다. 이해를 바랄 수는 없지만, 그런 나를 조금은 이해하지 못하는 사람이 있다.

고추가 있으면 좋을 것 같아 주인아주머니에게 물어보기로 했다. 설명할 방법이 딱 떠오르질 않아 손가락 하나를 내려뜨리고 "그린, 그린", 하고 얘길 하니, 알아들을 리가 있나? 한참을 옥신각신하다 딸에게 밭으로 안내하라고 시킨다.

우리 것보다는 길고 쭈글쭈글한 고추가 있어 몇 개를 땄다. 홍정도 끝났다. 백숙이 다 되었다. 룬펑과 함께 토막을 친 닭백숙에 콰- 한 독주 한 잔 들어가니 부러울 것이 없다. 고추를 장에 찍어 주었더니 멈칫하던 녀석이 나중에는 제 손으로 찍어서 잘도 먹는다.

고추를 들고 유리병 뚜껑에 묻은 고추장을 쓱- 훔쳐서 먹는 룬펑을 보면서 한국에 있는 어느 동생이나 후배를 보는 것 같은 친근감을 느낀다. 우리는 음주 방법을 가르쳤다. 티벳탄에게 병을 잡고 두 손을 모아서 따르도록 동작까지 가르쳐 줬다. 그리곤 셋이서,

"위하여-"

녀석은 내 잔이나 다운 잔이 비면 얼른 병을 들고 따라 준다.

"룬펑? 앞으로는 형님이라 불러라, 알았지? 미— 형님."

"따라해 봐, 형님."

"헨님", 하면서 녀석이 웃는다.

티벳탄에게는 우리 정서로는 이해할 수 없지만, 아직도 일부에선 형제공처제 兄弟共妻制라는 결혼 풍습이 남아 있다고 한다. 즉, 형이 결혼하면 동생도 얼마 후에 형수와 결혼하는 것이다. 형제 남편이 세 명, 네 명일 수도 있다는 의미다.

티벳탄의 생활 방식인 유목과 농사를 양립시켜야 할 불가피성에서 비롯된 관습이다. 그러기에 형이라는 말, 더 나아가 장남이라는 말이

무슨 의미인지 무슨 뜻인지, 얼마나 무거운 말인지 녀석은 알려나 모르겠다.

대한민국의 장남, 가문을 이을 첫아들에 대한 대접이 장남이라는 말로 태어났다. 그리고 장남의 유고를 담보할 둘째에게 차남이란 말을 붙였다.

차남이란 서수序數로서의 둘째 아들이라는 의미가 아니다. 그러기에 둘째, 셋째, 넷째도 그냥 차남이다. 장남을 대신할 담보로서의 의미가 컸기 때문이다. 가문을 잇는다는 것이 그만큼 중요했다.

그러나 요즘은 장남이라는 말이 기성세대의 머릿속에 억지로 자리잡고 있을 뿐이다. 그 말의 무게에 눌려 자신의 재능을 맘껏 펴지

후티아오시아

못하고 가문의 틀에 갇혀버린 비운의 장남은 몇이나 될지 추론도 불가능하다.

시대는 변했다. 형제가 있는 세대는 베이비부머1955년부터 1963년 사이에 태어난 세대를 일컫는 말로 끝났다. 가치관이 변하면서 권리는 없고 책임만 따르는 장남, 제사를 모셔도 특권이 없는 장남, 혜택은 받지 못했어도 할아버지 할머니 산소의 벌초^{伐草}는 온전히 형의 차지였다. 형은 그럴 수밖에 없는 장남이었다. 언제까지 그 말이 살아 있을지 모르겠다.

그런데 백숙에 웬 닭대가리? 벼슬도 안 떼고 헤엄을 친다. 녀석에게 주었더니 안 먹는다. 닭발이 트래킹을 하고 있기에 꺼내 주었더니 그건 잘 먹는다. 나시야그어를 전세 낸 저녁 식사가 끝날 무렵, 룬펑이 아는 집에서 자고 온다고 돌아갔다.

인위적인 빛이 거의 없는 협곡의 밤, 사위는 쥐 죽은 듯 고요하다. 구름 사이로 언뜻언뜻 보이는 별, 참 밝기도 하다. 오랜만에 보는 별, 마치 40년 전으로 되돌려 고향 집 툇마루에 누워 있는 듯, 아련한 추억으로 이끈다.

가난했지만 할머니의 옛날 얘기로 배를 채우던 한여름 밤, 모깃불과 휙휙 지나가는 수건에 매달린 바람이 올망졸망 우리 형제의 꿈나라를 지켜 줬다. 그땐 정말 할머니는 잠을 자지 않아도 되는 줄 알았다.

고단한 몸을 누이고 적막감을 만끽했다. 리지앙에 있던 아가씨는 지금도 그 모습으로 노래하고 있으려나?

17 상큼함 :: 고진감래?

룬핑이 일찍 왔다.

어제 먹던 백숙 국물에 밥을 넣고 끓여서 닭죽 비슷하게 만들어 식사를 해결했다. 고추도 몇 개 얻었다. 대문을 나서다 나시야그어 주인아주머니와 딸과 함께 기념사진을 찍었다. 쑥스러워 하는 둘째딸의 얼굴을 담느라 룬핑이 몇 번이나 셔터를 눌렀다.

오늘 일정은 하프-웨이 게스트 하우스까지다. 마부 녀석, 표정이 한층 밝아졌다. 이제 구면이라 웃기도 하고 뭔가 설명도 하면서 앞장서서 걷는다. 룬핑의 동업자인 말은 한참을 먼저 가서 길옆 풀 뜯기 바쁘다. 눈치를 보니 여물을 안 먹이는 것 같다. 산길을 오가면서 풀이나 나뭇잎을 뜯어 배를 채우는 모양이다.

어떨 때는 좋아하는 나뭇잎을 미친 듯이 허겁지겁 뜯어 먹는다. 룬핑은 그런 녀석 엉덩이를 회초리로 때리면서 길을 재촉한다. 돌아서는 녀석 동공에 아쉬움이 배어 나온다. 배불리 먹게 놔두라고 소리를 지르면서 마부 녀석을 야단쳤다.

후티아오시아 트래킹 코스 중에 얼 씨 빠 구 아 이 28拐, 28밴드 라 는 비탈길이 있다. 풀숲 사이 지그재그로 28굽이 좁은 길을 쉼 없이 올라야 하는 가장 힘든 곳이다. 숨이 턱까지 차오른다.

치악산 고둔재 올라가는 정도도

나시야그어 주인과 딸

안 되는데 고도 차이 때문인지 엄청 힘들다. 하이고! 말을 쓰길 잘했다는 생각이 절로 든다. 마부 녀석은 늘 다녀서 그런지 어느새 획- 올라가서 우리를 내려다보고 있다. 28밴드를 올라앉아 쉬는데 말도 꽤 힘든가 보다. 연신 '푸르르', 콧바람을 낸다.

평생 이런 길에 짐이나 져 나르다 보면 저 녀석, 한번 뛰어 보지도 못하겠다는 생각에 조금은 측은해진다. 초원을 달려야 할 말이 그곳이 어떻게 생겼는지 알지 못한 채 짐꾼에 머물러 있다. 룬펑이 소학만 배우고 그 뒤 바깥의 삶을 모른 채 마부꾼에 머물러 있는 것처럼……

한눈에 보이는 위롱쉬에샨과 협곡, 누군가에게 추천해 주고 싶은 여행지다. 윈난성 여행을 계획하는 사람이 있다면 단연코 후티아오시아를 권하고 싶다. 언제 이런 장쾌한 자연을 감상할 수 있을까?

협곡 하면 빼 놓을 수 없는 미국의 그랜드 캐니언과는 전혀 다른 곳이다. 한계를 넘는 스케일은 눈에 넣기 어렵다. 어떻게 보면 사람이 기억할 수 있는 공간의 크기나 깊이의 임계점이 바로 후티아오시아에 있다.

과장법이 도를 좀 넘는다. 협곡 사이가 V자로 패어 좁기는 하지만 호랑이가 건너뛸 정도는 넘는다. 그래선지? 급류 중간에 있는 바위를 후티아오단虎跳石이라 한다. 상도협, 중도협, 하도협 세 개씩이나…….

포수에게 쫓긴 호랑이가 그 바위를 딛고 건너뛰었다고 해서 굳이 호도석이라는 이름을 붙였다. 미국인이 그레이트Great라는 말을 좋아하듯이 그냥 중국인의 여유라고 이해하기로 했다.

반대편에서 인기척이 들린다. 서양인 남녀가 올라오고 있다. 끌어주고 밀어주면서 애를 쓴다. 굵은 땀방울을 뚝뚝 흘리면서 가쁜 숨을 몰아쉰다. 앉아 쉬고 있는 우릴 보더니 손으로 굴곡을 그리면서,

후티아오시아

"하이- 다운Down?" 한다.

"예스, 다운!" 하니, 웃음꽃이 핀다. 반대편 오르막도 꽤나 힘들었던 모양이다.

맞은편 위롱쉬에샨은 온통 바위산이다. 그것도 거의 수직 절벽이다. 역시나 구름을 이고 있어 꼭대기는 보이지도 않는다. 한 발짝도 옮기지 못할 것 같은 바위 사이로 사람이 다닌 흔적이 보인다. 다운 왈,

"영선이 형이 오면 좋아하겠다. 이쪽 사이로 올라서 능선을 타고 저 쪽에 자일을 걸면 저기까지는 가능하겠다. 언제 한 번 리지 등산 해 볼까요?"

다운이 산에 한 번 가자고 하여 따라갔었다. 충북 단양丹陽에 있는 동산東山이라고 하였다. 산행을 할 줄 알았는데 바위 밑으로 가서 다

왔다고 한다. 「배 바위」라고 했다. 자일을 걸고 암벽타기를 했다. 나는 두 번 타고 포기했다.

아니 암벽을 탔다기보다는 위에서 다운이 거의 끌어올리다시피 했다. 리지화가 작아서 발이 무지하게 아팠었다. 그때 사진에는 내 얼굴이 하얗게 질려 있었다.

"난 아직 할 일 많아, 혼자 가."

마부 녀석, 풀숲을 뒤지더니 비닐봉지를 하나 꺼내 온다. 무언가를 먹으라고 내민다. 받아 보니 선인장 열맨가 보다. 어떻게 먹는지를 몰라 멀뚱하니 쳐다보자 녀석이 제 손으로 까서 하나씩 주는데, 손톱 밑이 새까맣다.

'이걸 먹어야 하나?'

망설이다 한 입 베어 물었는데, 한 가득 퍼지는 상큼한 향기와 달콤함에 갈증이 다 달아나는 것 같다. 생각해 보니 녀석이 이걸 먼저 따서 숨겨 두었다 며칠 지나 숙성이 된 다음에 우리에게 준 모양이다. 그 후로도 룬핑은 몇 번을 우리에게 선인장 열매를 까 주었다.

고진감래 苦盡甘來라고 했다. 조금은 지친 몸에 비탈길을 오르면서 목이 탔었는데 녀석이 건넨 선인장 열매는 그 어떤 것보다 달았다. 상큼한 청량감에 머릿속이 핑- 도는 것 같은 기분을 느꼈다.

아마도 룬핑은 여행객이 28밴드를 오르기가 쉽지 않다는 것을 체험적으로 알고 있는 모양이다. 그러기에 가장 힘든 길을 지나서 상큼한 기분을 느낄 수 있도록 나름의 배려를 한 것이다. 마음은 그렇게 전달되는 모양이다.

서로 마음을 열어 참 편안하다. 급할 것도 없다. 정해진 시간까지 서둘러 갈 필요도 없다. 말을 앞세우고 휘적휘적 걷는 룬펑, 삐딱한 자세의 뒷모습에 약간은 무리한 협상의 결과가 마음에 걸려 조금은 측은해 보인다.

마을 어귀를 지나는 트래킹 코스 옆으로는 호두나무가 참 많다. 떨어진 것을 하나 주워 돌로 깨 먹어 보았더니 조금 덜 여물었다. 앞서거니 뒤서거니 트래킹 코스를 전세 낸 다운의 웃음소리는 자꾸 발걸음을 붙잡는다.

그걸 아는지 저만치 앞선 말도 거리가 멀어지면 나뭇잎을 뜯으며 기다린다. 우린 사람이 아닌 말을 가이드 삼아 후티아오시아 트래킹을 하고 있다. 조선 시대, 여유 있는 당상관의 팔자걸음으로……

그렇게 해가 중천에 걸렸다.

18 第一厕 :: 중투커잔

어느덧 티-호스게스트 하우스茶马客栈, 챠마커잔에 도착한다. 입구에는 돌로 만든 테이블이 있다. 주인이 나오다 우릴 보더니 환하게 반긴다. 마부 녀석에게 배낭 내려놓고 꼴 좀 먹이라고 했다. 한 아름 베다 주니 말도 반가운지 연신 푸르르— 하면서 코를 벌름거린다.

우리는 점심을 먹기 위해 차마 객잔에 머물러 있다. 여기 주인도 참 친절하다. 연신 웃음이다. 머물다 가도 괜찮겠다. 룬펑에게 메뉴를 고르라고 했다. 어쩌면 우리보다 훌륭한 선택을 할 것 같아서다.

놀며 쉬며 식사를 끝낼 즈음, 나시야그어에서 만났던 프랑스

아가씨들은 반대쪽 아스라이 산허리를 돌고 있다. 일부러 올 때까지 한참을 기다렸다. 뭐 하나 바쁜 것이 없다. 식탁에 앉아 있는 우릴 보더니,

"하이-", 하면서 밝게 웃는다.

호도협 트래킹 코스는 외국, 특히 서양에 많이 알려져서 그런지 동양인은 별로 없다. 서양 사람들 만나면 "하이!" 하면서 웃는 얼굴로 인사하는 모습이 새롭고 버스에 동승했던 사람들 다시 만나 반갑다. 오후가 되었으나 협곡 건너 위롱쉬에샨은 여전히 머리 꼭대기는 보여주질 않는다.

트래킹 코스에서 협곡 바닥까지는 족히 수백 척, 까마득한 절벽인데 하얀 돌 하나를 집어서 던지니 강물에 거의 닿을 정도로 수직 벽이다. 뒤돌아보면 역광에 비친 위롱쉬에샨의 바위벽이 반짝반짝 보석처럼 빛난다.

말을 앞세운 룬-핑, 녀석은 점퍼 한쪽 팔만 끼우고 기우뚱한 자세로 걸으면서도 말이 게으름을 피우면 손톱만 한 돌을 정확히 엉덩이에 맞추는 나름의 말 부리는 기술을 가졌다. 녀석과 협곡을 번갈아 관찰하다 보니 오후 4시가 다 되어 하프웨이 게스트 하우스에 도착한다.

중투커잔 中途客栈, 말 그대로 전체 트래킹 코스 중 딱 절반이다. 후티아오시아 트래킹 코스는 리지앙으로 가기 위해 따쥐 大具로 건너가는 나루터인 신두커우 新渡口, 뉴 페리까지 33km 정도 된다고 하는데 우리는 티나 게스트 하우스까지만 트래킹을 할 예정이어서 오늘은 여기에서 숙박을 하기로 했다.

입 구 자로 지어진 게스트 하우스 모퉁이에는 위롱쉬에샨을 가장 잘 조망할 수 있는 위치에 야외 식당이 있다. 테이블은 이곳에서 흔하게 볼 수 있는 넓고 평평한 돌, 그 돌로 집을 짓고 마구간도 만든다.

그런데 이곳은 나시 게스트 하우스와는 영 딴판으로 주인도 불친절하고 일하는 여자애들도 그렇고, 손님이 왔는데 쳐다보지도 않는다. 장사가 잘되는 모양이다. 게스트 하우스는 내 눈에만 그렇게 보이는지 주인의 욕심을 그대로 나타내듯 3층이다. 선택의 여지가 없으니 어쩔 수 없다.

저녁까지는 시간이 남아 맥주를 한 잔 홀짝거리고 있다. 구름이 걷히기를 바라면서 위롱쉬에샨의 절경을 감상한다. 버스 옆자리에

위롱쉬에샨

앉아 있던 외국인 남녀도 조용히 앞산을 주시하고 있다.

말이 필요 없다. 협곡 건너편에 시선이 고정되는 이 순간, 우리는 지금 엎어지면 코에 닿을 것같이 가까운 진경산수화를 마주하고 있다. 아주 잘 그린 산수화 병풍을 앞에 두고 있는 것 같다. 멋있다는 말도 생각도 사족에 불과하다.

빗물이 흐른 자리, 바위가 떨어져 나간 자리, 역광에 비친 굴곡과 작은 나무 한 그루까지, 산에 걸린 구름과 그 속에 있을 산꼭대기 능선, 상상만으로도 그림이 가능할 것 같아 세세히 눈에 담는다.

그러나 풍경화를 감상할 시간이 오래 가지는 않는다. 일순, 정적이 사라졌다. 옆 테이블에 중국인 학생들과 교수인 듯, 예닐곱 명이 앉았다. 그들 때문에 산으로 향해 있던 시선을 거두니 벽에 만국기가 박혀 있다. 손바닥 크기의 나무판자에 개발 새발 각국의 국기를 그려 일렬로 쭉 걸었다. 습관적으로 태극기를 찾았다.

없다. 이상하다? 태극기가 없다니……. 일장기는? 그것도 없다. 자세히 보니 이쪽저쪽에 딱 두 개가 걸렸을 것 같은 빈자리가 보인다. 아마도 누군가가 먼저 상대방 국기를 떼어낸 뒤로 그걸 본 상대방이 반대편 국기를 뗀 것 같다.

여기까지 와서 기 싸움? 일장기만 걸려 있었으면 내가 뗐을지도 모르겠다. 나란히 걸려 있으면 좋았을 텐데……. 화합하기가 참 어려운가 보다. 반일감정, 혐한감정이라는 것을 이렇게 확인해야 하는 걸까?

신세대는 그러한 감정이 많이 누그러졌다고 하지만 우린 아직 그렇지 못하다. 솔직히 말하면, WBC World Baseball Classic, 한국 선수가 친 볼이 안타가 되는 것보다 일본 투수를 때리는 것이 더 기분 좋을 때가 있다.

그래도 홈런을 치면 더 좋겠지만……

야외 식당 아래쪽은 화장실 겸 샤워장. ㎉ 자 형의 홈을 파서 바닥은 물이 흐를 수 있도록 경사지게 만들었다. 큰 물통 위에 자루 달린 바가지, 나무를 길게 덧대 놓았다. 물 퍼부을 때 튀지 않게 멀리서 처리할 수 있도록 한 것 같다.

한참 힘을 주고 있는데, "어멋!", 한다. 고개를 돌리니 주인 아주머니인가 보다. 보지도 않고 들어갔는데 여성용인가? 화장실 나오다 말고 뒤돌아보았는데 거기에 쓰인 글귀가 압권이다.

티엔시아띠이츠아 天下第一厠, 하늘 아래 제일가는 화장실?

19 기다림 :: 어디로 갈까?

아침 일찍 준비를 하고 마부 녀석을 기다렸다. 그러나 한참이 지나도 나타나질 않는다. 사흘째 일정은 50위안을 더 주기로 하고 어제 일당도 지불을 안 했는데 이놈이 끝내 안 오면 어떻게 할 것인가. 찜찜한 마음처럼 안개가 살짝 끼었다.

'어저께 줄 걸', 후회하면서 근 30분은 기다리니 녀석이 헐레벌떡 들어온다.

"야! 인마 걱정했잖아……"

안 하던 술 한 잔에 꽤나 피곤했던 모양이다. 우리가 갔으면 어쩌나 했을 표정이 얼굴에서 읽힌다. 허겁지겁, 미심쩍어했을 우려에 짠-한 마음이 든다. 게스트 하우스 주인이 별로라 아침도 거르고 일찌감치 출발했다. 오늘 트래킹은 3시간 정도로 예상했다.

　해가 뜨지 않아 시원하다. 맞은편, 사람이 교행하기도 어려운 좁은 길로 말 십 수 마리가 오고 있다. 한편으로 피했다. 마부 녀석, 자유롭게 놓아두었던 제 말, 고삐를 꼭 부여잡는다. 맞은편 말이 지나가자 몸부림을 친다. 발정기인가?

　말떼를 보내니 다시 적막하다. 잠시 앉았다. 위룽쉬에샨, 산 전체가 하나의 거대한 바위다. 나무가 기댈 곳은 없어 키 작은 관목과 풀포기만 어렵게 식생을 이어간다. 바위 사이 깊지 않은 골짜기는 물이 흐른 흔적이 역력하다. 소나기가 내리면 그야말로 장관이겠다.

　모퉁이를 돌면서 펼쳐지는 반대편 수직 능선, 바위벽을 깨고 디근자 형태로 움푹 팬 길, 하바쉬에샨에 기대어 대대로 이어 온 삶의 고단함도 함께 보인다. 그 옛날, 맨손으로 인마가 지날 길을 내던 때,

트레킹 중 만난 말

무슨 생각을 하면서 끝없는 망치질을 했을까? 따리의 창샨 위렌루와는 목적이 다른 길이다.

고개를 돌리니 폭포가 보인다. 그 물을 이용하기 위한 급수 파이프가 설치되어 있다. 물줄기는 하바쉬에샨의 높이 그리고 그 위에 있을 것 같은 만년설을 가늠해 볼 수 있게 한다. 한여름 아침나절 시원하게 내리쏟는다.

폭포를 지난다. 등골이 서늘할 정도다. 흩날리는 물방울을 보면서도 굳이 피하고 싶은 생각은 없다. 물이 튀어 옷이 젖었다. 젖은 옷이 기분 좋다는 것을 처음 느꼈다. 관인푸부 观音瀑布라고 하는데 정확한지는 모르겠다.

모퉁이를 도니 발밑으로 티나 게스트 하우스가 내려다보인다. 우리가 트래킹을 하고 있는 하이 패스가 로우 패스 진샤지앙을 따라 차량이 통행할 수 있는 길와 만나는 길이 훤히 보인다.

내리막길은 아주 위험하다. 미끄럽기도 하지만 온통 바위를 깨고 낸 길, 돌 조각이 널려 있어 배낭을 지고 있는 말이 고생이다. 마부 녀석은 벌써 저만치 앞서 있다. 어제 정적을 깨던 중국인 학생들, 역시나 시끌벅적, 뒤돌아서면 후티아오시아의 장쾌함이 다 드러난다. 몇 번을 돌아서면서 협곡을 눈에 담았다.

티나 게스트 하우스쭝시아뤄디엔-中峽旅店에 도착했다. 늦은 아침 식사를 해결하고 중국인 학생 틈에 끼어 있던 교수라고 하는 사람에게 백수대 가는 버스가 있느냐고 물으니 고개를 젓는다. 룬펑, 녀석에게 약속한 일당 150위안에 10위안을 얹어 주었다.

사흘 동안 참 정이 많이 들었다. 어눌한 말투에 뭔가를 설명하기 위해 꽤나 애를 썼던 녀석이다. 남루한 옷과 떨어진 신발을 보면서 옷과 신발을 보내 주겠다면서 주소, 전화번호, 신발, 허리 사이즈 등을 적어 주머니에 넣었다.

또각또각, 말발굽 소리를 앞세우고 돌아서 가는 룬펑, 역시 점퍼 한쪽 팔만 끼운 채, 녀석은 모퉁이를 돌 때까지 단 한 번도 뒤를 돌아보지 않았다. 서운함보다는 측은함이 앞선다. 다운은 말과도 작별 인사를 했었다. 목덜미를 두드려 주면서…….

후티아오시아 트래킹이 끝났다.

자! 이제 어떻게 할 것인지를 결정해야 한다. 치아오터우로 돌아가서 쭝디엔으로 갈 것인지, 아니면 백수대가 있는 싼바 마을을 거칠 것인지를. 치아오터우로 가면 편하고 빠르지만 백수대를 보지 못한다. 백수대를 가려면 고생스럽다. 버스가 있는지도 확실치가 않다. 있다 해도 하릴없이 네 시간은 기다려야 한다.

딜레마다. 삶은 갈등의 연속인지도 모르겠다. 어떤 선택을 해야 한다면 안정이냐 모험이냐 그런 것에 대한 고민이다. 어쩌면 여행은 모험이 전제일 수도 있다.

룬핑 말을 믿고 기다리기로 했다. 하늘은 지금도 높고 푸르다. 위롱쉬에샨은 끝까지 다 보여 주질 않는다. 게스트 하우스 옆 도로를 이어 주는 다리, 하바쉬에샨을 가른 물길이 만든 가늠할 수 없는 깊이의 협곡을 건너질렀다. 내려다보니 오금이 저리다.

나시 게스트 하우스에서 만났던 프랑스 아가씨들은 이제야 어기적거리며 내려온다. 정말 뭐 하나 급한 것이 없다. 우리와 거의 같은 일정으로 움직이고 있다. 그제는 나시야그어, 어제는 챠마커잔 그리고 오늘은 여기서 만난다. 산길에서 도로를 내려서다 우리가 보이자 환한 웃음으로 손을 흔든다.

빵차가 보인다. 게스트 하우스 여주인인 듯, 백수대까지 200위안을 달라고 한다. 깎자고 했더니 머리를 흔든다. 턱도 없다는 표정이다. 포기했다. 협곡을 내려가서 후티아오단虎跳石과 굽이치는 급류를 보고 올까? 혹여 중간에 버스가 지나가면?

'에라! 모르겠다. 깔판을 깔고 쉬자.'

누워서 보는 하늘이 참 파랗다. 위롱쉬에샨과 하바쉬에샨이 서로 키 재기를 하는 바람에 눈에 보이는 하늘은 불과 몇 평 되지도 않을 듯, 한눈에 들어온다. 까마득한 산꼭대기에 염소인 듯

망중한 그리고 기다림

산양인 듯 구분할 수 없는 녀석들이 풀 뜯기에 여념이 없다. 발을 헛디뎌 구르기라도 하면? 생각하기도 싫다. 고개를 돌렸다.

이제 기다리는 데에도 제법 익숙해져 가는 것 같다. 나는 조바심을 내면서 살았다. 장래 어떤 삶을 살게 될지, 현재의 직장을 그만두면 무얼 할지, 타지로 나가면 무얼 먹고 살지 전혀 예측할 수 없는 불안한 생활이 계속되었다.

산업 구조의 변화에 따라 사람이 살던 동네는 부침이 있게 마련이다. 내가 직장 생활을 하던 어느 마을은 산업 구조 조정의 회오리를 피하지 못하고 휘청거리고 있었다. 어제는 건너 집이 이사를 하고, 오늘은 뒷집이 이사 가고, 모두들 떠나고 떠날 준비를 하고 있었다. 나는 그럴 준비를 미처 하지 못했다.

당시에 공인노무사 公認勞務士 자격시험 준비를 하고 있었다. 두 번이나 실패했다. 마지막이라는 심정으로 정말 얼마나 조바심을 냈었는지 모른다. 짐을 싸는 이웃집을 보면 더욱 절박한 심정으로 시험 준비에 몰두했었다.

나는 어쩌면 누군가 떠난다는 것, 헤어진다는 것에 대해 약간의 트라우마 비슷한 증상이 있는지도 모른다. 지금도 아파트 앞에 서 있는 이삿짐 트럭에 짐이 내려오면 나와 관련이 없더라도 그때의 절박함이 생각나 굳이 서둘러 외면해 버리곤 한다.

이곳은 아마 떠난다는 관념이 없을지도 모르겠다. 모두가 자자손손 터를 잡고 떠남이 없는 생활, 할아버지, 아버지가 살던 방식대로 당연히 그렇게 살 것이라는 데 대해 의구심을 가질 필요가 없는 삶이다.

우리는 나시주를 비롯한 소수 민족의 삶을 보면서, 빠르게 변화하는 한국의 현실에서 비켜 모든 것이 서 있는 것 같은 안정감을 실로 오랜만에 느끼면서 여유라는 것을 즐기고 있다.

어쩌면 다시 오기 어려운 여유를…….

20 훔친 이름 :: 쫑디엔

바이슈에타이白水台가 있는 싼바三坝 마을은 아마 중국에서도 오지 중에 오지일 것 같다. 그럼에도 마을이 있다. 사람이 산다. 24인승 정도 되는 버스가 하루에 한 대 들어간다. 리지앙에서 출발한 버스가 아마 여섯 시간 정도는 달려야 도착할 수 있는 곳이다.

우린 리지앙에서 출발한 버스를 기다리고 있다. 언제 올지 전혀 예측할 수 없다. 목을 빼고 오직 버스를 기다렸다. 11시 전부터 기다린 끝에 오후 2시가 넘어서 도착한다.

그곳에 반겨 주는 사람이 있는 것도 아니고 가본 적도 없지만 협곡 아래쪽을 돌아 올라오는 버스가 마음을 설레게 한다. 앞 유리창에 붙은 「三坝」라는 행선지 표지를 보는 순간 안도의 한숨이 나온다. 반가운 마음이 앞서 운전기사에게 무심코,

"백수대?" 하고 물으니, 알아들을 리가 있나? 얼른 고쳐서,

"바이슈에타이?" 하니, 고개를 끄덕인다.

진샤지앙을 따라 내려가는 길, 이제 협곡 아래 물길은 보이지 않는다. 어느 순간 시야가 확 트이면서 협곡을 벗어난다. 진샤지앙 건너 마을, 따쥐시앙大具乡은 위롱쉬에샨에 감싸여 포근해 보인다.

버스는 전면에 펼쳐진 마을을 향해
언덕길을 휘돌아 접근한다. 완만한
경사지를 관통하는 도로 양옆으로
마치 옛날 규칙적으로 지어진
탄광 사택촌 같은 분위기의 마을,
지앙비엔춘江边村이다.

잠시 정차했다. 기사가 내리더니
창문이 없는 어두컴컴한 집으로

싼바 가는 버스 안에서

들어간다. 음료수를 들고 나오는 것을 보고서야 구멍가겐지 알겠다.
운전석에서 마시더니 이내 차창 밖으로 휙 집어 던진다. 깡통이
떼굴떼굴 굴러 내려간다. 무조건 밖으로 버린다.

위롱쉬에샨이 높긴 높은 모양이다. 한참을 가도 그 주변을 벗어나질
못한다. 마을을 벗어나면서 뒤돌아보니 위롱쉬에샨의 왼쪽은 완만한
경사를 이루는 데 비해 후티아오시아 쪽은 거의 절벽이다. 산 중턱에
걸린 구름이 위롱쉬에샨을 몽환적으로 만들었다.

주변의 가옥은 이곳까지 물자 수송의 어려움을 강변하고 있다. 도로
밑으로 흙을 파낸 흔적이 보인다. 아마도 벽돌 만들기에 좋은 흙이
있었던 모양이다. 도로 밑을 파내면 무너질 수도 있다는 당연한 상식이
통하지 않는 것 같다.

버스 승객은 10여 명 남짓, 운전기사는 두 명인가 보다. 운전석
옆에 앉은 교대 기사로 보이는 이는 쉬지 않고 떠들면서 연신 담배를
피워댄다. 한 시간 정도 지켜봤다. 최소 일곱 개피는 피우는 것 같다.
안 되겠다. 우리도 버스에서 처음으로 담배를 피웠다. 그들처럼 꽁초를

밖으로 획 던졌다.

'한국 가서도 이러면 곤란한데…….'

통로 옆에 앉은 늙수그레한 남자가 열 살, 일곱 살 정도 되어 보이는 남매를 데리고 있는데 아들인지 손자인지 구분하기 어렵다. 애들 눈은 참 맑다. 배낭에 있던 껌을 두 개씩 주었는데 뭔지를 모르는 것 같다. 씹는 시늉을 해 보였는데 통하질 않는다. 괜한 짓을 했다.

간혹 중간에서 타는 사람들은 꼭 반대차선에서 세운다. 운전기사와 창문을 열고 버스 삯을 흥정하는 모양이다. 한 사람 태우는 데 시간이 걸린다. 스무 살이 채 안 됐을 아가씨가 탔다. 다운이 얼른 보따리를 들어 주는데, 아주 작은 개복숭아가 들어있다. 껌 두 개를 주고 하나씩을 얻어먹었다. 참 달다.

싼바 마을

바이슈에타이 표지석

우리는 중국에서도 가장 오지 마을로 들어간다. 도로 사정이 열악하기도 하지만 오가는 차량 한 대 만나기도 쉽지 않다. 그럼에도 핸드폰을 든 사람은 꽤 보인다. 이곳까지 통신 선로를 설치할 엄두를 못 내던 당국이 이동 전화를 위한 기지국을 군데군데 세웠다. 드디어 문명이 여기까지 들어온 것이다.

쌴바 가는 길, 내게는 참 친근한 풍경이다. 토질 문제인지 기후 때문인지 알 수는 없지만 주변에 논은 거의 없다. 대신 산자락을 맞댄 옥수수 밭, 한쪽으로 비켜서 있는 집, 서까래로 얼기설기 엮은 돼지우리, 강원도 산촌과 아주 흡사하다.

옹기종기 처마를 이웃한 마을은 참 아늑하다. 그러기에 오지라는 생각이 들지 않는다. 아주 가까운 친척이 사는 시골로 여겨질 만큼 낯설지가 않다. 그런 동네를 휘돌아 한참이나 하늘 길을 달려 협곡 끝 부분에 위치한 싼바에 도착했다.

종점에서 내린 사람은 우리 둘과 젊은 중국 친구 한 명 등 달랑 세 명. 배낭을 내리고 돌아서는데 웬 할머니가 호두 봉지를 들고 옆구리를 찌른다. 그걸 사라는 눈치인데 모른 척 외면해도 끈질기다. 어쩔 수 없을 것이라는 생각 이전에 계속 찔러대니 약간의 짜증도 밀려온다.

싼바 마을, 버스 종점은 흡사 우리나라 시골 면 소재지의 차부와 같다. 공터 중간에 그늘이 좋은 나무 한 그루, 그 주변에는 나지막한 나무 의자가 조그마한 평상을 마주하고 있는데, 한 무리의 아이들이 웃음꽃을 피우고 있다. 영화 「웰컴 투 동막골」의 배경 마을과 같은 인상을 풍긴다.

아마 다섯 시는 다 됐을 텐데 해는 아직 중천이다. 중국은 그 큰 땅덩어리에도 불구하고 시차가 없다. 북경표준시 하나만 쓴다. 우리는 한 시간, 두 시간 시간을 벌고 있다.

백수대로 오르는 길목에 「白水台」라고 쓴 머릿돌이 보인다. 그런데 머릿돌 아래에는 「中甸县人民政府」 中甸, 쭝디엔, 티베트식 지명 라고 썼다.

이곳 지명은 공식적으로 샹그릴라시엔香格里拉县으로 되어 있다.

중국은 1951년, 티베트를 무력으로 침공한 이래 광활한 영토를 인위적으로 갈랐다. 그중 일부는 이곳 윈난성과 쓰촨성四川省 그리고 칭하이성青海省으로 갈랐다. 그리고 티베트의 일부 지역만을 남겨 놓고 그곳을 시장장족자치구라 한다.

자치구라 하여도 온전한 자치권이 허용되지는 않는다. 중국의 인위적인 조치에 대해 티벳탄은 옛 영토를 포함한 지역을 큰 티베트, 지금의 인위적인 행정 구역을 작은 티베트로 부른다고 한다.

중국은 티베트의 지명을 바꿨다. 그 대표적인 예가 쭝디엔을 샹그릴라로 바꾼 것이다. 쭝디엔中甸을 아예 묻어 버리고 샹그릴라로 통용되고 있는 중국에서 티벳탄이 아닌 나시주 마을에 쭝디엔이 살아 있다. 그것도 공식적으로,

「中甸县人民政府」

나는 과문한 탓인지 약간은 혼란스럽다. 묘한 감정을 느끼면서 돌아서는데 맞은편 산에 무지개가 아름답게 걸렸다.

리 정성 :: 백수대 그리고 양시오잉

    차부 옆 허름한 숙소, 공사 현장 인부들이 숙식을 하는 함바집 비슷한 분위기의 민박집이다. 간판도 없다. 건물 밖으로 설치된 계단을 올라 2층, 난간을 두고 연이어 많아야 너 댓개 정도의 방이 있다. 여주인인 듯, 자기 집에서 머물라며 팔을 잡아끈다.
    방을 보고 결정하자고 하여 2층으로 올라가는데 숨이 차다. 해발 고도가 느낌상으로는 근 3,000여 m쯤은 되는 모양이다. 힘들 때는 모든 일이 귀찮아지듯이 다른 숙소는 둘러볼 여유도 없다. 못 이기는 척, 머물기로 하고 짐을 풀었다.

바이슈에타이

여주인 나이 가늠이 쉽지 않다. 어떻게 보면 스물서너 살, 아니면 서른 쯤? 그런데 연신 콧노래, 백수대를 자신이 안내해 주겠다고 한다. 표정이 하도 밝아 가식이 아닐까? 하는 생각마저 든다.

멘피아오門票, 입장권를 끊고 같은 버스를 타고 온 중국인 젊은 친구와 넷이 백수대에 올라가는데, 하얀 장화를 신은 그녀, 어린아이처럼 통통 튀어 올라간다. 맑은 날 왜 장화를 신었을까? 신발 살 돈이 없는 모양이다.

계단 오르기가 힘들다. 차마고도와 티베트가 걱정된다. 그녀, 뒤돌아보면서 가슴에 손을 대고 "헉! 헉!" 하면서, 내가 숨차하는 모습을 흉내 내고는 뭐가 그리 좋은지 깔깔거린다. 서슴없이 밝고 참 명랑하다. 성격이 밝아 보는 사람도 즐겁게 한다.

백수대는 학술적으로는 내용을 잘 몰라 설명하기 어렵지만 물에 녹아 있던 중탄산칼슘 $Ca(HCO3)2$이 수천, 수만 년, 빛의 작용으로 침강되면서 형성되었다고 한다.

마치 테라스처럼 계단식 다랑논 모양의 작은 웅덩이 수십 개가 둔덕을 따라 불규칙하게 겹쳐져 있다. 작은 웅덩이가 아마 백 개는 되어서 백수대라는 이름이 붙은 모양이지만, 백 개가 될 여부는 그리 중요하지 않다.

모습이 참 특이하다. 계단식 두렁은 하얗고 거기에 담겨 있는 물은 푸르스름한데 주변의 빨간색 땅과 대비되니 그 모습이 더욱 강렬하다. 그리고 이름 모를 풀이 두렁에 몸을 기대고 신기하게도 빨간 꽃을 피웠다.

바이슈에타이는 주변에 사는 나시주에게 아주 신성시되는 곳이라고

지오즈에하이 九子海

한다. 위쪽 큰 나무 사이에 백수대를 형성하는 원수가 나오는 발원지가 있다. 나무 밑동 주위, 엉성하게 쌓아 올린 돌담에 경전을 적은 천을 둘렀다.

각종 색깔을 입힌 향을 다발로 피웠다. 조금은 매캐한 향내가 코끝을 찌른다. 바로 티베트 불교문화가 이곳에 있다. 경전을 적은 타르쵸, 일부는 아마도 나시주 고유의 동파 문자로 적은 것 같다.

이곳은 동파교 东巴敎 발상지라고 한다. 동파교 창시자인 중카바가 이곳에서 수행을 하고 독특한 상형 문자인 동파 문자를 발전시켰다. 그리고 나시주는 그것을 지켰다. 리지앙 구청 담장에 쓰인 동파 문자는 나시주의 말과 함께 이들 자존감의 상징이다.

발원 연못, 자손의 번성을 바라면서 붙인 이름 지오즈에하이九子海,
예사롭지 않기에 종교적 의미가 부여됐을 것이라는 생각을 했음에도
습관처럼 무심코 담배를 빼어 물었다. 상냥하던 여주인, 눈을 살짝
흘긴다. 아차! 싶어 얼른 불을 껐다. 표정이 바뀌더니 다시 깔깔깔-.

발원지를 보고 돌아 나오다 보니 물이 흐르는 둔덕에 밤톨만한
자갈을 일렬로 붙여 놓았다. 인공적으로 만들어 보려고 했는지?
가능할까 모르겠다. 윈난성 정부는 이 백수대를 위룽쉬에샨 입구에
재현해 놓았다. 바이슈에허白水河라고 하던가?

여길 오지 않아도 백수대 비슷한 것을 볼 수 있도록 한 것 같은데,
시멘트로 만든 구조물에 자연미가 있을 리 없다. 관광객을 끌어오기
위한 상업적 발상 외에 다른 것을 느낄 수 있을지 모르겠다.

백수대를 내려오니 출구 한편에서 할머니들이 호두, 사과 등을
팔고 있다. 사과 향이 식욕을 자극한다. 고산 지역이라 그런가?
테니스공보다 작다. 생각해 보니 타나 게스트 하우스에서 아침 겸
점심을 먹은 뒤로 지금까지 굶었다. 끼니 거른 것을 잊고 있었다.

10위안을 주고 한 봉지를 샀다. 대충 닦아서 맛을 보니 향기와는
달리 푸석푸석하여 무슨 맛인지 모르겠다. 창샨 밑에서 5위안 달라던
배를 사지 않았던 것이 다운에게 무지무지 미안해진다. 먹어 보라
했더니 안 먹는단다. 삐쳤나?

볼수록 재미있는 민박집, 물건을 가지러 2층 방문을 키로 열고
들어갔다. 그런데? 배낭이 한 개밖에 없다. 가슴이 쿵 내려앉는다.
이상하다? 자세히 보니 배낭은 중국인 친구 것이었다. 다른 방을
들어간 것이다. 알고 보니, 헉! 방문키가 다 똑같다. 조금은 황당하다.

저녁 식사를 해결하기 위해 아예 다운이 흡사 시골 초가집의 부엌 같은 주방으로 들어갔다. 손짓 발짓으로 요리를 주문했다. 길 건너 가게에서 술을 한 병 샀다. 삶은 돼지고기, 상추와 배추, 마늘과 고추, 이 상황에서도 훌륭한 식사가 준비되었다.

한국에서 먹던 대로 독주 한 잔에 입이 터져라 우겨 넣으니 더 이상 바랄 게 없다. 순간 여주인 눈이 똥그래진다. 동그란 통마늘, 꽤 맵다. 한 쌈 싸서 먹으라는 시늉을 하자 기겁을 한다. 어지간히 매워서 생식生食을 하지는 않는 모양이다.

아마도 이번 여행 중에 가장 맛있는 식사를 한 것 같다. 고추장을 가져온 것이 천만 다행이다. 그게 없었더라면 과연 상추쌈이 맛이 났을까? 오랜만의 흡족한 포만감에 맥주가 빠질 리 없다.

여주인과 일하는 사람, 우리 둘, 권 커니 잣 커니, 어느새 주위는 캄캄하여 적막감마저 들 때쯤, 누가 먼저랄 것도 없이 콧노래를 흥얼거린다. 정식으로 노래를 하라 했더니 잠깐 어디로 사라진다. 그 사이 동네 한 바퀴 돌겠다고 나갔던 중국인 친구도 돌아왔다.

다시 나타난 여주인, 전통 복장으로 갈아입었다. 옷이 화려하면서도 예쁘다. 검정 바탕에 색동 무늬로 두툼하게 수를 놓은 옷깃, 구슬이 박힌 동그란 장식품 일곱 개로 연결된 머리띠 비슷한 모자를 썼다. 치싱피지엔七星披肩이라는 나시주를 상징하는 옷, 리지앙 구청에서 많이 본 전통복과는 좀 다르다. 머리띠에 빨강, 노랑, 파랑 실을 꼬아 화려한 댕기를 달았다. 댕기, 구청에서는 보지 못했다. 그것이 있어 더 예쁘다.

노래를 부른다. 「꿈속의 샹그릴라」, 샹그릴라를 그리워하고, 그곳에 가고 싶다는 내용이라고 한다. 중국인 친구의 통역이다. 이상향,

다운과 양시오잉

샹그릴라는 제임스 힐턴이 굳이 얘기하지 않았더라도 모든 사람의 꿈이다. 그 말이 회자되면서 자연스럽게 이런 노래도 생긴 모양이다.

무슨 내용인지는 모르겠지만 절절한 곡조는 귀에 착 감긴다. 기회가 되면 한번 배워 보고 싶다. "앙코르!" 하면서, 한 곡을 더 청했다. 우린 오누이처럼 사진을 찍었다. 이제야 자기 이름을 밝힌다. 「양시오잉杨秀英」이라 한다.

우리식 발음으로 하면 양수영, 옷도 화려하지만 그보다 더 예쁜 이름을 가졌다. 아마 지나가는 여행객에 불과한 우리를 위해 뭔가를 보여주고 싶은 마음이 전달되었기 때문이 아닐까 하는 생각이 든다.

비록 사진을 찍기 위한 포즈에 불과할지는 모르지만 어깨를 감싸고 서로를 바라보는 다운과 양시오잉의 교차하는 눈길에서 오누이의 다정함을 보았다.

22 비애 :: 한복과 한글

다시 사라진 양시오잉, 이내 평상복으로 갈아입고 나온다.

마련하기가 쉽지 않은지 전통복장을 상당히 아낀다. 자랑하고 싶었던 모양이다. 그렇다 해도 짧은 시간을 위해 전통복을 갈아입는 성의가 고마워서 눈시울이 뜨거워진다.

한국이라면 어쩌다 하룻저녁 머물고 갈 숙박 손님을 위해 한복을 갈아입고 노래를 불러 줄 정성을 만날 수 있을까? 강원도 어느 산골짜기에 간들, 경상도 뼈대 있는 장손 집안의 고택을 들른다 하여 이런 성의를 볼 수 있을까?

나시주 전통복도 예쁘지만 우리 한복은 정말 예쁘다. 그리고 곱다. 그럼에도 불구하고 나는 싫고 남이 입은 것은 예뻐 보이니 이를 두고 한복의 비애라고 해야 할까? 결혼하면서 폐백 올릴 때, 부모님 칠순잔치 때, 그리고? 한복을 입어 본 기억이 있는지 모르겠다. 요즘은 심지어 잔치 때도 빌려 입는 것이 대세다.

그러기에 한복은 어느새 특별한 날에 입는 예복이 되고 말았다. 여성은 그래도 한두 벌의 치마저고리를 가지고 있지만, 남성의 경우 내가 입을 두루마기를 옷장에 걸어 둔 사람이 얼마나 될까?

사람에게 닥친 가장 중요한 일, 관혼상제 때는 어느 민족이건 마땅히 전통복이 자연스럽지만, 아들딸 결혼식, 더 나아가 장례식에도 남편은 양복을, 부인은 한복을 입고 손님을 맞이하는 우리의 언밸런스는 언제까지 지속되어야 할까?

내 어머니는 언제나 재봉틀 앞에 앉아 계셨다. 내가 기억해 내기에도 까만 어린 시절부터 일흔이 되신 지금까지 평생을 한복 짓는 일에 매달렸다. 동네에서 바느질 솜씨가 좋다고 소문이 자자했다. 그 바느질로 우리 4남매를 키우셨다.

중국인 친구

건넌방에서 들리는 "드르륵- 드르륵……", 재봉틀 소리, 내 귀에는 참 친근하다. 그믐달이 이지러지도록 그 소리는 그칠 줄 몰랐다. 졸린 눈을 비벼가며 가족을 지켜 낸 어머니의 눈물 소리였다.

이젠 눈도 침침하여 돋보기에 의지한 채 지금도 바느질을 하신다. 그런 어머니에게 가끔은 재봉틀 소리가 짜증스러웠던 나, 부업으로 하던 장갑 뒤집는 일이 싫어서 공부한다는 핑계를 대고 도망쳤던 나는 참 효자는 못 되는 것 같다.

다운 신 났다. 보기 드물게 토막 난 영어를 몇 마디 하는 양시오잉과 중국인 친구, 원활하진 못해도 뜻은 다 통한다. 한국인과 한주汉族 그리고 나시주纳西族까지 한데 어우러져 시간 가는 줄 모른다. 그 기분을 잇기 위해,

"코리아 송 한번 불러볼까? 코리아 송!"

좋단다. 손뼉을 치고……. 한 잔 얼큰해지니 피곤함도 잊고 고요한, 아니 주변엔 가로등 하나 없어 적막감마저 느껴지는 시골 동네에서 큰 소리로 노래를 불러도 뭐라 할 사람이 없는 자유를 만끽해 본다.

다운 옆에 앉은 일하는 여성, MP3 명상 음악을 듣더니 완전히 몰입되어 거의 무아지경, 이후 우리는 싼바 마을을 접수해 버렸다. 중국인 친구에게 숟가락 두들기는 방법을 가르쳐 줬다. 그리곤 한국의 흘러간 노래 몇 곡이 시골 밤하늘에 울려 퍼졌다.

"미 머니 노, 유 머니 매니 매니?", 양시오잉, 꽤나 웃긴다. 샹그릴라 데려가 달라고 한다. 정말 한번 가보고 싶다고.

"버스비 좀 내 주면 샹그릴라 같이 가겠다.", 다운 나 동시에,

"OK!, OK."

어쩌랴! 데리고 갔다가 다음 일정을 어찌하고……. 계속해서 샹그릴라 같이 가자고 조르는 양시오잉, 우린 말로는 "OK! OK", 하면서 속으로는 어쩔 수 없었다. 참으로 안타깝다. 하룻저녁 같이 보냈는데 그새 정이 많이 들어 버렸다.

이튿날, 새벽에 잠이 깼다. 술을 좀 마셨지만 숙취는 없다. 작은 동네를 한 바퀴 돌았다. 허름한 건물 입구에 「东巴文化研究所」라는 간판이 보인다. 연구소의 실체를 확인하지는 못했다.

나시주는 원나라의 지배를 받으면서도 고유의 문자인 동파 문자를 지켰고 아직도 보존하고 있는 대단한 민족이다. 그것을 보면서 참 자긍심이 강한 민족이라는 점을 새삼 느끼게 된다.

여기가 동파 문화의 발상지기 때문이라고는 하지만, 우리는 이런 산골, 아니 도시에도 우리 한글이나 전통 문화를 연구하는 단체나 장소가 얼마나 있는지 모르겠다. 영어를 못 하면 어떻게 될 것처럼 온통 혀 꼬부라진 한국에서 우리말의 중요성을 강조하는 위정자는 거의 본 적이 없다.

명절이 아니면 구경조차도 어려운 한복, 옷고름 하나 맬 줄 모르고 대님 묶는 법을 모르는 한국인, 영어에 비해 홀대받는 우리말과 한글, 틀린 말과 글을 쓰면서 그런 줄도 모르다가, 영문 철자 하나 잘못 썼다고 미국인에게 무슨 결례라도 한 듯 황송해하는 일부의 한국인, 무엇이 더 중요한지 모르겠다.

어쨌든 리지앙부터 이곳까지 흩어져 사는 나시주와의 만남은 즐거운 추억이 될 것 같다. 리지앙 구청에서의 떠들썩함, 여관 종업원, 술집의 노래 손님 그리고 양시오잉까지……. 이들 나시주의 민족적 특성을 체험했다.

이곳 사람들은 거의 씻지 않고 사는 것 같다. 동네 중간을 가르는 도로 한쪽엔 석 자 정도의 폭으로 수로가 나 있다. 온 동네 사람이 나와 그 물로 세안과 양치를 한다. 얼굴은 수건에 물을 묻혀 문지르고 마른 수건으로 닦으면 끝이다. 그런데 세수하는 남자는 한 사람도 안 보인다. 여자들만 조금 씻는다.

동네를 어슬렁거리다 마주친 남자, 어쩌면 최소 3년 이상은 빨지 않은 것 같은 옷을 입고 시커먼 얼굴에 핏발 선 눈으로 돌아본다. 노숙자 같은 겉모습에 흠칫 경계의 눈초리를 보내는데 나를 보고는 무어라 묻는다. 눈치껏 때려잡고,

"한국, 한구어" 하니, "한구어?", 하면서 씨-익 웃는다.

얼렁뚱땅 밥을 먹고 나니 8시 30분경, 숙식비와 술값 합쳐서 195위안이라고 한다. 고맙다고 더 주려 했으나 극구 사양한다. 일하는 여자에게 억지로 10위안인가를 쥐어 줬다. 더 주고 싶은 마음이 일었지만 갈 길이 멀기에 애써 꾹 눌렀다.

하바哈巴를 출발하여 쭝디엔으로 향하는 버스가 도착했다. 다운과 꽤나 정이 든 모양이다. 직접 다운 배낭을 메고 나온다. 버스에 배낭을 싣고 운전기사에게 한참이나 당부를 한다. 그리고 돌아보는데 서운한 눈빛이 그대로 전달된다. 그녀를 바라보며 뭉그적거리던 다운,

"나 안 갈래, 형 혼자 가……."

헉! 안 갈 수도 없고, 정말 서운하다. 양시오잉, 고개를 뒤로 돌려 버스에 타고 있는 우리를 애써 외면하고 있다. 햇볕은 쨍쨍한데 가랑비가 흩뿌린다. 여행하면서 떠날 때 이렇게 서운한 적이 있었을까?

우리는 버스에 몸을 싣고 싼바 마을이 안 보일 때까지 돌아보고 또 돌아보았다.

23 다음 :: 쟁기와 말

샹그릴라, 이상향, 영국 작가 제임스 힐턴James Hilton의 『잃어버린 지평선』이라는 소설에 나오는 지상낙원! 중국이 이를 차용해 옛날 쭝디엔 지역을 시앙거리라香格里拉로 명명하고 지명을 고쳤다. 그리곤 아예 쭝디엔을 묻어 버린 곳, 이제는 그렇게 통용되고 있는 듯하다.

백수대를 뒤로 한 버스는 또 하염없이 산길을 오른다. 한참을 돌아 올라도 발밑에 있는 싼바 마을을 벗어나질 못한다. 다시 보기 어려울 시집살이 누이동생을 두고 떠나는 오라비의 발걸음이 마냥 더딜 수밖에 없듯이 싼바 마을은 한참을 눈앞에서 그렇게 맴돌았다. 양시오잉은 어제처럼 통통거리며 뛰어다닐까?

고도가 높아지면서 아름드리 원시림이 꽉 들어찼다. 벼랑 아래쪽이 전혀 보이지 않을 정도다. 가지마다 희뿌연 이끼를 주렁주렁 매달고 있다. 괴기 영화에나 나올 법한 음산한 분위기를 자아낸다. 안개가 끼어 옷이 축축하게 젖을 것만 같다.

꼬불꼬불 산길을 돌아 오른다. 원시림이 듬성듬성해지면서 산간 마을이 이어진다. 산자락과 맞댄 밭과 집, 강원도 산촌과 똑같다. 지오롱춘九龙村, 산 중턱 우묵한 곳에 자리 잡은 모습이 아마도 강원도 정선, 새비재 고랭지 채소밭 마을과 같은 인상이 들게 한다.

강원도 정선에 운탄고도運炭高道라는 옛길이 있다. 이름을 붙인 지 오래진 않지만 만항재에서 시작되어 백운산, 두위봉, 질운산 자락을 휘돌아 새비재 배추밭 마을까지 이어지는 30여 Km의 하늘 길이다.

1973년, 정선 고한古汗과 태백 사이 정암淨岩 터널이 뚫리기 전까지 태백선 철도는 끊겨 있었다. 태백 인근의 산 중턱에서 캔 석탄을 경상북도 영주榮州를 돌아서 서울로 운송하기엔 운임이 많이 들었다. 차선책이 하늘 길을 달려 함백역咸白驛으로 싣고 가는 것이었다. 그 길이 바로 운탄고도다.

석탄을 운반하던 차량이 끊긴 지 40년이 흘렀다. 우리가 가고자 하는 차마고도茶马古道처럼 많은 세월이 흐른 뒤, 그 길은 아마도 혹여 운탄고도運炭古道로 불리지는 않을까?

그렇게 돌아 오른 곳이 아마 해발 3,500m는 되는 것 같다. 안개가 끼어 스산하다. 이제 벼랑 바깥쪽은 아예 보이질 않는다. 고갯마루를 넘으면서 젊은 여인이 아이를 데리고 오른다. 바구니에 버섯이 가득 들어 있다. 버섯을 팔러 가는 이곳 사람인지, 버섯을 따러 이곳으로 온

쫑디엔 쪽 사람인지 궁금하다.

안개 속에서 이 버스를 얼마나 기다렸을까? 아이 엄마는 오랜 시간 추위에 떨었는지 금세 얼굴이 발그레해진다. 스무 살을 갓 넘었을 것 같은데 아이는 너댓 살은 되어 보인다. 결혼을 일찍 하나 보다.

고개를 넘으니 풍경이 완전히 변한다. 농업에서 유목으로 얼굴을 싹 바꿨다. 산 아래 집과 밭, 돼지우리가 한 묶음에 보이던 풍경이 산과 초원 딱 두 개로 압축되어 나타난다.

초원에는 말과 소 등 방목하는 가축이 많이 보인다. 야크^{Yak}를 처음 봤다. 어떤 녀석은 황소만큼 당당한 덩치를 자랑한다. 버스에 덤벼들기라도 하겠다는 듯이 노려본다. 소는 언제나 여유 있지만, 아스팔트가 따뜻한지 배를 깔고 되새김질 하느라 차가 지나가는데 꿈적도 않는다.

포오다추어구어지아공위엔^{普达错国家公园}이라는 구조물, 비다하이와 포오다추어로 들어가는 길목이다. 포오다추어 그리고 비다하이^{碧塔海}, 인접해 있는 두 개의 호수가 아주 아름답다는데 그냥 지나칠 수밖에 없다.

백수대에서 동행했던 중국인 젊은 친구는 비다하이를 보겠다고 내렸다. 학생도 아니고 직장인도 아닌 것 같은데 혼자 여행을 하는 친구다. 영어가 좀 되어서 백수대에서 훌륭한 통역과 설명을 해 주어 편했었는데 먼저 내린다.

"바이, 바이" 하고 보내는데, 뒷자리에 앉아 있던 어떤 아주머니,

"헤이-" 하면서, 아는 체를 한다.

누군가 하고 자세히 보았더니 샤관에서 따리로 가는 버스에서 길을 물었더니 알아듣지 못하는 내게 열심히 설명을 하던 그 아주머니다.

반갑게 인사를 했다. 우연한 만남이다.

아니 그럴 수도 있겠다는 생각이 든다. 쿤밍에서 싼바를 거칠 경우 쭝디엔 가는 길은 외길이고 하루에 이동하는 것이 불가능하니 날짜를 달리하다 보면 같은 버스를 탈 수도 있다. 그러니 이렇게 만난 것이다. 그 아주머니 라싸로 간다고 한다.

우리가 차마고도를 통해 라싸로 간다고 하였더니, 함박웃음에 엄지손가락을 들어 올리며 최고라고 한다. 아주머니와 일정은 다르지만 같은 길을 가게 되었다. 희박하겠지만 혹시나 며칠 후 라싸에서 볼 수 있기를 기원했다.

드디어 인가가 나타나기 시작한다. 직육면체 형태의 티벳탄 전통 가옥, 고개 너머 나시주 마을은 우리 한옥과 비슷한 형태로 지붕에 기와를 얹었지만, 이곳 티벳탄 가옥은 성냥갑 모양으로 아주 단순하다.

버스가 정차했다. 버섯을 들고 탔던 젊은 엄마가 아이를 두고 내려 부지런히 집으로 간다. 숨겨 놓았던 열쇠를 찾으려는지 아니면 어떤 물건을 찾는지 집 뒤로 돌다가 없는지 이곳저곳 두리번거린다.

우린 한국에서라면 상상도 할 수 없는 낯선 광경이어서 재미있게 바라보는데, 버스에 혼자 남은 아이는 안타까운 시선으로 제 어미가 오기를 기다린다. 아이 엄마가 포기했는지 다시 버스에 오르자 아이 표정이 이내 환해졌다.

어미가 눈앞에 보이는데도 불안해하던 아이의 눈! 자위할 능력이 없는 아이, 그런 아이를 대상으로 하는 유괴범, 몹쓸 짓을 하는 사람은 그 눈망울을 보고도 그럴 수 있을까?

금수만도 못한지, 그보다 더한 것인지 알 수 없는 그들 눈엔 아이의 눈빛이 보이지 않았을까? 감정이 이입되지 않는지는 모르겠으나 그 눈을 정면으로 단 한 번만 보았더라도 그와 같은 일을 저지르지는 못할 것 같다.

초원이 넓어지는가 싶더니 이윽고 시야가 확 트이면서 멀리 쭝디엔이 보인다. 풀밭 너머에는 호수가 있다. 상나슈에이쿠 桑那水库-저수지를 끼고 돌자, 오른쪽 산 아래 쏭촨린스 松攢林寺가 보인다. 작은 포탈라라고 불리는, 윈난성에서 가장 큰 라마 사원이다.

잠깐 사이에 풍경이 이렇게 변할 수도 있음을 알았다. 내가 어디에 서 있는지 알 수 없을 정도의 산골, 그 산허리를 끝도 없이 뱅글뱅글 돌아왔는데 이곳은 광활한 초원에 거의 평야라고 할 만큼 넓다.

고개를 사이에 두고 그 너머에는 쟁기로 밭을 갈고, 이쪽은 말을 타고 야크몰이를 하는 상반된 모습을 불과 한 시간 사이에 확인했다.

24 헷갈림 :: 은행이 도둑질?

시내로 들어온 버스는 잠시 정차하더니 운전기사가 쭈-욱 돌면서 차비를 받는다. 둘이 합쳐 50위안 준 것 같은데 정확치는 않다. 그리고 버스는 쏭촨린스 앞쪽 마을을 돌아서 터미널로 간다. 아마 시내버스로 이용되는 모양이다. 별로 타는 사람은 없다. 도착한 시각이 11시를 좀 넘었다. 택시를 탔다.

기사에게 「디칭창드구어지칭니엔뤼수 迪庆藏地国际青年旅舍」로 가자면서 메모지를 보여주었다. 한참 직진하다 좌회전하여 골목길로 들어가 한적한 곳에 차를 세우기에 간판을 보니 우리가 찾는 숙소가 맞는 것 같다. 숙박비 150위안과 야진 50위안을 지불하고 여장을 풀었다.

점심 식사를 하려고 걸어서 시내로 나가는데, 골목길 한편에선 잔치가 한창이다. 결혼식을 하는지 생일잔친지 온 동네 사람이 다 모인 것 같다. 잔치가 벌어지면 지나가는 사람도 밥을 먹고 가라는 것이 우리네 정서인데 한쪽에 슬쩍 끼고 싶은 생각이 든다.

시내로 나왔으나 식사할 곳이 마땅치 않다. 한참을 헤맨 후에 자그마한 식당엘 들어갔다. 구질구질한 주방과 지저분한 식탁, 조금은 미련하게 생겨 도저히 음식을 할 것 같지 않은 아가씨가 차이단菜單·차림표을 코앞에 불쑥 내민다. 볶음밥과 계란 프라이를 주문하던 다운, 손가락 두 개를 포개 X자를 그리면서,

"샹차이 뻭-, 샹차이 뻭-"

샹차이香菜를 넣지 말라는 주문을 했다. 채반에 얹어 놓았던 프라이에서 기름이 뚝뚝 떨어진다. 아예 기름 범벅이다. 역한 샹차이 냄새와 함께 나온 볶음밥과 계란프라이, 모래알 씹는 것 같다. 필요 없다는 말뿌야오·不要을 몰라 손짓을 했으나 눈치가 젬병이라 통하질 않는다. 먹는 둥 마는 둥 하고 나오는데 다운이 털썩 주저앉는다.

힘이 없어 보인다. 평상시의 다운이 아니다. 약간 고소증이 발생한 모양이다. 좁은 버스에 짐짝처럼 시달려 3,200m 고지에 서니 그럴 만도 했다. 여행 중에 둘 다 지치면 곤란하다. 숙소에 가서 일찍 쉬라고 하여 다운을 들여보냈다.

환전을 위해 택시를 탔다. 기사가 여성인데 「차이나 뱅크」로 가자고

하니 시내를 뱅글뱅글 한참을 돈다. 눈치가 좀 이상하다. 택시 기사가 중국 은행을 모른다면 말이 안 되는데 아까 왔던 길을 다시 돌더니 모르겠다면서 고개를 젓는다. 캑! 택시비만 날렸다.

　모르면 모른다고 하지……. 대책이 없다. 말이 안 통하니 항의도 별 소용이 없다. 비교적 큰 도시인데 중국 은행이 없을 리가 없다. 혹시? 아하! 아마 뱅크라는 말을 몰랐던 모양이다. 멀어지는 택시를 멍하니 바라보다 주변을 둘러보았다.

　공샹인항工商银行이 보인다. 무턱대고 들어갔다. 물어보니 앞에 있는 농이예인항农业银行으로 가라고 손짓을 한다. 그곳에서 환전 업무를 대행하는 모양이다. 둥그런 외관을 갖춘 농업 은행, 창구에 줄을 서서 한참을 기다렸다.

　중국의 은행은 참 무섭게 생겼다. 고객과 창구 사이를 통유리로 막고 폭 20cm 정도 되는 반달모양의 구멍을 통해 거래를 한다. 마치 옛날 교도소의 면회실 같다. 그것도 모자라 통유리 안쪽은 굵은 쇠창살, 중국에 은행 강도가 많은가?

　내 겉모습이 이들과 별반 다를 것 같진 않은데 그렇지 않은 모양이다. 청원 경찰 비슷한 젊은 친구가 다가와 환전할 거냐고 묻기에 그렇다고 했더니 환전 창구는 따로 있는데 두 시 반에 문을 연다면서 시계의 숫자를 짚어 준다.

　'헉! 한 시간을 넘게 뭐하면서 기다리지?'

　국제 전화 하는 곳을 물어보았더니 친절하게도 같이 밖으로 나와 전화 가게를 안내하여 준다. 이곳의 공중전화는 일반적인 구멍가게, 담배 가게, 버스 매표소 등의 한쪽에 서너 대, 많아야 대여섯 대를 놓고 시간을 체크하여 가게 주인이 전화 요금을 받는 형태다.

칸막이도 없다. 옆 사람 전화 받는 소리에 통화가 가능한지 모르겠다. 마치 벌통 옆에 서 있는 것처럼 왕왕거린다. 공중전화 부스는 거의 보이지 않고 전화 카드도 일반화된 것 같지는 않다. 전화 가게? IP챠오스 IP超市라는 것을 처음 봤다.

그러나 챠오스 주인은 물론 주변 누구에게 물어보아도 한국 국제 전화번호를 아는 사람이 없다. 포기하고 은행으로 돌아왔다. 낯선 분위기에 지칠 때쯤, 환전 업무가 시작되었다.

담당 직원, 수화기 들고 통화할 거 다 하고, 동료와 잡담할 것 다 하고, 복사하고, 어딘가에 다녀오고……. 분당에서 왔다는 젊은 친구가 먼저 환전을 하는 데 10분이 넘게 걸린다. 쿤밍 이후 한국 사람을 처음 보았다. 그 친구 왈,

"환율이 안 좋다. 괜히 달러로 가지고 왔다."고 투덜거리면서,

"좋은 여행 되십시오."라면서 먼저 나간다.

그런데 환전을 해 보니 정말 좀 이상하다. 지장빙층 记账凭证, 이를테면 외환 거래 증명서인데, 기재된 내용을 보면 위안화 대 달러 환율은 748.54/100으로 되어 있고 200달러에 분명히 1,497.08위안이라고 적혀 있다.

그런데 내가 받은 돈은 1,300위안이다. 거의 200위안이 날아갔다. 환율이 안 좋다는 것이 무슨 뜻인지, 거래 증명서에 기재된 내용과 실질적으로 지급하는 금액이 다른 것은 무엇 때문인지 정말 모르겠다.

쿤밍에서 그랬듯이 어쨌든 또 사기당한 기분이다. 환전 수수료가 13, 4% 정도로 많을 수는 없다. 중국은 다가갈수록 더 모르겠다.

아니 알지 못하고 간 내가 잘못이다. 다음에 기회가 있으면 한국에서부터 위안화로 바꿔야겠다.

은행은 강도를 방지하기 위해 통유리와 쇠창살로 고객과의 사이를 막았다. 그런데 은행 바깥에 강도가 있는 것이 아니라 그 안에 도둑이 있다. 외국과의 외환 거래는 고정환율로 하여 무역 거래에 유리한 방식을 취하고 내부적인 외환 거래는 변동환율로 하여 이익의 극대화를 꾀하는 것 같다.

은행이 도둑놈이다. 아니 은행보다 큰 도둑의 실체를 보았다.

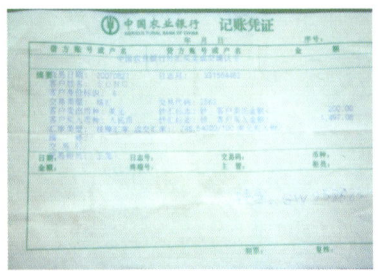

환전 명세서

25 조바심 :: 같은 여관이 두 개?

내 힘이나 판단으로 어떻게 해 볼 수 없는 구조적인 문제에 봉착하면 사람은 참 무기력해진다. 중국을 떠받치고 있는 제도가 불합리하다거나 외국인에게 불리하더라도 어떻게 할 수 없는 거대한 벽과 마주치는 기분이다.

찜찜함 그리고 뭔가 애매한 억울함, 갈취를 당하고 쫓겨나는 그런 기분으로 은행을 나섰다. 그런데 여기서 끝나는 것이 아니라 앞으로도 중국을 떠날 때까지 계속하여 억울한 상황이 기다리고 있다는 것이 더 기분 나쁘다.

무슨 명목으로 공제를 했는지 거래 증명서에는 표시가 없다. 실질적인 환율 표시도 없다. 변동 환율에 따라 내부적인 외환 거래를 한다고 해도 그 비율이 얼마나 되는지 아무것도 알 수 없다. 경비를 좀 더 아껴 쓸 수밖에 없을 것 같다.

택시를 타고 기사에게 여관 이름이 적힌 메모지를 보여 주었다. 느긋하게 앉아 쭝디엔 시내를 구경했다. 세무서, 법원, 인민 정부 등 각종 관공서 건물은 도시 규모에 비해 필요 이상으로 커 보인다. 그런데 택시가 전혀 낯선 곳에 정차하더니 다 왔다고 한다. 순간,

"여기 아닌데……. 잘못 왔다."

택시 기사가 알아들을 리가 있나. 메모지와 여관 간판을 대조해 보이면서 여기가 맞다. 고 한다. 빨리 택시비 내라는 것 같은 눈으로 쳐다보기에 10위안을 주고 일단 내렸다. 내가 가진 메모지와 비교하니 한자도 안 틀리고 똑같다.

「迪庆藏地国际青年旅舍」

도대체 어떻게 된 걸까? 우리가 여장을 푼 곳은 어딘가. 시내를 헤매기 시작한다. 이리 갔다 저리 갔다 방향을 잃어버리니 도통 찾을 수가 없다. 한참을 헤맸다. 고소증을 살짝 느낄 높이에서 심장 박동은 빨라지고 순간! 다운도 잃어버리고 차마고도가 날아가고, 라싸가 사라지는 기분으로 헤매다 다시 택시를 탔다.

"국제 청년 여사, 여기 말고 다른 곳이 있다. 두 곳이 있는 것 같다. 여기 말고 적색 건물로 된 숙소, 그곳으로 데려다 달라."

메모를 하여 보디랭귀지로 내 뜻을 전달한다. 택시 기사 끄떡끄떡 하기에, '아는 모양이다…….', 안심을 하고 있는데 또다시 원점에

도착하여 여기란다. 미치고 팔딱 뛰겠다. 택시 기사에게,

"여기가 아니다……."

낮에 봤던 세무서가 생각나 세무서를 써서 보여 주었더니 모르겠단다. 나중에 보니 稅務局이었다. 다시 「中級法院」을 쓰고는 그리 가자는 뜻으로 「去」자를 써서 보여 주었더니 거기도 모르는지 고개를 갸웃한다. 이제야 알겠다. 자식이 까막눈이구나, 오호 통재라. 안 되겠다. 터미널로 다시 가야겠다 싶어,

"커윈잔" 하니, 골목길로 들어가는데 순간, 아차! 싶다. 놈이 강도로 돌변하면? 그런 생각이 들자 나도 모르게 큰 소리로,

"큰길로 가라, 대로! 대로! 컴 백!"

아무렇게나 떠들다 보니 큰길로 나온다. 여기 세워라. 20위안을 달라고 한다. 네가 세무서나 법원을 몰라 못 갔으니 20위안을 못 주겠다고 실랑이를 벌였지만 소용없다. 또다시 날치기를 당했다. 내가 한없이 작아지는 느낌이다.

시내를 헤매 보지만 비슷한 곳도 나오질 않는다. 공안 둘이 다가온다. 급한 마음에 메모지를 보여 주면서 횡설수설, 알아들을 리가 있나? 돌아서니 길이 막혔다. 시내 한가운데 공사판이 벌어졌다. 아예 통행을 막고 온통 다 파헤쳤다.

'광장하고 연못은 드럽게 좋아하네……'

안 되겠다. 터미널로 갔다가 다시 와야겠다싶어 택시를 타고 터미널에서부터 기억을 더듬어 직진, 좌회전 하면서 손으로 가리키는데, 택시 기사가 "아!~" 하면서, 메모를 써 준다.

「꾸어지칭니엔뤼관 国际青年旅馆」

제발 제대로 찾아가길 바랐다. 다운은 연락도 안 되는데, 이러지도 저러지도 못하고 얼마나 기다릴까? 조마조마한 심정으로 골목길 어귀에 도착해 보니 우리가 잡은 숙소가 맞다. 택시 기사에게 정말 진심으로 고맙다는 인사를 했다.

"씨에씨에謝謝"

끝에 한자가 다른 것을 미처 몰랐다. 전후사정을 살펴보니 처음 터미널에서 탄 택시 기사가 문맹이고, 대충 자신이 알고 있는 이곳으로 데려다 준 것으로 추측되자 화도 나고 어이가 없다.

아니다. 세세히 끝까지 살펴 정확히 숙소를 점검했어야 했는데, 어련히 알아서 찾아가겠지 하고 미루어 두었던 것이 패착이다. 끝에 한 글자가 다른 것을 전혀 인식하지 못했다. 택시비로 60위안을 날렸다. 그래도 다운을 다시 만나니 반가움에 눈물이 날 지경이다.

구청古城 앞에 있는 꾸어지칭니엔뤼수国际青年旅舍로 가야 하는데 처음부터 잘못 왔다. 국제 전화는 물론 국내 전화 할 곳도 없다. 내일 차마고도를 동행하기로 한 가이드에게 반드시 연락해야 하는데 그게 어렵다. 손해를 감수하더라도 숙소를 옮기기로 했다.

"이곳을 나가 다른 곳으로 옮기겠다."

야진과 숙박비 중 일부라도 돌려받기 위해 영어, 한자 등 모든 것을 동원해서 얘기하는데, 주인 여편네 완전히 못 알아듣는 척, 딴청만 피우고 있다. 200위안 중에서 겨우 100위안을 돌려받았다. 오늘 현장 수업료로 160위안을 날렸다.

'따리 맥주 10병이 넘는 거금을……'

짐을 챙겨 구청 앞으로 옮겼다. 원래 가고자 했던 국제 청년 여사,

특히 반가운 건「한국 요리」간판이 보인다는 점이다. 국내에 처음으로 전화를 했다. 사무실은 별일 없다고 한다. 차마고도 동행 팀을 맡은 가이드에게도 연락을 했다.

티베트에서 가장 큰 마니차가 있다는 구이샨공위엔 龟山公园을 들러 보려 했으나 여의치 않다. 여관만 제대로 찾아갔더라면 구청과 바로 위에 있는 공원 그리고 쏭촨린스를 둘러보면서 여유 있게 망중한 忙中閑을 즐겼을 텐데 참 아쉽다.

해가 지기 전 야크바한구어찬팅 雅客吧韩国餐厅, 칼칼하기보다는 좀 들쩍지근한 김치찌개, 범 본 놈 창구멍 틀어막듯 한다는 말이 있다. 입천장을 데는 줄도 모르고 우겨넣었다. 점심을 조금밖에 못 먹고 은행과 시내에서 네 시간을 헤맨 끝이어서 눈물이 날 것 같다.

쭝디엔 구청, 하프 백 등 간단한 쇼핑도 하고 느긋한 마음으로 맥주를 한잔하고 있는데 다운이 급히 뛰어나간다. 돌아보니 백수대에서 머물렀던 중국인 친구가 지나가다 다운 눈에 띄어 같이 들어오는 것이 아닌가?

한번 봤던 사람 다시 보니 반갑다. 진작 이럴 줄 알았으면 이 친구하고 비다하이를 들렀다 와서 도움을 청했더라면 시간도 충분하고 그 고생은 안 해도 됐을 텐데……. 급할수록 돌아가라는 말을 실감한다.

길고 긴 하루가 저물어 간다. 오늘 하루 한 일이라곤 싼바에서 출발해 이곳까지 이동한 것, 기다림 그리고 멍청하게 헤맨 것 밖에는 없다. 제임스 힐턴이 그린 이상향은 어디에도 없다.

샹그릴라가 아니라 황량함, 황당함, 당혹스러움 그리고 조바심만 가득 찬 쭝디엔, 어쩌면 이번 차마고도 여정에서 역설적으로 가장 기억에 많이 남을지도 모를, 다시는 오고 싶지 않은 곳, 샹그릴라…….

백수대 여주인, 양시오잉은 왜 그렇게 여길 오고 싶어 했을까? 도무지 알 수가 없다. 빨리 떠나고 싶다.

티베트의 하늘

제3부

茶马古道를 따라

1 꿈길 :: 챠마구다오

오늘부터 차마고도 랜드크루저 여행이 시작된다.

기원 전, 북방의 시안西安에서 시작되는 비단길Silk Road이 있었다. 타클라마칸 사막을 돌아서 파미르 고원을 넘어 실크가 이동했다. 그 길을 통해 중국의 비단과 서역의 물산이 교차했다. 그리고 문물과 종교가 따라왔다.

채소가 없는 티벳탄은 비타민을 공급할 차가 필요했다. 당나라는 고원을 누비던 힘 좋은 말을 원했다. 그래서 오래 전부터 티베트의 말과 윈난의 차茶가 필요에 의해 자연스럽게 교차되었고 무역이 성행했다. 그 교역로를 일컬어 챠마구다오茶馬古道라고 한다. 실크로드보다 오래되었다.

우리가 가고자 하는 길뿐이 아니다. 차를 교역하던 수많은 길이 있었다. 쿤밍에서 베이징으로 가는 관마따다오官馬大道, 미안마로 넘어가는 챠마시다오茶馬西道, 쓰촨에서 라싸로 이어지는 캉차따다오康茶大道, 그 외에도 차가 이동한 여러 개의 교역로가 있었다.

특히 차마고도를 니아오루슈우다오鳥路鼠道, 조로서도라 불렸다. 새의 길, 쥐의 길, 새와 쥐만 갈 수 있다는 뜻이다. 차와 말을 교역하기 위해서는 그만큼 험준한 지형을 통과하지 않을 수 없었다. 모진 고통을 감내해야만 하는 고난의 길이었다.

차를 말에 싣고 몇 달을 걸려 운송했던 상인 집단을 마방马帮이라 한다. 옛날 티베트와 윈난은 마방을 통해 존재를 알았고 물자를 교류했다. 기원전부터 2천 년 이상 천천히, 아주 느리게 문화가 교차했다.

 그러나 차량이 들어갈 수 없는 일부 지역을 제외하면 이제 마방은 사라졌다. 그 길은 트럭이 대신하고 있다. 챠마구다오에 차량이 운행되면서 장구한 세월 차를 운송했던 마방은 급격히 쇠락했다. 그러기에 318번 공로를 따라 가기로 한 우리는 이번 여행에서 아쉽지만 마방을 만날 것이란 기대는 하지 않기로 했다.

 현대적 의미의 차마고도는 윈난의 푸얼普洱에서 쿤밍, 따리, 리지앙, 쭝디엔, 망캉까지 이어지는 디엔창공루滇藏公路, 옛 윈난 지역을 '滇'이라 했다, 쓰촨四川의 야안雅安에서 캉띵康定, 창도우昌都, 나취那曲, 라싸로 이어지는 촨창베이루川藏北路가 있다.

 그리고 우리가 예정하고 있는 망캉, 빠쑤, 포어미, 린즈, 라싸로 이어지는 촨창난루川藏南路와 라싸에서 히말라야를 넘어 네팔, 인도로 이어지는 요우칭공루友情公路 또는 中尼公路, 티베트 서부 아리阿里 지구로 가는 씬창공루新藏公路 등을 통칭하여 차마고도라 한다.

 우리가 서 있는 이곳 쭝디엔에서 라싸까지만 해도 1,670km, 그 너머 네팔과의 국경인 쟝무까지는 2,500여 km, 경부고속도로 여섯 개를 이어야 도달할 수 있다. 포장도로는 채 절반도 안 된다. 시가체日喀则, 르카즈어 이후로는 전 구간이 덜컹거린다.

 아무리 낮아도 2,700m, 높은 곳은 5,248m의 지아추어라샨, 이른바 치마이리오지앙七脉六江, 일곱 개의 산맥과 여섯 개의 강, 4,000m가 넘는 10여 개 이상의 고개를 넘고, 진샤지앙, 란창지앙, 누지앙, 파롱창뿌, 야루창뿌 등의 협곡을 건너야 라싸 그리고 티베트로 갈 수 있다. 하루를 꼬박 이동해도 300km 이상은 거의 불가능하다.

그러기에 더욱 가보고 싶다. 세상에서 가장 변화무쌍한 길, 꿈에서나 볼 수 있는 가장 아름다운 길, 사람과 말의 길이 거기에 있다. 현실로 다가오는 데는 몇 번을 그 꿈을 꾸었다 접기를 반복했다. 그리고 목전에 와 있는 것이다.

챠마구다오, 가고 싶다고 갈 길이 아니다. 날씨가 도와주지 않으면 절대로 갈 수 없다. 언제 무너질지, 비가 와서 막힐지 아무도 알 수 없다. 잘못하면 중간에 고립되어 옴짝달싹 못할 수도 있다.

물리적인 문제는 풀면 된다. 돌아가거나 아니면 기다릴 수도 있다. 그러나 행정적인 문제는 우리 영역 밖이다. 중국 당국은 티베트에 아주 작은 문제만 생겨도 외국인에게 여행 허가를 내 주지 않는다. 어느 날 갑자기 문을 닫아 버리기 일쑤다.

그런데 왜 가느냐? 나는 그 물음에 합당한 이유를 찾지는 못했다. 그냥 가보고 싶었다. 가보고 이유를 찾기로 했다. 그런 면에서 보면 우리는 꽤 운이 좋은 편이다. 다행히 여행 허가에 제약은 없었다. 그러기에 이곳까지 와 있는 것이다.

차마고도는 뤼요우투안 旅游团. 여행단을 구성해 차량을 렌트하고, 운전기사와 가이드를 고용하고서도 티베트를 들어와도 좋다는 인민정부 西藏自治区의 입경 허가서, 지역 군부대 西藏军区司令部作战处의 군사 지역 통행 허가서, 여행국 旅游局에서 발행하는 외국인 여행증, 숙박 허가증, 무려 네 가지의 허가를 받아야 들어갈 수 있다.

그 외에 여행증은 항상 휴대하여야 하며, 경유지마다 어디에 투숙할 것인지를 공안에 통지하여 등록해야 하고, 여행단은 동일체를 이루고, 미리 경유할 곳을 지정하여 그 곳만 가기로 하는 전제가 필요하다.

그리하여 여행 허가서에는 언제부터 언제까지 경유할 지역, 즉 망캉, 즈와공, 빠쑤, 란우, 포어미, 린즈, 빠이, 통마이, 바송추어, 쟝쯔, 라싸, 청두 등의 지명을 일일이 기록하여 발급한다.

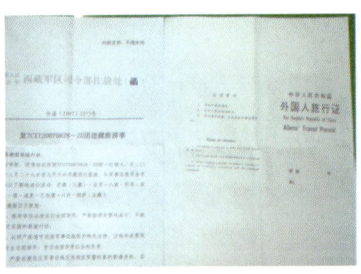

여행 허가증

우리에게 부여된 여행단명은 「TCIT20070828-ZD」라고 하였다. 아마도 해적이 준동하는 소말리아나 아프가니스탄 같은 여행 금지나 제한 지역을 제외하면 가장 접하기 어려운 곳이 아닐까 하는 생각이 든다.

행정적·물리적으로 가장 어려운 길을 우리는 지금 가려는 것이다.

2 인연 :: 동행자

우리는 차마고도를 동행하기로 한 대구大邱에서 온 두 분을 만나기 위해 쭝디엔 공항迪庆机场, 디칭지차앙에서 기다리기로 했다. 어제 오후에 우여곡절을 겪으면서 겨우 가이드와 연락이 닿았다. 만약 다운을 만나지 못했다면, 전화 연결이 안 되었다면, 우리는 여기에 있지 못할 뻔했다.

이곳 샹그릴라 쭝디엔, 외국인 관광객이 꽤 보이는 상당히 개방된 곳이다. 그럼에도 일반 시민들은 영어가 아예 안 통한다. 택시 기사에게 공항으로 가자고 하였더니 무슨 말인지 알아듣질 못한다. 어제도 그래서 고생했다. "애앵--"하면서, 손으로 비행기가 뜨는 모습을 흉내 낸 이후에야 우리가 어디로 가고자 하는지 눈치 챘다.

시내에서 멀지 않은 곳에 이르니 항공관제탑이 보인다. 내가 공군 출신이어서 그런가? 관제탑은 금방 눈에 띈다. 중국, 특히 이곳 티베트 지역은 산세가 험하여 육로가 발달하지 못한 대신 하늘 길은 많이 열려 있는 것 같다. 리지앙, 따리는 물론이고 창도우昌都에도 공항이 있다.

디칭 공항이 재미있다. 청사 전면에 迪慶디칭, 영어로 DI QING, 한자로 香格里拉, 다시 영문으로 SHANGRILA 그리고 티베트어로 쓴 공항 이름, 무려 다섯 가지다. 쫑디엔中甸이라는 티베트식 지명이 빠진 게 이상할 정도로 이 지역을 일컫는 말이 다 들어갔다. 혹시 티베트 글자藏文字母가 쫑디엔을 이르는 말인지는 모르겠다.

공항 청사 밖, 작은 식당에서 미시엔米线으로 아침 끼니를 해결했다. 날이 흐려선지 공항 바깥은 한기가 느껴질 정도로 스산하다. 적막한 시골 간이역에 자식을 마중 나온 초점 없는 초로 몇몇의 기다림만 있는 것처럼 차량 몇 대가 주차되어 있을 뿐, 여기가 공항인가 싶을 정도로 한산하다.

한 분은 쉰다섯, 그리고 쉰하나 된 적지 않은 나이에 편안한 관광지를 버리고 험하기 이를 데 없는 이 길을 가려는 사람들은 최소한 마음이 순수할 것이다. 스산한 분위기를 그런 생각으로 위안하면서 기다리고 있다. 이분들은 어제 인천을 떠나 쿤밍으로 입국하여 오늘 새벽에 이곳으로 향하는 국내선에 탑승한 것이다.

적막하던 공항 분위기가 조금은 소란스러워진다. 청사 안으로 들어갔다. 본 적은 없지만 누군가를 기다린다는 것은 언제나 마음을 설레게 한다. 우리 이름을 쓴 피켓을 든 가이드를 대동한 동행자를 만났다. 대구에서 사업을 하시는 분인데 김재덕, 이동진 사장이라고 한다. 간단히 인사를 나눴다.

우리는 바로 출발하는 줄 알았다. 그러나 여행 허가증이 오후 3시는 되어야 나온다고 하여 시내로 들어왔다. 그동안에 온천을 가기로 했다. 쭝디엔 현지 여행사에서 안내를 맡은 직원이 음료수와 감자로 만든 과자를 샀다. 과자 봉지가 풍선처럼 팽팽하게 부풀어 올랐다. 해발 고도를 실감한다.

시내에서 얼마 멀지 않은 곳에 온천이 있다. 통나무로 지은 방갈로 같은 온천 시설을 일렬로 연이어 지어 놓았다. 한 칸에 두 명씩 들어가게 되어 있어 다운과 함께 온천수에 몸을 푹 담그니 쌓였던 피로가 싹 풀린다.

남자들은 목욕탕엘 같이 가면 쉽게 친해진다고 한다. 그러나 어차피 온천욕을 오래 할 생각은 없다. 테라스로 나와 몇 마디 대화를 나누니 금세 어색함이 사라진다. 우린 낯이 익기도 전에 알몸부터 보았다. 점심을 먹고 어영부영, 허가증이 예상보다는 좀 일찍 나왔다.

드디어 챠마구다오 여행이 시작되었다.

오늘의 목적지는 더친, 점심때부터 홍징티엔紅景天이라는 나무뿌리를 우려낸 차를 계속 마셨다. 고소증에 효과가 있다고 한다. 산소가 평지의 67%밖에 안 되기 때문에 나타난다는 증상, 겪어 보지 않아 가슴 한쪽에 약간의 찜찜함이 자리 잡고 있는데 이 차를 마시고 효과가 있었으면 좋겠다.

동행자는 대구에서 오신 두 분과 우리, 가이드와 운전기사 총 여섯 명이다. 그런데 지프차의 자리는 다섯 개 밖에 없다. 연세가 제일 많은

티벳탄 마을

 김재덕 사장님이 의자 뒤 짐칸에 앉으셨다. 염려가 되어 뒤돌아보면, "괘안타, 괘안타.", 오히려 의자에 앉은 우리를 안심시켰다.
 차량이 쫑디엔 시내를 빠져나간다. 얼마 지나지 않아 나파하이 納帕海를 끼고 돈다. 자연 호수다. 얼마만큼이 호수인지, 사람의 영역은 어디까지진지 가늠할 수 없다. 그러나 온통 흙탕물이다.
 고개를 넘으면서 뒤돌아본 나파하이, 그 끝에는 아스라이 쫑디엔 공항 활주로가 보인다. 비행기 이착륙을 위해서라도 사람이 손을 댈 수가 없겠다. 그러기에 나파하이는 오직 하늘의 공간이다.
 차가 산 중턱을 따라 돌기 시작한다. 짐칸에는 배낭과 여행 가방을 쌓아 두었다. 꼬불꼬불 산길에 그 물건이 얌전히 앉아 있을 리

만무하다. 재덕이 형님이 중심을 잡지 못하고 배낭과 씨름을 한다. 맨 앞자리에 앉았던 동진이 형,

"형님! 뒤통수 따가워 도저히 못 앉아 있겠습니다. 내일부터는 형님이 여기 앉으시소."

우리는 짐칸에 교대로 앉기로 했다. 나에 비해 무엇 하나 부족할 것 없는 분들이다. 그럼에도 불편함을 감추고 제일 큰 형님이 희생을 감수하셨다. 한국 사람을 찾아볼 수 없는 이 먼 곳에서 만났다. 인연이란 말 외에 달리 표현할 방법이 있을까?

3 슬픔 :: 눈망울

지프는 뒤에 앉은 재덕이 형님은 아랑곳하지 않고 덜컹덜컹 비탈길을 내달린다. 산 중턱에서 내려다보는 장쾌한 협곡, 어느 순간 경계선이 있는 것처럼 숲이 사라졌다. 그리고 풀포기만 듬성듬성, 흔디^{부스럼} 앓는 까까머리 중학생의 머리통 같은 민둥산이 이어진다.

생각해 보면 어제 일은 정말 바보 같다. 진작 터미널로 가서 숙소를 찾았으면 그 고생은 안 해도 됐을 텐데……. 고지대의 부족한 산소가 사람의 판단력마저 흐리게 만드는 것인지 아니면 시내가 넓어야 얼마나 넓겠느냐는 오만함이 고생으로 이끈 것일지도 모르겠다. 쭝디엔에 대한 기억은 정말 오래도록 지워질 것 같지 않다.

눈가를 스쳐 간 몇 가구 안 되는 작은 마을, 민둥산 비탈 칭커밭 몇 다랑이와 함께 겨우 터를 잡았다. 책받침만 한 표시, 「幸福村」이라고

쓰여 있다. 유목할 초지는 찾아볼 수 없어 칭커靑稞, 티벳탄의 주식인 짬바(Tsampa)를 만드는 곡물 외엔 선택의 여지가 없이 척박하다.

그럼에도 마을 이름은 씽푸춘, 행복하다는 생각을 언제 해 보았을까? 우린 먹을 것이 넘치도록 풍부한 세상에 살고 있다. 오히려 비만을 걱정해야 한다. 과유불급이라던가?

조금은 부족한 듯 그런 삶을 이어가는 이들이 어쩌면 우리보단 행복할지도 모르겠다. 내밀內密한 사정이야 잘 모르겠지만 행복촌, 어제 일을 잊게 하는 이름이다. 저절로 입 꼬리가 올라간다.

고개를 내려왔다. 강이 보인다. 깡취허崗曲河라고 한다. 언덕 강, 굽을 곡, 이름에서 풍겨지듯 강을 따라 오르면 대협곡이 있다고 한다. 이른바 샹그릴라 따씨아구우香格里拉大峽谷, 장지아지에 진비엔씨구우张家界金鞭溪谷, 장가계 금편계곡보다 깊고 높다는 협곡, 가히 선경의 세계, 하지만 가 볼 수는 없는 일…….

깡취허를 따라 내려가니 진샤지앙金沙江, 양쯔 강의 상류에 합류한다. 다리를 건너 강줄기 왼쪽을 따라 굴곡진 병풍 사이를 지나듯 협곡을 따라 오른다. 깡취허와 달리 진샤지앙은 온통 황토물이다. 손을 담그면 황토가 땀구멍에 밸 것 같다.

강에 보洑 같은 시설은 전혀 없다. 황토물이지만 흘러가는 물이 좀 아깝다는 생각이 드는데 강 한쪽으로 둑을 막아 물을 가뒀다. 그 안에 있는 물은 파란색, 맑은 물이다. 이른바 자연 정수 시설이라고나 할까?

조용하던 협곡이 약간 소란스러워진다. 벤즈란이라는 마을에 도착했다. 제법 사람이 사는 모양이다. 짧지만 전화국, 우체국, 여관, 식당, 잡화점 등이 연이어 시가지를 형성하고 있다. 벤즈란젠奔子栏镇의

벤즈란의 아이들

중심이다.

마을 어귀를 벗어나 잠깐 내렸다. 길가에 아주머니 몇 분이 벌여놓은 좌판, 생필품 외에 송이를 모둠으로 늘어놓은 것이 눈에 띈다. 동진이 형, 얼른 가더니 1kg을 샀다. 100위안이라고 한다.

동네 아이에게 사탕을 주었더니 금세 예닐곱 명이 모여든다. 티벳탄 아이들을 처음으로 가까이에서 보았다. 비록 땟국물이 흘러 꾀죄죄하지만, 여물을 가지고 오는 주인을 바라보는 외양간 소 눈망울만큼이나 아이들 눈은 참 맑다.

소처럼 맑은 눈망울은 이 세상 어디에도 없다. 한없는 고요함과 편안함, 소 눈망울엔 그런 것이 있다. 여기 아이들이 그렇다. 그중 한 녀석이 손에 들고 있던 핸드볼보다 조금 작은 수박을 하나 건넨다.

진샤지앙과 아이들을 뒤로하고 꼬불꼬불 산으로 오른다. 산비탈을 지그재그로 한참을 휘돌아 오르면서 문득 뒤를 돌아보았다. 협곡 사이로 아스라이 벤즈란 마을이 멀어진다.

　나무 한 그루 없어 더욱 황량한 바위산, 엎어지면 앞산에 코가 닿을 것 같이 깊은 협곡, 그것도 모자라 낮게 내려앉은 회색 구름, 숨 쉴 틈도 없을 것 같은 저곳에 송아지만큼이나 평화로운 눈망울을 가진 아이들은 그렇게 자라고 있다.

　어렸을 적, 세상은 수몰 지구水沒地區로 고시된 내가 살던 동네를 제쳐 놓고 있었다. 5학년 때, 횡성 읍내를 처음 나가 보았다. 이른바 초등학교 대항 예능 경진 대회, 불과 두어 달 연습하고 시골 학교덕원국민학교, 오래 전에 폐교됐다. 대표로 서예 부문에 참가했다.

　창문에 붙은 2-2, 2-3, 한 학년만 해도 반이 여러 개라는 것을 처음 알았다. 서예 반으로 들어갔다. 미리 먹을 갈아 놓고도 연습할 종이가 없었다. 잉크도 안 마른 빳빳한 신문지에 흘림체로 붓글씨 연습을 하는 다른 학교 아이들은 궁서체도 제대로 못 쓰던 나를 괜히 주눅

뒤 돌아본 벤즈란

들게 했다.

저녁 어스름 시장통 어느 골목의 우동 집, 추적추적 비가 내리는 궂은 날씨에도 불구하고 가게 안은 대낮처럼 환했다. 전깃불을 처음 보았다. 동그란 백열전구는 눈이 부셔 맨눈으로는 쳐다보기도 어려울 정도였다.

음식을 돈을 주고 사 먹는다는 것도 처음 알았다. 담임선생님 황철수 선생님, 지금까지 학교에 다니면서 유일하게 기억하는 분이다 이 사 주신 우동이라는 음식, 그 한 그릇의 맛은 근 40여 년이 지난 지금도 잊히지 않을 만큼 꿀맛이었다. 그야말로 별천지였다. 그런 세상이 있는 줄 몰랐다.

전깃불이나 우동을 모르지는 않을 것이다. 그러나 그것 외에 바깥세상은 어떻게 생겼는지, 얼마나 다른 문물이 있는지를 모르는 아이들, 사탕 한 개에도 만족스런 표정을 짓고 그 값어치와 비교할 줄 모르는 순수한 마음으로 제가 먹을 수박을 건네던 아이의 눈망울.

산길을 덜컹거리면서 눈앞에서 사라져 가는 벤즈란 마을, 나무 한 그루 없는 민둥산과 황토물의 진샤지앙, 개울물은 원래 까만색이라고만 아는 탄광촌 아이들처럼 세상은 원래 그렇게 생겼고 그런 줄만 아는 아이들…….

그 속에 흔디 자국 듬성듬성한 코흘리개, 또래의 내가 있었다. 그러기에 만족스런 표정의 아이 눈은 이유를 말할 수 없는 아릿한 슬픔으로 지나갔다.

4 생명줄 :: 야크와 소금

여정을 재촉한다.

랜드크루저 기사는 티벳탄인데 서른두 살, 이름은 성姓이 없이 츄런이라고 한다. 티벳탄은 성이 없는 건가? 이 여정을 위해 라싸에서 밤 낮 없이 꼬박 사흘 걸려 여길 왔다고 한다. 그렇게 온 녀석을 보고 차가 작아 탈 수가 없다고 했으니 적잖이 당황했을 것도 같다.

그러고 보니 차량번호가「藏 AA 8887」로 되어 있다. 다른 차량을 보니 云 00 0000은 윈난, 川 00 0000은 쓰촨四川, 아마 성省별로 자동차 등록 업무가 이루어지는 모양이다.

티벳탄 차량 또는 티벳탄이 운행하는 차량은 한 가지 특징이 있다. 앞 번호판 위에 하얀색 천을 걸었다. 지프차 같이 작은 차는 가로누운 8 자, 대형 트럭은「八」자 형태로 묶었다. 그 매듭을 보면 티벳탄

동주린스와 마을

차량인지 한 눈에 알 수 있다. 우리가 타고 있는 차량도 범퍼 위에 아주 작은 천으로 매듭을 엮어 놓았다.

티벳탄에게 있어 이들이 주고받는 흰색 천은 아마도 생활 전반에 걸친 불교문화의 아이콘이라는 느낌이 든다. 손님이 오면 흰 천을 목에 걸어주고 '짜시텔레-', 결혼식 후 가지고 가는 재물을 상징하는 것도, 자동차의 안전 운행도 흰 천을 통해 기원하고 있다.

리지앙에서 노래하던 사람에게 걸어주던 흰 천도 아마 이들 마음의 징표인 것 같다. 그렇다. 나시주가 사는 리지앙에도 티벳탄 문화가 살아 있었던 것이다. 라마 불심이 나시주, 바이주에까지 생활 깊숙이 영향을 미친 것이다.

어쩌면 우리의 흰 실타래로 감은 북어와 그 의미가 크게 다르지 않을 것 같다. 이사를 하거나, 사무실을 개업하거나, 차를 사거나 그것으로 복을 비는 것이다. 티벳탄의 흰 천에서 북어를 감은 실타래의 행운을 보았다.

진샤지앙을 발아래 두고도 비행기가 이륙하듯 한참을 오른 후 아예 산허리를 끼고 돌기 시작한다. 협곡 건너편, 점점이 흩어진 티벳탄 가옥은 산 중턱까지 올라와 있다. 그 뒤 하늘과 맞닿은 산은 불과 몇 뼘 되지도 않을 것 같다. 어림잡아 8부 능선까지는 올라온 모양이다.

그런데도 기사 녀석은 꼬불꼬불 산길을 시속 60km로 내다 밟는다. 슬쩍 룸 미러에 비친 녀석의 얼굴을 살피는데 크악! 조는 것 같다. 뭐라 할 수는 없고 괜히 큰 소리로 떠들어 본다. 녀석이 관심을 보이는데 조는 게 아니라 원래 그렇게 생겼다.

산 중턱, 동주린스东竹林寺가 있는 마을을 지난다. 사원이 있기 때문에 사람이 살게 된 것인지 아니면 마을이 있었기 때문에 사원이 생긴

바이망쉬에샨

것인지는 알 수 없으나 사원과 마을은 마치 한 몸인 양 일체감을 보인다.

협곡 건너편 산비탈에 듬성듬성 박힌 칭커밭, 그 사이를 어렵게 비집고 앉은 보금자리, '저런 곳에서 어떻게 삶을 이어갈까······', 사원까지 와서 기도를 하고 나면 당일에는 돌아가지도 못할 것 같다. 한번 내려오면 어두워지기 전까지는 올라가지도 못할 그런 산꼭대기에 사람이 살고 있다.

오늘 일정 중에 가장 높은 곳은 해발 4,292m의 바이망쉬에샨 白芒雪山-白马雪山과 혼용되는 모양이다. 표기가 일정치 않다 이다. 산길을 뱅글뱅글 한도 끝도 없이 오르더니 드디어 수목한계선을 넘어 구름에 휩싸인 고갯마루에 다다른다. 도로 한쪽으로 돌을 쌓고 통나무로 아치를 만들어 놓았다.

'여기가 바이망쉬에샨이구나······.' 고갯마루 좌우를 조망하고 사진

한 컷 찍고 내리막길로 내려간다.

'이상하다? 표시라도 있을 텐데……'

아닌 게 아니라 다시 오른다. 굽이굽이 수없이 돌아 올랐는데도 끊임없이 오른다. 차창 밖 머리 위로 트럭이 보인다. 지그재그로 오르는 중이다. 발아래 지나온 길은 구불구불, 미시령彌失嶺처럼 장쾌한 협곡에 예술적으로 걸렸다.

그렇게 돌아 오르니 산자락 구릉을 따라 끝없는 초원이 펼쳐졌다. 아니 초원이라기보다는 툰드라Tundra 지대다. 한참을 지나 드디어 마루에 이르렀다. 통나무 아치가 있던 곳은 바이망쉬에샨이 아니었다.

그런데 표시가 다르다. 4,210m로 되어 있는 반면에 어떤 곳은 4,292m로 표기했다. 어느 것이 정확한지 모르겠다. 그러나 중요한 것은 이런 산꼭대기에 처음 오르니 얼마나 높은지 감도 없다. 표시는 숫자에 불과하다.

처음으로 4,000m를 넘었다. 그냥 갈 수 없으니 내려서 기념사진 한 컷, 흔적도 남기고……. 그런데 머리가 약간 어질하다. 빙빙 도는 것 같으면서 숨도 차다. 그러다 조금 후에 안정을 찾는다. 홍징티엔 덕분인가?

바이망쉬에샨 고개 정상에 유목민이 머무는 임시 가옥이 있다. 한쪽은 돌로 반대쪽은 시멘트 블록으로 벽체를 세우고 서까래 두세 개에

야크 젖 짜는 아들

함석지붕을 이어 붙인 집, 겨우 고개를 숙이고 들어갈 수 있을 정도의 작은 움막이다.

야크 버터를 만드는 커다란 동모 두 개, 어설픈 침대 두 개, 음식을 끓이는 화덕, 새카맣게 그을려 찌그러진 양은 냄비와 몇 개 되지도 않는 세간 살이, 참 소박하다. 벽과 천장은 연기에 그을려 새카맣다. 겨울이 오면 낮은 곳으로 내려간다고 한다.

야크 몰이용 개는 참 사납다. 덩치는 진돗개보다 조금 큰 것 같은데 낯선 사람을 보아 그런지 이빨을 드러내고 으르렁거린다. 빨간 장식을 붙인 목줄, 반응으로 보아 그게 풀리거나 끊어지면 큰일 나겠다.

야크는 참 신기하게도 줄을 서서 젖 짜는 순서를 기다리고 있다. 고삐를 맨 것도 아닌데 두세 마리가 줄을 서서 기다린다. 그 비결은 소금에 있었다. 우선 소금으로 야크를 유인하여 소금을 먹는 사이

임시가옥

앞발을 나란히 묶는다. 그리고 젖을 짜면 녀석들은 신기하게도 꼼짝하지 않고 서 있는 것이다.

저 소금은 진짜 옌지잉盐井에서 가져온 것일까? 아버지와 아들인 듯, 씨-익 웃으면서 젖을 짜고 있기에 열대여섯 살 되어 보이는 아들에게 한 번 짜 볼 수 있겠느냐는 시늉을 했다. 그 녀석 머리를 살레 살레 흔든다. 낯선 사람에게는 발길질을 해서 안 된다고 한다.

'아쉽다……'

소금, 이곳까지는 그래도 교통이 예전 같지는 않기에 정말로 옌지잉에서 가져온 소금인지는 알 수 없다. 나트륨 함량을 낮춰야 한다고 목소리를 높이는 요즘, 야크가 먹는 소금은 생존의 필수 요소다. 그것이 없으면 삶을 유지할 수 없다. 소금, 이들의 생명줄임을 확인했다.

발밑으로는 타르쵸_{경전을 적은 오색 천을 만국기처럼 고개, 강변, 둔덕 등에 걸어놓아 바람에 부처님 말씀이 퍼져 나가기를 바라는 깃발} 사이로 우리가 가야 할 길이 거미줄처럼 아스라이 걸려 있다.

더친 쪽에서 올라오는 차량은 손톱만 하게 보인다. 그 길은 올라왔으면 그만큼 내려가야 함을 의미한다. 해발고도 4,000m를 넘었음에도 별 탈 없는 내 몸에 감사하고 이제는 내리막이다.

산허리에 걸린 길을 따라 하염없이 돈다. 해가 진 사위는 어슴푸레한데 구름이 낮게 깔렸다. 그러기에 협곡 반대편 산에 걸린 빙하와 낮게 걸친 구름이 한데 섞여 그게 산인지를 미처 인식하지 못했다. 끄덕끄덕 졸다가도 어떻게 봤는지,

"설산이다", 하고 다운이 외친다.

'엥? 여름에 웬 설산?'

메이리쉬에샨

　자세히 보니 정말이다. 삼각형이 또렷하다. 만년설에 빙하도 보인다. 산 중턱은 띠구름이 감고 있다. 거리가 멀어 가늠이 안 되지만 생전 처음 보는 장쾌한 풍광이 서서히 우리를 압도해 온다.
　'아! 저 산이 윈난성에서 가장 높고 신성시된다는 메이리쉬에샨 梅里雪山이구나.', 6,740m, 「설산의 신」이라는 뜻을 가졌다고 한다. 아직 한 번도 인간의 등정을 허락하지 않은 산, 몇 년 전, 일본인 등반대가 조난당하여 4년인가 5년 후에 사체로 발견된 이후 단 한 번도 인간이 오른 적이 없다고 한다.
　우리 넷은 누구랄 것도 없이 장쾌한 풍광을 담으면서 우리와 다른 설산을 감상한다. 어둑해지는 날씨가 안타깝다. 내일은 좀 더 가까이에서 볼 수 있겠지 하는 기대를 품자 어둠 속에 마치 등대처럼 더친의 불빛이 보인다.

5 재회 :: 우연한 만남 아리랑

대구에서 오신 두 분은 여행사에서 마련한 스케줄에 따라 차마고도 랜드크루저, 숙소, 항공료 등 일괄 패키지여행이고, 우리는 차량만 이용하는 것으로 되어 있다.

이런 방식의 여행도 흔치는 않을 것 같다. 꼭 우리가 얹혀 가는 것 같은 어색함, 특히 가이드에게 그런 느낌을 갖고 있었는데, 재덕이 형님이 그런 감정을 많이 누그러뜨려 주었다.

더친德钦, 숙소를 잡기 위해 들어간 곳은 차이홍따지오디엔彩虹大酒店, 2성급 정도 되는 호텔인 모양이다. 인구가 만 명도 채 안 되는 작은 도시다. 우리 기준과는 다르다. 근사한 호텔을 기대하긴 어렵지 않을까 생각된다. 우리는 알아서 숙박 문제를 해결하기로 했기 때문에 같이 머물자는 재덕이 형님 제안에,

"저희는 좀 멀리 가야 합니다. 저렴한 곳에 묵겠습니다.", 라면서 돌아서는데, 다운이 몇 걸음 앞에 서 있는 아가씨와 아는 체를 한다. 아는 사람이 있을 리 없는데……. 설마?

"어?!", 자세히 보니 리지앙에서 노래하던 아가씨라…….

아주 잠깐 얼어붙은 듯 서 있다가 누구랄 것도 없이 서로 악수를 하면서 반가움을 나눴다. 정말 뜻밖이다. 리지앙에서 보고 닷새가

지났는데 생각도 못한 이곳에서 재회한 것이다. 재덕이 형님과 동진이 형은 뜬금없는 아가씨 출현에 뜨악한 표정이다. 두 분에게 양해도 구하지 않고 불쑥 저녁 식사를 제의했다.

30분 후에 만나기로 했다. 츄런의 도움을 받아 숙소를 정했다. 짐이나 제대로 풀었는지 모르겠다. 반가운 마음이 앞서 씻지도 않고 밖으로 나갔다. 한참을 괜히 서성거린 후 일행과 만났다.

이때부터는 가이드가 있으니 식사 문제는 쉽게 해결된다. 네 명이 합의해 우선 200위안씩 걷어서 800위안으로 앞으로의 식비를 지불하기로 하고 내가 지출담당을 맡았다. 총무는 언제 해방되려는지……. 티베트까지 와서 이러고 있다.

식사 자리가 갑자기 즐거워졌다. 그 아가씨, 자기 집은 원래 더친이고, 리지앙에는 볼일이 있어 갔다가 잠깐 일을 봐 주고 왔다고 한다. 리지앙에서 더친은 500km가 조금 안 되는 거리긴 하지만, 교통 여건이나 시간상 이틀은 잡아야 한다.

상상도 못한 재회다. 이 오지에서 만나니 반가움이 더 컸는지도 모르겠다. 그 아가씨, 나를 리지앙 말고 다른 어디서 본 적이 있다고, 혹시 상하이上海에 온 적 없느냐고, 자기를 본 적 없느냐고 물어본다. 내 얼굴이 평범해서 그런가? 이 먼 곳에서 이렇게 만나게 된 것이 다만 우연일 뿐이었을까?

티벳탄은 윤회설輪回說을 믿는다. 영혼은 전생과 현생 그리고 내세의 삼생을 따라 돈다고 믿는다. 전생에 지은 죄나 덕에 의해 현생으로 태어나고, 현세에 덕을 많이 쌓으면 천장烏葬을 통해 하늘로 오른다. 그리고 죄를 많이 지으면 다음 생에 태어나지 못하도록 수장 또는 매장한다고 한다.

'전생과 내세, 전생에 어떤 인연이 있어 만나게 된 것일까?'

괜한 감상에 젖어 본다. 식사 후, 자기 동생이 운영한다는 카페에서 술 한 잔을 제의한다. 식당에서 멀지 않은 곳으로 안내하여 2층으로 올라가니 우리나라 동네 술집 같은 허름한 선술집이 있다. 키 작은 조밀한 칸막이와 흐릿한 불빛, 담배 연기가 꽉 차 있다.

우리가 자리를 잡자 손님이 왔으니 노래를 불러 주겠다면서 동생과 종업원을 빨리 나오라고 재촉한다. 티벳탄은 손님을 맞이할 때 노래로 환영하는 독특한 문화가 있다. 무슨 노래인지 의미나 가사는 모르지만 그건 차후의 문제고, 진심으로 환영한다는 마음을 담지 않는 한, 쉬이 흉내 낼 수 없는 성의를 보여 준다.

그렇다 하더라도 나는 지금까지 가슴으로부터 우러나오는 진실한

리지앙에서

마음이 투영된 듯 그렇게 상기된 얼굴은 처음 보았다. 진실은 말하지 않아도 다 통한다. 그 아가씨, 종업원, 동생 셋이서 노래를 하는데 고음처리가 예술이다.

맥주병을 따는 것도 잊은 채, 애절한 선율에 빠져들고 있었다. 사람의 얼굴이 어디까지 선한 표정을 지을 수 있는지, 그걸 보았다. 리지앙에서 부른 노래 다시 한 번 할 수 있느냐니까 거리낌 없이 「아라지쵸」인가 하는 노래를 부른다.

노래하고 춤추는 것, 그런 흥을 좋아한다. 우리와 다르지 않다. 우리는 평상시에 별로 드러내지 않는 데 반해 이들은 드러내 놓고 흥을 살리는 것이 다른 점이라고 할까? 이곳 티벳탄이나 나시주 그리고 바이주까지 틈만 나면 흥얼흥얼…….

좀 더 시간을 보내고 싶었으나 무엇보다 동진이 형이 고소 적응이 안 되는가 보다. 굉장히 피곤해한다. 비행기를 타고 갑자기 3,500m 고지에 서면 제아무리 장사라도 이기기 어렵다. 고소증은 체력과는 상관없이 오는 증상이기 때문이다.

안타깝다. 컨디션이 좋았더라면 많은 이야기를 나누었을 텐데, 어쩔 수가 없다. 숙소로 돌아가는 발길이 참 섭섭하다. 그 아가씨도 서운했는지 문밖 계단까지 따라 내려오면서 악수를 하고 손을 흔든다.

식사비가 200위안을 넘었다. 벤즈란에서 산 송이를 부탁했었는데 그 요리 값이 포함되어 있다. 공짜는 없다. 맥주 값까지 300위안이 넘는 돈이 들었다. 숙소로 돌아가다 조금은 서운한 마음에 그리고 좋은 사람들 만난 기념으로 맥주 딱 한잔만 더 하기로 했다.

여행 중에 참 많은 사람을 만나고 헤어진다. 어떻게 보면 일상적일 수도 있다. 룬펑이나 양시오잉처럼. 그러나 리지앙에서 우연히 들은 노래에 이끌려 잠깐 이야기를 나누고 헤어졌는데 이곳에서 다시 만날 줄은 상상도 못 해 봤다.

연락처나 이름, 사는 곳도 물어보지 않았다. 혹여나 다시 만날 것이라는 기대는 언감생심이다. 희미한 인상이나 얼굴을 기억하기에도 짧은 시간을 스쳐 지나갔다. 그런데 여기서 만났다. 이 상황을 두고 인연이라는 단어 외에 어떤 말을 떠올릴 수 있을까?

티벳탄의 간절한 기도와 귀의歸依, 그것이 천상으로 인도하고 내세를 기약한다. 간절함 없이는 이루어지지 않을 인연, 티베트 땅에 들어와서 비록 짧은 스침에 불과하겠지만 이 순간의 재회를 인연으로 새겼다.

리지앙에서 반주 없이 부른 아라지쵸는 티벳탄의 간절함이었을 것이다. 그리고 시큰둥했던 수많은 나시주 청중과 달리 우리 귀에만 예리하게 박힌 음률은 티벳탄의 정서와 우리의 그것이 맞닿은 어느 지점이 있기 때문이라고 생각하기로 했다. 아라지쵸는 바로 우리 아리랑이라고…….

희비쌍곡선의 교차점이 너무 높아 잠들 것 같지 않다.

귀의

6 막참 :: 차마고도의 실체

더친, 티벳탄과 우리 아리랑이 겹치는 환영에 사로잡혀 선잠에 그쳤다. 컨디션이 별로 좋진 않다. 그러나 어제저녁 어스름하게 보였던 장엄한 메이리쉬에샨이 기다리고 있다. 그런 기대가 피곤한 몸과는 상관없는 듯 가슴을 설레게 한다.

더친을 출발했다. 뒤돌아본 마을은 란창지앙 지류를 따라 협곡 안쪽 끝, 평지가 거의 없는 비탈면에 걸쳐 있다. 내 눈엔 흡사 강원도 철암鐵岩? 어느 탄광촌 같은 조금은 삭막한 분위기다. 그래도 어쩌면 상상하기 어려운 소중한 인연이 있었다.

차마고도는 협곡 아래쪽 더친을 외면하고 산 중턱을 따라 돈다. 10여 분쯤 가니 페이라이스飛來寺 입구를 지난다. 커브 길을 돌면서 메이리쉬에샨을 가장 잘 조망할 수 있다는 곳에 멈췄다. 그러나 맞은편 산은 중턱 아니 발아래까지 짙게 흰 구름이 끼었다.

'기다려 보자……'

공터 한쪽으로 하얀색 쇼르텐라마 불탑을 일렬로 쭉 세워 놓았다. 왜 하필이면 여덟 기基일까? 그 의미는 잘 모르지만 쇼르텐, 타르쵸, 룽다, 탕카ThangKa, 탱화, 마니두이마니석을 쌓은 돌탑는 티베트 라마 불교의 상징이다.

쇼르텐과 쇼르텐 사이, 그 옆 키 작은 나무에도 온통 타르쵸가 휘감겨 있어 마치 담장을 두른 것 같다. 뿐만 아니라 쇼르텐 끝, 언덕에도 만국기를 걸쳐 놓은 것 같다. 그리곤 바람에 일렁이니 장관이다.

흙 둔덕 위에 향을 피웠다. 향내가 코끝을 찌른다. 두 자는 넘을 것

페이라이스 앞 쵸르텐

같은 향을 다발로 피웠다. 쵸르텐 주위는 피워 놓은 향 연기가 하늘을 뒤덮는다. 비로소 티벳탄 땅에 들어왔음을 실감한다.

그런 마음과는 달리 약간은 낯설어 멈칫하는데, 츄런이 향을 피우고 이름을 알 수 없는 나뭇가지에 불을 붙여 쵸르텐에 집어넣는다. 그리고 기도하는 모습, 역시 티벳탄이다.

쵸르텐 앞, 한쪽 구석에는 때가 끼어 번들거리는 방한 점퍼를 입고 카우보이모자를 쓴 중년의 티벳탄이 조그마한 돌에 티베트 글로 경전을 새기고 있다. 아주 작은 끌과 망치만을 이용하여 돌의 크기에 따라 글자의 크기를 달리하면서, 그런데도 형태는 똑같다. 좀 더 큰 돌에 새긴 경전, 오봉산일월도 五峰山日月圖다.

임금의 그림, 어좌를 돋보이게 배경을 장식하는 그림이다. 임금 외에 누구도 일월도를 취하거나 사용할 수 없다. 그 일월도가 여기에 있다. 티베트 정교일치, 달라이 라마를 상징하는 것일까? 경전을 새기는 티벳탄은 주변의 웅성거림에도 단 한 번도 고개를 들지 않았다.

마-니단 작업 중

티벳탄은 이 경전을 새긴 손바닥 크기의 돌을 사서 보시를 하고 쵸르텐 위에 올리고 기도를 한다. 룽다나 타르쵸와 그 의미가 다르지 않을 경전을 새긴 작은 돌, 마아니단玛尼石이라 한다. 옴마니밧메훔, 육자진언六字眞言을 새겼다.

이곳저곳 기웃거리며 한참을 기다렸다. 그러나 메이리쉬에샨이 있을 것 같은 방향은 산 중턱까지 구름이 잔뜩 끼었다. 모습을 보여주지 않는다. 이럴 경우 설산이 실종됐다고 얘기한다고 한다. 덕이 없는 사람에게는 안 보여 준다던가?

덕이 모자람을 겸허히 생각해 봐야겠다. 그러나 나야 그렇다손 치더라도 재덕이 형님은 이름 자체에 덕이 들어在德있는데 나 때문에 설산을 보지 못하는 것은 아닐까? 내 맘대로 할 것 같으면 더 기다려 보겠지만, 일정이 있으니 참으로 아쉽다.

'이래서 더친에서 망캉까지는 이틀을 잡아야 하는데……'

어제 저녁 땅거미가 질 때 겨우 실루엣을 보여 준 것으로 메이리쉬에샨은 잠깐 지나가는 우리에게 대한 의무를 다했다. 그리고 오늘은 그 호의를 베풀 의사가 전혀 없는 듯하다. 아침나절에 지날 수밖에 없는 일정이 참으로 야속하다.

아쉬움을 뒤로 하고 협곡 산허리를 끼고 돈다. 그러다 왼쪽으로 갈라지는 도로, 밍용춘明永村으로 가는 길이다. 그 마을 끝에 밍용빙촨明永冰川이 있다고 한다. 메이리쉬에샨에서 가장 큰 빙하를 지척에서 볼 수 있다는 곳, 갈 길이 멀어 무심한 듯 지나친다.

끝이 보이지 않을 것 같던 비탈길은 어느 순간, 굽이치는 흙탕물이 막고 나선다. 란창지앙澜沧江, 메콩 강 상류을 만났다. 강 오른쪽을 따라 쉼 없이 오르다 다리를 건넌다. 무장 경찰이 보초를 서고 있다. 잠깐 내렸다. 어딜 가나 타르쵸……. 심지어 전봇대 위에도 날린다.

생명이라고는 없을 것 같은 협곡 속에 갑자기 인가가 나타난다. 푸샨佛山, 외국인에겐 악명 높던 검문소라 한다. 퍼밋Permit 없이 들어왔다가 많이도 쫓겨났다고 한다. 그런데 인적도 보이질 않는다.

'비싼 돈 주고 허가증 받아 왔는데……'

푸샨을 지나니 윈난성云南省과 티베트西藏藏族自治区의 경계 표지석이 나온다. 티베트 쪽 구조물은 양철 판으로 만들었는데 군데군데 녹슬어 있고 티베트 글이라 알 수 없다. 윈난 쪽은 철 구조물을 대리석 위에 올리고「云南德钦欢迎您」라고 써 놓았다. 더친에 온 당신을 환영한다는 뜻이다.

티베트 쪽 안내도에는「长江上游西藏芒康县天然林保护区域」이라고 쓰여 있다. 그것을 보고 나와 동진이 형, 가이드는 여기하고 창지앙长江, 양쯔지앙이 무슨 관련이 있는지, 나무 한 그루 본 적이 없는데 천연림은 무슨 소린지, 장님 코끼리 다리 만지듯, 좁은 소견을 놓고 실랑이를 벌이고 있다.

이곳은 분명히 란창지앙 상류긴 하지만 이곳을 포함하여 인접한 진샤지앙 일대를 통틀어 하나의 구역으로 표시한 것 같다. 어쨌든 그것은 이들과 상관없는 중국의 행정에 관한 문제에 불과하다.

하지만 티베트 쪽의 얼기설기 이어붙인 양철 판 아치는 반대편의 철, 대리석으로 치장된 세련된 구조물과 대비되어 짠-한 느낌을 준다. 어쩌면 이곳을 윈난성과의 경계로 삼는 중국 정부의 정책에 대해 그렇지 않다는 티벳탄의 무언의 항의가, 방치된 것처럼 보이는 녹슨

윈난 경계

아치에 투영되어 있는 건 아닌지 모르겠다.

　허가 없이 갈 수 있는 마지막 지점, 우린 티베트 땅에 들어왔다. 아니 진작부터 들어와 있다. 경계선은 지도에나 있는 것, 그 선으로 이들의 삶을 갈라놓을 수는 없는 것이다. 이들은 애초부터 금을 그어 놓고 네 땅, 내 땅 가르면서 살지 않았다. 경계선이 있다고 하여 윈난 쪽의 티벳탄이 시장 쪽의 이들과 다르지 않다.

　차는 왼쪽에 란창지앙을 끼고 오른쪽은 바위를 이고 달린다. 오른쪽은 위가 좁고, 왼쪽은 아래가 후덜덜……. 협곡 사이 세차게 흘러가는 황토물의 란창지앙 위에 겨우 떠 있는 차마고도가 아슬아슬하다.

　아니나 다를까? 우려하던 일이 벌어졌다. 도로 위에서 바위 더미가 굴러 내려와 길을 막고 있다. 드디어 차마고도의 진면목을 보여 주려는 모양이다. 차마고도 여행이 쉽지 않다는 것을 실감한다. 차에서 내렸다. 잠깐 걸어 보기로 했다.

막힌 차마고도

"염정 있는 데까지 얼마나 되노?"
"한 20km 이상 가야 할 겁니다."
한참을 기다린 끝에 바위를 치우고 진행하는데 또다시 돌무더기, 돌을 치우고 있는 사람들, 마치 이 일이 종료되면 안 되기라도 할 것처럼 느릿느릿- 우리 시각으로만 보면 도저히 이해할 수 없는 방식과 움직임으로 작업을 하고 있다.

쓰촨에서 온 사람도 있다고 하는데 많은 사람은 티벳탄이다. 안전모를 쓰고 장갑을 낀 사람도 있지만, 매꼬자 밀짚모자만 쓰고 맨손으로 일하는 사람도 있다. 각자 여건은 다르지만 이들 표정은 참 밝다. 언제나 손을 흔들면서 웃어 준다.

쥬런, 이 길을 많이 다녀서 그런지 역시 노련하다. 위를 보면서 경적을 울린다. 사람이 올라가서 불안한 바위를 털어 내고 있다. 가다 서다를 반복한 차량이 비포장 길을 덜컹거리면서 점심때가 지나 겨우 120여 Km, 옌지잉 盐井에 도착했다.

챠마구다오!

애초에는 인마만 갈 수 있도록 허락하였다. 그래서 트럭이나 버스 등 차량을 이용하고 싶은 인간의 욕심을 거부하고 있다. 그게 차마고도의 실체다.

란창지앙과 차마고도

7 아쉬움 :: 와 거긴 안 가노?

오전부터 조금은 걱정을 했었다. 가이드에게 사무실에서 전화해 달라는 연락이 왔다고 한다. 작은 식당, 음식을 기다리는 시간에 100여m 정도 떨어진 전화국으로 걸어갔다. 그러나 2시 30분은 되어야 전화를 할 수 있다고 한다.

중국이 다 그런 것은 아닌지 모르겠지만 이들 일하는 방식, 특히 공공 업무는 참 알다가도 모르겠다. 쭝디엔 농업 은행에서 일반 업무와 달리 환전 업무는 오후 2시 30분부터 시작했었는데 이곳도 마찬가지다. 여행자의 입장은 그 시간을 기다리면서 지체할 수가 없다.

옌지잉 거리는 마을의 규모와는 달리 조금은 북적거린다.

옌지잉 거리

휴식과 기다림

차마고도를 오가던 소금과 차의 중개 무역 중심지여선지는 몰라도 오가는 사람이 상당히 많다. 버스를 기다리는지 한 무리의 여성들, 입을 가린 채 수줍은 웃음꽃을 피운다. 그늘에 앉은 남자들, 손가락엔 하나같이 담배가 끼어 있다.

더친에서 망캉을 왕복하는 빵차, 지붕에는 보따리가 꽉 찼다. 그리고 앞 유리창 위에는 지지대를 세우고 타르쵸를 걸쳤다. 노선 빵차를 이용하는 배낭여행객도 꽤 있는지 분주하게 움직인다.

흰 띠를 덧댄 푸른색 트레이닝복이 교복인 것 같은 아이들, 옷차림이 하나같이 그렇다. 거리를 어슬렁거리는 송아지, 집은 제대로 찾아가는지 모르겠다. 그런 마을을 뒤로 하고 어느새 차마고도 본선을 달리고 있다. 미심쩍은 표정으로 돌아보던 재덕이 형님,

"와 거긴 안 가노?", 가이드란 녀석,

"시간이 안 돼서 거긴 못 갑니다."

어떻게 이런 산중에 소금 우물이 생겼을까? 과학적으로는 바다 밑에 있던 땅이 융기하면서 생긴 것이 히말라야고 그런 이유 때문에 이곳에 소금 우물이 생겼다고 하면 간단하다.

그러나 우리는 바이망쉬에샨에서 보았던 유목민의 야크 그리고 후티아오시아 트래킹을 도와준 룬펑의 동업자가 먹던 소금이 이들의 삶에 생명과도 같이 소중한 존재였음을 확인했었다. 천 년 이상 소금 굽는 여인들의 애환이 깃든 곳 그리고 삶을 지탱해 주었던 소금, 바로 그 염전 위에 와 있다.

그러기에 차마고도의 백미는 바로 옌티엔鹽田, 염전이다. 어떻게 보면 소금은 물물 거래의 가치 척도다. 화폐처럼 교환 가치로 작용하는 것이 바로 소금이다. 그런 이유로 옌지잉은 차마고도를 거쳐 넓게 물물 거래의 중심지 역할을 했다.

그런데 아래쪽에 댐이 생길 수도 있다고 한다. 영원히 없어져 버릴지도 모르기에 꼭 보고 싶었던 곳 옌티엔, 유네스코에서 이곳을 보존하려고 노력했음에도 불구하고 중국은 이를 외면하고 있다고 한다.

리지앙 구청이 세계문화유산으로 등록되자 장쩌민江澤民이 직접 휘호를 써서 기념비를 세우는 등 호들갑을 떤 것에 비하면 이곳에 대해 침묵하고 있는 이유가 댐에 있는 것인지 알 수는 없다. 옌티엔은 그 존재 자체가 역사다.

그렇잖아도 기분이 안 좋은데 여기서부터 가이드가 슬슬 맘에 들지 않는다. 염전을 보지 못할 스케줄이라면 차마고도 여행은 왜 할까?

도대체 이런 여행이 어디에 있을까……. 차를 돌리고 싶다. 그런데 내 마음대로 할 수가 없다.

이래서 나는 패키지여행을 싫어한다. 하루쯤의 여유가 있는지, 일정 변경이 가능한지 그걸 모르기에 얘길 하지 못했다. 그보다는 아직 우리가 얹혀 가는 것 같은 분위기가 완전히 해소되질 않아 일정을 변경하자는 말을 하지 못했다.

마음 한구석이 개운치 않은데 랜드크루저 창문이 고장이다. 내려간 창이 올라가질 않는다. 꼭 내가 잘못하여 그런 것 같다. 기사에게 괜히 미안해지며 슬그머니 화가 난다. 차마고도 르포 프로그램에 빠지지 않고 등장하는 염전,

'서운하다. 정말 서운하다. 다시 오기 어려운 길을……'

찜찜함과 서운함을 뒤로 하고 20여km 정도 이동했다. 온천을 갈 것인지를 두고 약간의 실랑이를 벌이고 있다. 강변에 자리한 취즈카曲孜卡 온천, 황량한 협곡에 똬리를 튼 작은 오아시스 같다.

칭커밭과 키가 크진 않지만 몇 그루의 나무가 눈을 시원하게 한다. 어떻게 해서 알아보니 캑! 입장료 외에 수영복을 사야 한단다. 쥐어짠다. 우리 말고는 온천욕 하는 사람이 없다.

중국의 장삿속은 혀를 내두르게 한다. 외국인 투자 기업에는 공회법工會法이 적용된다. 일정 근로자 수 이상의 외국인 투자 기업에는 의무적으로 중국 공회법에 따라 꽁후이工會를 설치해야 한다. 우리나라 노동조합과 마찬가지다.

물론 성격이 달라 단체 행동권罷業權, 파업권이 보장되지는 않지만 이 꽁후이를 통해 근로계약법이 정하는 기준 이상으로 집단적 근로

계약을 체결해야 한다.

그 의미는 최저 임금제와 같은 일정액 이상의 임금을 말한다. 값싼 노동력을 찾아 중국으로 나갔던 기업은 다시 U턴을 생각해야 할지도 모르겠다.

중국의 전국인민대표자회의 全人代. 국회는 물권법을 통과시켰다. 만장일치였다고 한다. 경제적으로는 이미 자본주의가 정착되었다. 아니 오히려 자본주의보다 더 자본화되었다.

그래서 극심한 빈부격차 등 자본주의의 폐해가 나타나고 있다는데 그 맹점이나 허점을 극복하지 못하면 이들도 자본주의 전철을 그대로 밟을 수밖에 없다.

'돈이 최고다.'

어쩔 수 없이 수영복을 샀지만 아주 작아서 겨우 가릴 정도로만 걸쳤다. 강변에 자리를 잡아 일체의 가림막이 없는 노천 온천, 자연적인 온천수가 엄청나게 뜨겁다. 약간 미지근한 물에 몸을 담갔다. 그리고 우리 넷은 온천을 전세 냈다.

눈앞을 막은 벌거숭이 협곡, 앞을 흐르는 란창지앙의 황토물, 시리도록 파란 하늘과 뭉게구름……. 어렸을 적 개울가에서 홀딱 벗은 채 진저리나게 울어대는 매미 소리를 뒤로 하고 친구들과 미역 감던 시절로 되돌린다. 저절로 눈이 감긴다.

이 시간이면 염전을 내려갔다 올 수도 있지 않았을까? 정말 서운하다. 아마 오랜 세월이 흐른다고 해도 이 시간은 진한 아쉬움으로 남을 것 같다. 그래선지 따뜻한 촉감에도 불구하고 그리 즐겁진 않다.

내 마음과는 달리 가이드가 어쩌면 미워질 것 같다.

8 대립 :: 목마른 사람이 우물 판다.

온천욕을 하면서 잠깐 아쉬운 여유를 즐겼다. 기사 녀석 비 올지도 모르니 빨리 가자고 한다. 하늘을 보니 혹시나? 하는 생각에 서둘러 온천을 나와 역시 비포장 산길을 내닫기 시작한다.

협곡 중턱, 산허리를 돈다. 리지앙부터 우리는 산허리만 돌았다. 또 막혔다. 페이로더가 도로 위에서 굴러 내려온 제 몸집만 한 바위를 밀어내느라 씨름을 하고 그 옆 언덕에는 굴삭기가 무너질 것 같은 흙더미를 긁어내고 있다.

수천 년 동안 어쩌면 소금과 차를 말에 싣고 겨우겨우 지나가던

취즈카온천에서 본 차마고도

마방의 길이었다. 딱 그만큼만 허락된 길에 사람이 너무 큰 욕심을 낸 것인지도 모르겠다. 대규모 투자가 선행되지 않는 한, 이 길은 계속해서 무너지고 막혀서 차량의 통행을 쉽게 허용할 것 같지 않다.

도로 가장자리에는 일하는 사람들이 숙식을 하기 위해 군데군데 아주 작은 텐트를 설치했다. 한 번 이동하는 것도 이렇게 어려운데 공사장 인부들이 출퇴근을 하면서 작업하는 것은 불가능해 보인다. 그래서 얼기설기 엮은 숙소가 많은 모양이다.

한참을 기다려 다시 움직인다. 이젠 괜찮겠지……. 안심을 하고 있는데 또 막힌다. '에라 모르겠다. 될 대로 돼라', 하염없이 기다리는 수밖에, 무너진 돌덩이 치우는 것은 참 간단하다. 그냥 란창지앙으로 밀어내면 그만이다. 책상 크기의 바위가 굴러 떨어지면서 일으키는 먼지가 자욱하게 올라온다.

작업장 한 편에선 장기판이 벌어졌다. 우리 장기와는 좀 다른 것 같다. 장기 따로, 작업 따로, 선수는 작은 것에 미혹되기 쉬우나 훈수꾼은 천하를 본다고 했던가? 뺨 맞아 가면서 훈수 둔다더니 오히려 목소리가 더 크다. 그리고 직접 말을 옮긴다. 일 하면서 노는 것인지, 놀면서 일하는 것인지 분간이 안 된다.

바위와의 씨름

드디어 다 치웠다. 반대편에 있던 트럭이 우리 쪽으로 건너오다 대기하고 있던 지프차를 건드리면서 후미등이 깨져서 떨어져 버렸다. 하이고!

엎친 데 덮쳤다. 네 잘못이니, 내 잘못이니 한참 실랑이를 벌여야겠다. 그런데?

의외로 지프차 차주와 트럭 운전기사, 소곤소곤……. 이 사람들 접촉 사고 나도 절대로 큰소리를 내지 않는다. 피해를 당한 쪽은 300위안을 달라하고, 트럭 기사는 150위안밖에 없다며 실랑이를 벌이고 있다. 다 떨어져 너덜너덜한 바퀴가 달린 트럭, 돈이 없긴 없나 보다.

츄런, 손으로 하늘을 가리키면서, "비 올지도 모른다, 바위 굴러 떨어진다, 빨리 합의하자.", 하며 해결하려 애써 보지만 어림도 없다. 합의가 이루어지지 않는 한 공안이 와야 한단다.

'캑! 여기까지 반나절은 걸려야 올 텐데……'

머리 위는 언제라도 바위가 쏟아져 내릴 것 같고 왼쪽은 까마득한 절벽인데 옴짝달싹 못하게 생겼다. 서두르는 사람은 없다. 피해자인 지프차 차주와 트럭 운전기사의 실랑이를 그저 지켜보고만 있다. 한국이라면 어땠을까?

"카센터에 전화해 봐라."

"보험 회사에 알아봐라."

"가해자인 당신이 보상해요."

"너 몇 살인데 당신이야?"

"나이 먹은 게 자랑이야?"

사고의 본질은 사라지고 어느새 나이 싸움으로 번졌을 것이다. 그런데 다들 차분히 사건이 해결되기를 기다리고 있다. 갈 길이 먼데 언제 끝날지 알 수 없다. 자본주의다. 목마른 사람이 우물 판다는 속담이 있다. 동진이 형이 나서며,

"내가 100위안 줄 테니까 서로 50위안씩 양보하고 끝내자."

억지로 합의에 이르게 하고 겨우 빠져나갔다.

"내버려 두지 모하러 돈 줬노?"

"그럼 어예 합니꺼?"

차마고도의 일반적인 모습과는 달리 현대적 현수교 형식의 다리, 지아오롱바따치아오角笼坝大桥를 건넜다. 츄런의 말에 의하면 다리가 놓이기 전 비탈을 돌던 길이 무너져 지금까지 무려 3,000여 명의 목숨을 앗아갔다고 한다. 정말 마의 구간이다. 그럴 때까지 중국 정부는 이 길을 버려뒀었다.

'3,000명 정도는 죽어야 다리 하나 놓는 것인가?'

비탈을 돌던 길은 흔적을 찾기도 쉽지 않다. 비탈면은 돌과 자갈이 흘러내린 듯 아주 자연스런 모습이다. 그런데 길을 낼 수 없는 저런 비탈에 길이 있었다는 것이다. 다리를 건너며 섬뜩함을 느꼈다.

산 중턱 커브 길 안쪽 골짜기, 까마득한 낭떠러지 바닥에 뭔가가 보인다. 자세히 보니 흰색 트럭이다. 언젠지는 모르겠지만 비탈을 돌던 차가 굴러 떨어진 것이다. 사람은 수습을 했지만 트럭은 방치되어 있다. 치울 방법이 없는 것이다.

좀 전에 보았던 현수교 옆길은 과거지만 지금 보이는 건 현실이다. 안전벨트는 작동이 안 된다. 창문은 내려간 채로 고장이 나 뻥 뚫렸다. 100위안 가지고 다투는 것은 티끌 한 점도 안 된다.

'바퀴 한쪽이 미끄러지기라도 하면?'

부질없지만 저절로 안쪽으로 기울어지면서 온몸이 오그라드는 느낌에 머리카락이 하늘로 솟았다.

9 우저 :: 비가 왔다.

차는 이제 란창지앙 협곡을 멀리하고 산을 오르기 시작한다.

나무 한 그루 없는 산 중턱에 완만한 경사지마다 티벳탄이 칭커를 재배하며 소박하게 사는 모습의 연속이다. 본 적은 없지만 눈가를 스치는 인적과 칭커밭은 사막에 점점이 박힌 오아시스 같다.

차가 어기적거리면서 홍라샨으로 향한다. 좌우로는 듬성듬성 작은 관목과 초원, 멀리는 이름을 알 수 없는 설산 그리고 야크 떼와 유목민의 텐트가 가끔 보일 뿐이다. 이들은 언제 보아도 푸근하다. 차에서 손을 흔들면 어김없이 자연스런 같은 동작, 6, 70년대에 이미 지나가 버린 한국의 모습이다.

끝이 어딘지 알 수 없는 비탈을 오른다. 뒤돌아보면 란창지앙 협곡이 아련하다. 마치 한계령寒溪嶺의 두 곱 정도는 될 듯, 한도 끝도 없이 오르더니 어느새 내리막, 홍라洪拉. 4,470m를 넘었다. 바이망쉬에샨보다 높다는데 별 문제는 없다. 느낌으로는 그보다 좀 낮은 것 같다.

잠깐 쉬어 가기로 했다. 다운이 짐칸에서 소리를 지른다. 뒤 문짝이 열리질 않는다. 밖에서는 열리는데 안에서는 열 수가 없다. 언제부턴지 문짝도 고장이다. 뒷자리 창문은 내려간 채로, 뒤 문짝은 닫힌 채로 작동이 안 된다. 갈수록 태산이다.

고갯마루에서 내려다보이는 협곡, 우리가 가야 할 차마고도는 구불구불, 마치 천 년 전으로 돌아갈 것처럼 비탈을 휘감고 사라졌다. 바람이 엄청나게 분다. 길옆에서 잠깐 실례를 하는데 땅에 닿기도 전에 흩뿌려진다. 바람의 방향이 일정치 않아 등지기를 잘해야 한다.

도로 한쪽에 지은 함바집에 들어갔다. 일과를 끝낸 예닐곱 명의 티벳탄이 모여 있다. 천장 서까래에 매달아 놓은, 때에 찌든 아주 오래된 카세트 라디오가 유일한 문명이다. 사진을 찍으려 했더니 다들 얼굴을 숨기고 보여 주질 않는다. 이방인을 꺼려하진 않으면서도 얼굴 드러내는 것은 내키지 않는 모양이다.

다운이 담배를 꺼냈다. 이들에게 담배는 인사의 수단이다. 담배를 건네면서 수인사를 트는 것이다. 너도나도 달라고 하여 마지막 남은 한 갑을 다 털렸다. 앞으로 담배는 끊을 건가? 4,500여 m까지 올라왔으니 이제 고도 적응은 끝났나 보다.

아스라이 내려다보이던 길을 따라 비탈면을 스친다. 모퉁이를

홍라샨에서 본 차마고도

홍라샨 함바집

돌 때마다 바람에 휘청- 가슴이 쿵! 하고 내려앉는다. 환하게 웃던 그들은 찢어진 군용 텐트 같은 얼기설기 엮은 바람막이가 시원찮을 함바집에서 어떻게 밤을 지새울지 걱정된다.

산비탈을 다 내려왔나 했더니 하염없이 이름 모를 강 홍라를 넘었으니 아마 진샤지앙의 지류 같다.을 따라 오른다. 지금까지와는 달리 개울을 따라 칭커밭과 듬성듬성 펼쳐진 티벳탄 가옥을 옆에 두고 달린다. 역시 비포장이긴 하지만 노면 상태는 비교적 좋은 모양이다.

츄런이 동네 어귀에 나와 있는 마을 사람들과 큰 소리로 얘기를 한다. 어둑어둑해 얼굴 구분이 쉽지 않을 것 같은데 아마 아는 사람인 모양이다. 녀석이 처음으로 입을 열었다. 마치 나도 말을 할 줄 안다는 듯이 필요 이상으로 큰 목소리다.

말을 못 하는 줄 알았었다. 디칭 공항 앞에서 개인 보따리 두어 개를 지지대가 없는 랜드크루저 지붕에 묶기 위해 애를 쓰면서도,

더친에서 숙소를 안내하면서도 말이 없었다. 그랬던 녀석이 제 동네에 들어오기라도 한 듯이 생기가 넘친다.

오늘의 목적지는 망캉, 해는 져서 이미 컴컴해졌다. 끝 간 곳을 모르는 길에 드문드문 나타나는 희미한 인적, 세상에서 우리만 고립된 것 같은 적막감, 어디쯤인지, 어디를 가는지 구분할 수가 없다. 창문을 통해 쏟아져 들어오는 바람만 정신줄을 붙들게 한다.

멀리 차량 몇 대가 서 있는 모습이 다가온다. 예닐곱 대의 차량이 갈 길을 잃은 채 우왕좌왕, 사람들이 내려서 의견을 나누는지, 어수선한 분위기에 시끌시끌하다. 물이 불어서 건너갈 수가 없다.

차마고도! 인위적으로 지어진 길이 아니라 생긴 대로 가다 보니 길이 된 곳이다. 물이 있으면 건너고 바위가 있으면 돌아가고, 그런데 바로 전에 비가 온 모양이다. 여기서 발이 묶이나? 노련한 운전기사 츄린도 어쩔 수 없는지 왔다갔다 전전긍긍이다.

많은 사람이 내려서 컴컴하여 보이지도 않는 물만 바라보고 있다. 마을도 없는 이곳에서 발이 묶이면 어쩔 것인가? 돌아갈 수도 없다. 잠잘 방법, 쉴 방법이 생각나지 않는다. 주위는 불빛 하나 없다. 자동차 전조등만 어둠을 밝히고 있다.

군대를 제대하고 광산에서 근무를 한 적이 있었다. 일행과 함께 보수 작업을 위해 갱내로 들어갔다. 경험이 없는 신참이라서 한쪽 구석에서 하던 작업이 미처 끝나지 않았다. 그런데 일행이 나를 보지 못하고 축전지로 운행하는 갱내용 운반차를 타고 모두 나가 버렸다. 소리를 질렀으나 그들은 듣지 못했다.

안전모에 걸려 있던 라이트가 희미해지더니 축전지가 방전되었는지 이내 꺼져 버렸다. 현대 도시 생활 아니 시골에서도 희미한 달빛이나 별빛에 의해 완전한 암흑 상태를 보긴 어렵다. 완벽한 어둠의 세계를 처음 경험했다.

한 발짝도 움직일 수 없다. 갑자기 닥친 고립감, 동발에 핀 곰팡이 냄새가 섞여 무겁게 내려앉은 탁한 공기, 숨이 턱- 막힌다. 손을 휘저으며 더듬더듬 움직여 보려 했으나 지하수가 배어 나온 바닥이 진창이어서 움직이는 것 자체가 불가능하다. 동료가 나를 구하러 올 것이라는 믿음이 있긴 했지만 조금은 죽음의 공포라는 것을 느꼈었다.

지금도 나는 굴속에 들어가는 것을 꺼려한다. 영동고속도로, 용인龍仁을 지나면 마성 터널이 있다. 가능하면 땅속으로 들어가고 싶지 않아 마성 나들목 쪽으로 돌아가곤 한다. 어둠이란 것, 갇힌다는 것이 싫었었는데 여기서 어둠 속에 갇혔다.

입맛이 없어 옌지잉에서 점심을 제대로 못 먹어서 그런지, 끊어진 길과 상관없는 듯 주책없이 배가 고프다. 이게 바로 마방의 길, 차마고도다. 어느 때나 허기를 채우고 잠을 잘 수 있는 한국과는 거리가 멀다. 이대로 물이 줄기를 언제까지나 기다려야 하나?

끊어진 차마고도

잠시 후, 컴컴한 물속으로 짱돌을 집어 던지는 어떤 기사, "풍덩", 하는 소리에 판단이 섰나 보다. 이내 차를 몰고 "웽-!", 하고 건넌다. 대기하고 있던 모든 차량 한꺼번에 건넌다.

아프리카 초원의 누 떼가 악어가 무서워 강을 건너지 못하고 우물쭈물하는 사이 용기 있는 한 놈이 뛰어들면 기다렸다는 듯이 여러 마리의 누 떼가 한꺼번에 뛰어드는 모습이 연상된다.

겨우 한숨 돌리고 망캉에 도착하니 벌써 열 시를 훌쩍 넘겼다. 밖으로 나가도 시원찮을 것 같아 여관방에서 라면을 끓여 먹었다. 동진이 형은 그마저도 귀찮은 모양이다. 씻는다는 생각도 사치에 불과하다. 곧바로 누웠다. 고도가 높아선지 머리는 띵하다.

겨우 230여 km 정도? 하루 종일, 열네 시간이 걸렸다. 메이리쉬에샨, 그보다는 염전을 보지 못한 게 내내 서운하다. 사무실에는 아무 일 없어야 할 텐데……. 전화할 곳은 있으려나? 참으로 고단하고 힘든 하루다.

바보 같은 놈들, 여행 스케줄을 이렇게밖에 잡지 못하다니…….

10가름 :: 란창지앙

망캉芒康, 해발 3,900m, 고도가 높아선지 깊은 잠을 자지 못한 것 같다. 또우지앙豆漿과 요우티아오油条로 아침을 해결했다. 콩국수에 들어가는 콩 국물 비슷한 또우지앙에 밀가루를 반죽하여 기름에 튀긴 요우티아오, 꽈배기하고는 좀 다른데 부드러운 맛이 괜찮다.

라니아오샨 오르는 길

'진작 알았으면 아침에 이걸 먹을 걸…….'

우리는 쿤밍부터 망캉까지는 디엔창공루滇藏公路를 따라 이동했고, 지금부터는 촨창공루川藏公路를 타고 라싸 쪽으로 진행하게 된다. 청도우成都에서 라싸, 히말라야를 넘어 네팔까지 이어지는 318번 공루「쓰촨-티베트 하이웨이」, 도로 이름이 그럴싸하다. 비포장인데, 높아서 하이웨이?

망캉을 출발했다.

그런데 츄런, 뭔가가 생각난 듯 차를 돌린다. 지아요우잔加油站, 주유소으로 들어간다. 목적지까지 주유소가 없는 모양이다. 기름을 넣는 동안 이것저것 공구를 골라 들고 고장 난 창문을 고치려 애써 보지만 어림없다. 녀석이 포기했는지 이내 시동을 건다.

계속 언덕길을 오른다. 3,900m의 망캉을 밑에 두고……. 둔덕을 오르면서 내려다보이는 마을, 나무가 없어 조금은 황량하지만 초원을 두른 구릉지 사이에 나지막하게 자리를 잡아 새벽 연무에 휩싸인 모습이 멀리서 보기에는 참 포근해 보인다.

왼편 멀리는 설산 아래 끝없는 초원이 펼쳐졌다. 가 보진 않았지만 몽골 초원도 이곳과 비슷할까? 나무 한 그루 없이 밋밋한 등성이, 푸른 초원에 붉은 금을 그어 놓은 것 같은 도로, 도드라질 만큼 붉은 땅, 맨살이 드러나 아무렇게나 낙서를 한 것 같은 차마고도, 지그재그로 휘돌아 오른다. 도로 양쪽은 유목민의 세상이다.

해발 4,338m의 라니아오산拉鸟山에 다다른다. 고갯마루에서 자전거 여행 중인 중국인 젊은 친구 셋을 만났다. 텐트, 깔판, 침낭 등을 자전거에 줄줄이 걸었다. 이 길을 자전거로 넘는다. 걷기도 힘든 길을……. 그들의 용기가 부럽다. 아니 체력이 부럽다. 가능하다면

자전거 여행 3인조

그들처럼 자전거로 이 길을 넘고 싶다.

시멘트로 대충 만들어 놓은 라니아오샨 표지석, 기단은 떨어져 나갔고 빗물에 패었는지 기초가 드러나 곧 무너질 듯 위태로운데 낙서가 어지럽다. 한글이 안 보이는 걸 다행으로 생각해야 할까? 이름을 남기고 싶은 건 우리나 중국인이나 마찬가지인 모양이다. 민둥산 초원이라 기댈 곳이 없어 작대기를 박고 타르쵸를 걸쳤다.

라니아오샨을 내려온 차는 루메이如美를 지나 주-카춘竹卡村에서 다시 란창지앙을 만난다. 주-카따치아오竹卡大桥를 건넜다. 차마고도는 강을 건넜으면 다시 산을 올라야 함을 학습시켜 주었다. 비탈을 따라 다시 오르기 시작한다. 협곡 아래로 내려다보이는 란창지앙, 황토물이 띠를 이루어 바위산을 파고든다.

곧추선 바위산 사이, 협곡은 란창지앙의 싯누런 황토물 외엔 한 뼘의 공간도 허락할 것 같지 않다. 그럼에도 사람은 척박한 땅을 일구었다. 도저히 접근할 방법이 없을 것 같은 협곡 귀퉁이 한 자락에 칭커가 익어 간다. 그리고 사람이 산다.

집 뒤로는 협곡 중턱을 따라 아슬아슬하게 모퉁이를 돌아가는 오솔길이 보인다. 그 길은 더 깊은 협곡에도 누군가 이웃이 살고 있다는 것을 간접 증명하고 있다. 란창지앙이 남긴 겨우 수백 평坪, 자투리에도 사람은 치열하게 삶을 가꾸고 있었다.

지아오바샨脚巴山을 휘돌아 오르면서 내려다보이는 지아오바춘脚巴村, 계단식 수십 겹 다랑이 밭에 한창 익기 시작한 칭커는 보기 드물게 풍성해 보인다. 장쾌한 협곡 건너편, 산마루는 하얀 띠구름을 두르고 있어 마치 수건을 동여맨 농부의 주름진 이마 같다.

협곡 비탈, 최소 60도는 될 것 같은 산허리를 넘는 길, 말 그대로 지그재그, 지아오바샨 지지루脚巴山之字路라고 한다. 한참을 휘돌아 오르니 방향마저도 헷갈린다. 협곡 건너 보이는 비탈길은 왔던 길인지, 가야 할 길인지, 왔던 길을 되돌아가는 게 아닌가 하는 느낌도 든다. 머리가 하얘진다. 아무 생각이 없다.

지아오바샨을 넘는 도로는 차마고도 중에서도 가장 험하다. 계속 산허리를 돌고 돈다. 협곡 건너 맞은 편 산허리에 거미줄처럼 연결된 오솔길은 오래전부터 사람이 살았음을 보여 준다. 저 길을 어떻게 다녔을까. 나는 태어나서 이 정도 산허리를 계속 돌아본 적이 없다. 끝도 없이 돌고 돌아 오른다.

지아오바샨 오르는 길

지아오바샨 지지루

「弯急 飞石频繁 请谨慎小心」

교통주의 표지판이다. '굴곡이 심하고, 날아오는 돌이 빈번하니 삼가 마음을 조심하길 다하라?', 섬뜩하다. 어쩌면 다시 와야 함에도 불구하고 다시는 돌아오지 못할 그런 곳으로 떠밀려 가는 느낌이다.

「길은 지금 산허리에 걸려 있다. 밤중을 지난 무렵인지 죽은 듯이 고요한 속에서 짐승 같은 달의 숨소리가 손에 잡힐 듯이 들리며, 콩포기와 옥수수 잎새가 한층 달에 푸르게……」

평생에 단 한 번, 성 서방네 처녀와의 아찔한 물레방앗간 추억과 함께 봉평蓬坪에서 장평을 지나 대화大和 가는 팔십 리 산허리 길, 가산可山 이효석의 『메밀꽃 필 무렵』의 한 구절이다.

미시령, 진부령, 대관령, 백봉령 등 강원도에도 산허리를 돌아 넘는 길은 수 없이 많다. 안개가 낮게 내려앉은 날, 해발 1,013m에 불과(?)한

구룡령九龍嶺, 얼마나 올랐는지 어느 만큼을 더 올라야 하는지 가늠이 안 되면 약간은 두려워질 때가 있다.
　그러나 이곳은 그런 정도의 산이 아니다. 아예 가늠할 수 없는 산을 통째로 넘는 것이다. 고원의 풍광이 고스란히 드러난다. 구름도 미처 오르지 못하고 중간에 걸친 고봉준령, 그 사이를 파고 힘차게 내달리는 란창지앙, 온 세상을 빨아들일 것만 같은 짙푸른 하늘, 지아오바샨 협곡은 그렇게 아름답고도 장쾌했다.
　그러나 협곡이 아름다운 만큼, 깎아지른 절벽 길이 두려워서 오히려 화가 날 만큼 깊고 높은 지아오바샨, 눈에 보이는 장대함과 반대로 마방의 고단함은 더욱 커졌다. 길잡이 말에 걸린 워낭, 산이 높을수록 딸랑거리는 그 소리는 요란해졌다. 무료한 길, 오직 워낭 소리에 의지한 마방의 길은 그만큼 상상할 수 없는 고통과 고난의 길이었다.

지아오바샨

란창지앙은 그렇게 지형을 완전히 갈랐다. 망캉 쪽, 라니아오샨은 완만한 구릉지丘陵地인데 반해 이쪽은 어마어마한 산악 지대다. 마치 산이 곤추서 있는 듯하다. 지아오바샨을 넘었다. 그 옛날 마방도 이 산을 넘었다.

우리는 얼마 안 되는 시간에 꿈을 꾸듯 란창지앙이 가른 완전히 다른 풍광을 보았다.

II 경험 :: 4,000m에서 라면이 끓을까?

장쾌한 스케일과 함께 휘돌아 넘은 지아오바샨, 등바춘登巴村을 지나면서 란창지앙의 지류를 만났다. 란창지앙의 황토물에 비해 희뿌옇긴 하지만 비교적 맑은 물이다. 망캉에서 주전자를 하나 샀었다. 언덕을 오르기 전, 물가에서 라면을 끓여 먹기로 했다.

한국에서도 산꼭대기에서 밥을 하면 물은 펄펄 끓어 넘치지만 비등점이 낮아 그렇게 보일 뿐, 밥이 되질 않는다. 그래서 높은 산을 갈 경우에는 설은 밥 먹을 각오를 해야 한다.

4,000m가 넘는 곳, 깔판을 말아서 버너를 감싸고 끓이는데, 시간이 참 많이도 걸린다. 평지라면 벌써 끓었다. 그러나 아무리 가열해도 물만 끓어 넘칠 뿐, 생 라면 그대로다. 끓었다기보다는 아마도 섭씨 80도가 채 안 될 것 같은 물에 아주 오래도록 불렸다.

라면 끓이는 데는 주전자가 제격이다. 건더기는 젓가락으로 건지고 꼭지로 국물을 따르니 참 편리하다. 국자가 필요 없다. 비록 불린

라면이지만 얼큰한 국물이 그 맛을 느끼기에 별 부족함은 없다.

벤즈란에서 꼬마가 건네준 수박을 쪼갰다. 한 쪽씩 먹었다. 고산 지역이라선지 핸드볼보다 작지만 꽤나 달다. 껍데기를 던졌는데 개울물에 떨어졌다. 란창지앙 상류인데,

'어쩌면 메콩 강을 흘러 베트남까지 가려나?'

우리는 라면을 먹으면서 횡성 병지방 계곡이나 정선 구미정九美亭 계곡에 소풍 간 것 같은 아주 짧은 여유를 가졌다. 따뜻한 국물에 퉁퉁 불은 라면이 얼마나 맛있었던지 이름 모를 보라색 들꽃이 개울가에 흐드러지게 핀 줄도 몰랐다.

갈 길이 만만치 않다. 다시 길을 재촉한다. 등바춘에서 꽤나 떨어져 있음에도 촨창공루 비포장 길은 가축들 차지다. 야크, 돼지, 소, 양, 염소, 개, 사람이 모두 뒤섞였다. 양 떼는 경적 소리에도 유유자적, 비킬

4,000m의 라면 끓이기

줄 모른다.

운전기사 츄런, 하루에도 수백 번의 경적을 울린다. 길이 위험하기도 하지만 도로를 메운 양 떼 사이를 지나려면 어쩔 수가 없다. 아예 양과 야크를 밀치듯이 밀어내면서 운행한다. 사람도 마찬가지…….

양 떼를 몰고 가는 목부는 경적소리가 나도 별 반응이 없다. 하기야 양 떼를 비키게 할 방법도 없을 듯하다. 돌아보면서 한 번, 씩- 웃는 걸로 대신한다. 길 비키는 데는 돼지가 제일 빠르다. 예외 없이 꼬리를 흔들면서…….

도로를 메운 양 떼는 교통을 방해한다기보다는 무료한 길에 재미를 선사한다. 한쪽으로 피하질 않고 양쪽으로 갈렸다가 이리저리 뛰면서 조금은 지루한 여정에 생기를 불어넣는다.

오른쪽으로는 개울물 그리고 풀밭이 끝없이 이어진다. 풀밭의 주인은 야크, 완만한 U자형의 협곡, 그 끝에는 칼날 같은 바위산이 병정이 도열한 듯 연이어 나타난다. 그리곤 초록과 황색, 검은색이 교차하면서 채색의 파노라마를 연출한다.

끝이 보이지 않는 구릉 사이를 하염없이 따라 오른다. 어느 순간 좌우를 호위하던 산이 낮아졌다. 지아오바샨과는 완전히 다른 완만한 구릉이 펼쳐졌다. 도랑물이 끊어질 듯 끊어질 듯 이어지더니 군데군데 습지로 변한다.

물길이 끊어진 습지는 거의 산꼭대기에 올랐음을 의미한다. 눈앞에 가물가물, 앞서 가는 몇 대의 트럭이 일으키는 아득한 먼지를 쫓다 보니 하늘과 맞닿은 지점까지 오른다.

'아! 타르쵸가 참 많이도 걸려 있구나…….'

장관이다. 어딘가 하고 보니 해발 5,008m의 동다라^{东达拉}, 타르쵸의 상징색, 청색은 물, 적색은 불, 황색은 흙, 녹색은 바람, 흰색은 하늘, 즉 우주를 이루는 5대 원소를 의미한다고 한다. 이들 땅 어디를 가나 마주치는 타르쵸, 두세 길 정도의 높이로 빽빽하게 꽂아 놓은 룽다^{风马}, 티벳탄의 가치, 자연주의의 상징처럼 보인다.

고갯마루에 뉘어 있는 돌무더기, 한 길이 넘는 높이로 쌓아 올린 수십 미터에 이르는 성곽 같은 담장, 온통 타르쵸가 휘감고 있다. 경전을 새긴 마-니단을 쌓은 마니두이^{玛尼堆}도 아니다. 분명 일부러 쌓아 놓아 종교적 의미가 있을 것 같은데 무엇을 얘기하고 싶은 것인지 국외자로서는 알 길이 없다.

바람이 엄청 분다. 모자를 쓰고 옷깃을 여며도 찬바람이 파고든다. 열대여섯 살 정도로 보이는 티벳탄 여자아이 둘, 겸연쩍은 표정으로 무언가를 들고 사라는 손짓을 한다. 적극적인 의사 표현을 못 하고 사 주기만을 바란다는 안타까운 마음만 배어 나온다.

세수를 하지 못해 얼굴엔 때가 절었고 새카만 손등은 다 텄다. 꽤 오래 빨지 않은 남루한 옷차림은 얼룩이 져 번들거린다. 빨간색인지 주홍색인지 분간이 안 되지만 그래도 마음은 이팔청춘, 소녀의 예뻐지고 싶은 여심은 귓불에 매달린 화려한 귀고리와 목걸이로 나타난다.

아마도 이끼 아니면 버섯 종류인 모양인데 무슨 물건인지 설명할 수 없는 안타까움과 시골 소녀의 쑥스러움이 얼굴 한쪽에 진하게 묻어난다. 동진이 형은 그 표정을 외면할 수가 없는 모양이다. 10위안을 주고 두 개를 샀다. 재덕이 형님,

"뭔지 아나? 모- 할라꼬?"

"그냥 돈 주면 자들은 좋아하겠습니꺼?"

시멘트로 동다라 표지석을 세워 놓았다. 귀퉁이는 깨지고 기단은 떨어져 나갔지만, 「甘为路石无私奉献」이라고 새긴 아래쪽엔 누군가 페인트로 5008이라고 해발표고 숫자를

동다라 티벳탄 소녀

써 놓았다. 감위노석 무사봉헌, 사심 없이 만들어 기꺼이 바쳤다는 뜻 같은데 중국어를 몰라 정확한 해석은 모르겠다.

중국 사람들, 상징물엔 목숨을 건다. 쿤밍 역 앞의 황소 동상, 디칭 공항 앞 독수리 상, 슬린의 세계 자연 유산, 리지앙의 세계 문화 유산 등록비 그 외에도 무슨 기념탑, 거리, 공원 표시 등 상징물은 아마 가장 화려하게 잘 세울 것 같다.

그러나 동다라 표지석은 그렇게 화려하게 치장을 한 다른 곳의 상징물에 비해 초라하기 그지없는 모습으로 고갯마루의 세찬 바람과 맞서 있다. 마치 팔리기 어려운 이끼를 들고 하염없이 기다리는 여자아이 둘처럼…….

5,000m를 넘었는데, 아무런 이상이 없다.

12 지나침 :: 밥 묵을 데 없노?

동다라 정상은 참 완만하다. 언덕인 듯 벌판인 듯 낮은 구릉과도 같은 모습인데 해발 5,000미터를 넘는다. 한참을 오른 것과 마찬가지로 내려가는 것도 그만큼이나 오래도록 휘돌아 내려간다.

완만한 산골짜기에 군데군데 물이 고인 습지, 유목이 가능한 이유를 물에서 찾을 수 있다. 습지에서 흐른 물이 조금씩 모여 어느 순간 내川를 이룬다. 그렇게 도랑물을 따라 형성된 초지는 동다라 너머와 마찬가지로 온통 야크의 세상이다.

야크Yak, 소도 아니고 말도 아닌 야크, 고기는 식량으로 젖은 버터와 쑤요우酥油, 수유차, 가죽은 신발로 털은 옷감 그리고 배설물은 연료로, 우리 한우와 마찬가지로 버릴 것이 없다.

티벳탄에게 있어 야크는 한우보다 그 의미가 훨씬 크다. 이들에게 짬바 외엔 한우를 대체할 먹거리가 없었기 때문이다. 그러기에 야크는 단순한 가축이 아니다. 티벳탄 유목민의 삶을 지탱해 주는 토대고 생존의 버팀목이다.

어느새 풍경이 바뀐다. 초지에서 숲으로 그리고 마치 숲이 살포시 감싸 쥔 하얀빛 도형연적挑形硯滴 같은 바위산이 반겨 준다. 설악산 어느 골짜기 같다. 그렇게 휘돌아 누지앙怒江, 살윈 강으로 흘러들어간다.의 지류에 합류한다.

개울 양쪽을 호위한 희끗희끗한 바위산과 숲, 그 사이를 따라 오르니 얼마 후에 강기슭에 자리를 잡은 즈와공左貢에 도착한다. 작은 마을임에도 사람의 욕심인지 도로 양쪽으로 낮으면 2층, 높으면 3,

위취허와 연적 닮은 산

4층으로 건물을 올렸다.

　관공서와 식당, 여관, 가게 등이 연이어 짧긴 하지만 시가지를 형성하고 있다. 아마 벤즈란과 비슷한 마을로 보이는데, 인위적인 건물 외에 특별히 볼 것이 있거나 머물고 싶은 생각이 들게 하지는 않는다.

　"여기 뭐 볼 것 있노?"

　"아무것도 없습니다."

　"그럼 그냥 가자."

　즈와공을 지나면서 다시 숲이 없어졌다. 반대편으로 내달리는 누지앙의 지류는 위취허玉曲河, 구불구불 사행천이다. 물돌이가 남겨 놓은 자투리 땅, 그곳에 일군 삶은 마치 강원도 정선旌善, 동강에서

티베트로 가는 길 차마고도 • 199

보는 것 같다.

    전라남도 광양에 아름다웠던 옥곡천玉谷川이 있다. 지금은 남해 고속도로, 58번국도, 경전선 철도가 뒤엉켜 개울은 눈에 잘 띄지도 않는다. 산업화는 옥곡천을 그렇게 만들었다. 그러나 민둥산과 황토물임에도 옥이 구를 것만 같은 위취허, 왠지 그 이름만으로도 아름다울 것이라는 생각이 들게 한다.

    위취허가 남겨 놓은 둔덕에는 예외 없이 칭커가 익어간다. 말도 아니고 소도 아닌 야크처럼 보리도 밀도 아닌 칭커, 이 땅 어디서라도 친근하지만 가진 것이라곤 오직 그것밖에 없는 티벳탄, 아마도 우리가 갖는 천수답을 적셔줄 빗줄기를 향한 간절한 바람이나 이들의 칭커에 대한 정서가 크게 다를 것 같진 않다.

    옥수수쌀, 좁쌀, 보리쌀, 수수쌀, 기장쌀, 그런 구별이 무색하리만치 모두 쌀이다. 다른 말로 잡곡이라 부른다. 보리, 수수 등 이름이 있어도 그렇다. 다시 말해 쌀이 아니면 잡곡인 것이다. 그럼에도 쌀을 붙였다. 쌀에 대한 바람이 그만큼 간절했기에 쌀이 아닌 알곡을 전부 쌀로 바꿨다.

    이들의 칭커도 예외는 아닐 것 같다. 4,000m를 넘는 고지대에도, 3,000m가 안 되는 저지대(?)에도 칭커는 자라고 있다. 안타깝지만 그것 외에 대안은 없다. 티벳탄을 살린 칭커, 먹고 싶어도 그것밖에 없는 삶을 위한 최대공약수, 칭커밭의 일렁임은 그래서 자연 현상 이상으로 아름다워 보인다.

    근 1시간은 그렇게 티벳탄의 삶을 보았다. 위취허와 갈라지는 지류가 있다. 위취허는 황토물인데 반해 지류는 비교적 깨끗한 물이어서 두

강이 비교된다. 아마도 지류 쪽은 나무가 많은 모양이다.

빗물에 길이 휩쓸렸나 보다. 근로자들이 수해 복구 작업을 하고 있다. 옹벽을 치기 위해 거푸집을 붙여 놓고 엄청나게 많은 사람이 매달렸다. 이들의 작업 속도는 우리에 비할 수 없을 정도로 느리다.

"한국 건설 업체에 맡기면 보름치 일거리도 안 되겠다."

이동식 콘크리트 믹서기, 리어카 한 대 정도 섞을 수 있는 크기다. 그것 말고 작업에 투입된 기계는 없어 보인다. 그러나 기계나 장비보다는 사람 손을 쓰는 것이 실업자 구제에는 훨씬 크게 기여한다. 장비가 들어올 수 없는 오지여서 어쩔 수 없는지는 모르지만……

이들이 사용하는 삽은 가래처럼 삼각형 손잡이가 없는 일자 형태다. 힘을 주기가 쉽지 않을 것 같은데 아마 일부러 그렇게 만들었는지도 모르겠다. 그렇더라도 필요 이상으로 많은 사람이 동원된 것 같다. 일하는 사람은 몇 명 되지 않고 나머지는 다 서 있다. 우릴 보더니 일제히 손을 흔든다.

그들에게 시선을 빼앗겨 츄런이 미처 보지 못한 모양이다. 공사 현장을 정리하지 않아 도로의 경사가 하도 심하여 차가 곤두박질치듯 뚝- 떨어졌다. 갑자기 아래로 떨어지면 가슴이 짜르르- 하면서 전율이 일듯 소름이 확! 돋는다.

그 바람에 적당한 흔들림에 맡겨 두었던 눈꺼풀이 화들짝 놀랐다. 놀란 가슴 뒤로 하니 배가 고프다. 어설픈 라면이 점심을 먹은 것으로 착각하게 만들었다. 아무리 둘러봐도 식당은커녕 마을도 안 보인다.

"점심 묵을 데는 없노?"

"아직 한 참 가야겠는데요. 빵다 전엔 없을 것 같습니다."

"밥도 못 묵고 이게 무신 고생이고?"

즈와공에서 빤다 가는 길이 이렇게 먼 줄 짐작을 못 했다. 중간에 티엔투아田安라는 마을을 스치면서도 그 생각을 못했다. 아무 생각 없이 마을을 지나쳤는데, 잘못했나 보다. 점심을 해결할 곳이 없다.

어릴 때, 가난했지만 밥을 굶지는 않았다. 어머니는 한동안이지만 자식들 먹을 밥에는 가마솥 한편으로 쌀을 섞어 꽁보리밥이나 옥수수밥 옥수수를 잘게 빻아서 밥을 해 먹었다.을 먹게 하진 않으셨다. 당신 드실 건 보리밥이면 더 바랄 게 없다고 하셨다.

감자, 옥수수, 밀가루 반죽을 얹은 감자 범벅, 어릴 때 주식은 그런 음식이었다. 내가 태어나서 엄마, 맘마 그리고 세 번째 배운 말이 '감자 싫어'였다고 한다. 1년에 몇 번, 명절이나 할아버지 제사 때 하얀 쌀밥을 볼 수 있었다. 형제들 쟁탈전의 대상이기도 했다. 배고픈 만큼 식탐은 더 많았던 모양이다.

초등학교 시절 어느 날, 학교에 갔다 왔다. 부엌에 들어가 무심코 가마솥 뚜껑을 열었는데 따뜻한 물에 반쯤 잠긴 밥그릇이 보인다. 열어보니 하얀 쌀밥이다. 잔치가 아닌 한, 그건 하늘의 별 따기처럼 흔치 않은 일이었다.

한 숟가락 퍼 먹고 표시가 안 나게 다독여 놓고 돌아섰는데, 입안을 도는 쌀밥의 달짝지근한 맛이 한참을 갔다. 한 숟가락만 더! 다시 한 숟가락만 더! 마파람에 게 눈 감추듯 밥주발을 비우고 말았다.

"너는 벤또 싸 갔잖어, 형은 벤또도 안 싸 갔는데 니가 다 먹어버렸으니 형 배때기 고플 텐데 어떻게 할 거냐?"

할머니께 되게 혼났다. 그리고 삐쳐서 저녁을 굶었었다. 아마도 이웃에 잔치가 있거나 모내기를 했거나 특별한 날이었을 것이다. 하얀 쌀밥을 겨우겨우 한 그릇 마련했는데 비록 감자를 섞은 보리밥일지언정 도시락까지 싸간 내가 다 먹어 버렸으니…….

아랫목 가장 따뜻한 자리 이불 속은 밥그릇 차지였다. 때를 놓친 손주에게 밥이라도 차지 않게 먹이고 싶은 할머니 마음은 그렇게 아랫목 이불 속 온장고溫藏庫에 고이고이 보관되곤 했었다. 그런 만큼 할머니의 장손자 사랑은 참 유별나셨다.

절대적 빈곤의 시절, 쌀밥은커녕 땟거리만 떨어지지 않으면 다행이었을 어릴 때가 어떻게 보면 행복지수는 더 높았을지도 모르겠다. 밥 한 끼라도 배불리 먹으면 다른 욕심은 낼 생각조차 안 했기 때문이다.

할머니와 어머니의 감자, 티벳탄의 칭커, 완전히 다르지만 배곯지

지아오바춘의 칭커밭

않았으면 하는 한 곳을 향한 정서······. 싫지만 그것 외엔 대안도 없는 생존의 조건, 칭커에서 어쩔 수 없는 애증愛憎의 감자를 보았다.

요즘은 쌀이 남아돈다는데, 그때는 쌀밥이 왜 그렇게 맛있었을까?

13 안심 :: 꼬불이, 교통사고를 피하다.

빵다로 향하는 길, 나무 한 그루 없는 바위산 아니면 풀포기가 듬성듬성 박힌, 도저히 정이 갈 것 같지 않은 산골짜기에서도 티벳탄은 삶을 가꾸었다. 이들에게 쌀이나 풍성한 밥상이 있을 리 만무하다. 그럼에도 마주치는 티벳탄은 옹색한 일상에도 불구하고 우리보다 훨씬 행복한 표정을 짓고 있다.

협곡을 따라 돌던 길이 어느새 초원으로 변한다. 바위산을 지고 개울 양쪽으로 풀밭이 펼쳐졌다. 도시가 아닌 시골에서의 티벳탄, 칭커와 초원은 이들 삶의 버팀목이다. 초원이 있기에 야크가 있고 야크가 있기에 삶이 존재한다.

그렇게 초원을 따라 돌더니 어느새 해가 중천을 기운 후에야 빵다邦达 삼거리 마을 랑이다让衣达에 도착한다. 이곳은 직진하면 창도우昌都에서 촨창베이루川藏北路와 만나고 좌회전하면 라싸로 가는 갈림길이다.

작은 삼거리 마을은 황량하기 그지없다. 4,080m, 해발 고도가 높아선지 야트막한 민둥산을 좌우로 거느리고 납작 엎드렸다. 주변은 온통 초지여서 좀 전에 보았던 바위산과 즈와공의 숲이 언제 있었던가

빵다 삼거리

싶을 정도다.

　숙박과 식당을 겸영兼營하는 빵다빈관邦达宾馆, 간판엔 「미엔페이링위免费淋浴」라고 쓰여 있다. 투숙객에겐 목욕 비용을 받지 않는다는 뜻이다. 즉, 보통의 여관 객실엔 샤워 시설이 없는 경우가 대부분이다. 「얼시쓰시아오씨르슈에이24小时热水」, 24시간 뜨거운 물이 나온다는 것을 광고하는 숙박업소도 많다.

　찌아오-즈饺子, 만두와 미시엔으로 허겁지겁 점심을 때우고 나오니, 하늘이 참 맑기도 하다. 눈이 부셔 맨눈으로는 못 보겠다. 가축이 배출하는 이산화탄소가 오존층 파괴의 주범이라는데 눈부신 코발트 빛 하늘을 보면 별로 설득력은 없는 말인 것 같다.

빵다 삼거리를 지나 다시 초원을 뚫고 오르기 시작한다. 이곳은 정말 민둥산에 끝없는 초원이 펼쳐졌다. 창도우로 나가는 길옆으로도 온통 초원이다. 이른바 빵다차우위엔邦达草原, 아스라이 보이는 검은 점은 모두 야크, 생각에 잠겨 있던 재덕이 형님,

"창두에 공항이 있제? 상해에서 오는 비행기가 있노?"

"아마 있을 겁니다."

"아덜 델코 다시 한 번 와 봤으면 좋겠다."

하늘과 맞닿은 고갯마루 예라샨业拉山, 높이만도 4,618m에 달한다. 잠시 쉬면서 전면에 펼쳐진 설산을 보니 드디어 히말라야 언저리에 가까운 듯, 고개 너머로 펼쳐지는 산군의 파노라마……. 그리곤 예의 펄럭이는 타르쵸가 장관이다. 제설 작업을 하고 있는 교통경찰 사진을 배경으로 한 입간판에 쓰인 글자,

「不怕艰难险阻 不怕流血牺牲, 保通川藏天堑 锻造交通铁军」

정확한 뜻은 모르겠지만, '험준하고 곤란해도 무서울 것 없고, 피를 흘리는 희생이 있더라도 무서울 것이 없다. 천연의 요새 같은 촨창공루를 지키는 교통 철군으로 단련하자.', 대충 그런 뜻으로 읽히는데 꼭 군대 슬로건 같다. 무장 경찰 부대武裝警察部队에서 세웠다.

갈 길이 멀어 오래 앉아 있을 수는 없다. 예라샨을 스치고 커브를 돌면서 눈앞에 펼쳐진 차마고도, 차라리 눈을 감고 싶다. 경사가 50도는 넘을 듯, 바닥이 보이지 않는 산비탈에 지그재그로 걸쳐진 길, 「예라샨치슈얼구아이业拉山72拐」, 차가 운행되는 도로인가 싶다.

저렇게 생긴 도로가 있다는 것을 어렴풋이나마 알고는 있었지만, 막상 눈앞에 펼쳐진 길, 풀 한 포기 없어 통째로 무너져 내릴 것만 같은

예라샨

급경사면의 민둥산에 상상하기 어려운 도로가 걸쳐 있다. 어떻게 저런 곳에 도로를 낼 수 있었는지,

'과연 우리를 받아 줄까?'

크리스천이 아니지만 제발 무사히 통과하게 해 달라는 기도라도 하고 싶다. 어차피 가야 할 길, 벼랑 쪽, 협곡 건너로 보이는 산만 스쳐 지나가니 기류를 만나 덜컹거리면서 착륙하는 경비행기에 타고 있는 기분이다. 머리가 뱅뱅 돌았다.

예라샨은 4,618m, 빠수八宿가 2,600m 정도니 누지앙까지 불과 1시간도 안 되는 사이에 해발고도 2,000m 이상을 내려가는 것이다. 지그재그 전체 72굽이라고 하는데 헤아리는 것도 쉽지 않다. 그냥

예라샨

예라샨치슈얼구아이

아흔아홉 굽이라고 해야겠다.

관성의 법칙, 작용 반작용의 법칙이 있다. 왼쪽으로 한 번 돌고 오른쪽으로 돌고, 무심코 작용 반작용에 몸을 맡기다 눈이 반쯤 감길 때 쯤, 맞은편 차량이 우리 쪽으로 넘어와 하마터면 정면충돌할 뻔했다. 그 벼랑 위에서……

운전기사 참 대단하다. 노련하다. 아마도 상대편 기사가 주변 풍경에 시선을 빼앗겼던 모양이다. 커브 길을 돌지 못하고 우리 쪽으로 넘어오다 급히 핸들을 꺾어 아슬아슬하게 스치듯 제자리로 돌아갔다. 조건반사적으로 욕이 튀어 나왔다.

토사가 무너지는 것을 방지하기 위한 옹벽 같은 것은 없다. 가드레일은 아예 꿈도 못 꾼다. 만약에 삐끗하면? 생각도 하기 싫다. 바위가 굴러 떨어지지 않을까, 벼랑 쪽 도로가 무너지면 어쩌나 하는데, 마주 오는 차량까지 걱정을 더 없는다. 어찌 되었든 츄런에게 마음속으로 고맙다고 했다.

예라샨 꼭대기에서 내려다본 커브 길을 다 돌았다. 오금이 저릴 만큼 까마득하게 내려다보이던 협곡 아래 칭커밭과 이름을 알 수 없는 나무가 몇 그루 서 있다. 10여 호 정도가 모여 사는 아주 작은 마을 통니춘同尼村, 주변은 온통 곤추선 예라샨, 기댈 것은 오직 칭커뿐이다.

마을을 지나면서 내리막길을 다 내려왔나 했다. 그러나 그건 시작에 불과했다. 꿈을 꾸듯 땅속으로 꺼져 들어감을 느낄 때가 있다. 여기가 그렇다. 정말 끝 간 곳을 모르고 가라앉듯 한도 끝도 없이 내려간다.

창문이 내려간 채 한참 돌다 보니 머리는 어느새 무청이 되어 버렸다. 비포장 길, 먼지를 다 뒤집어썼다. 입안에 미세한 모래가 자근자근 씹힌다. 주기적으로 뱉어 내야 했다. 뒷자리 유리문을 올리고 싶어도 고장이 나서 올릴 수가 없다.

엔지잉 전부터 다운과 내가 번갈아 가면서 고산 지역의 찬바람을 맞고 왔다. 감기 걸린 것처럼 머리가 땡하다.

14 넘임 :: 칭슈에이누지앙 清水怒江

바위산을 가르고 흐르는 누지앙怒江!

왼쪽 벼랑 아래 세찬 물살, 오른쪽은 역시나 바위……. 협곡의 미로로 빠져든다. 비탈에 걸친 오솔길, 아무런 생명도 없을 것 같은 협곡 어딘가에 사람이 살고 있음을 보여 주는 강력한 징표다.

강 건너 리라춘日拉村이라는 마을, 바위산 협곡 비탈에 아슬아슬하게 걸려 있다. 마치 바위벽 일부에 얹힌 뿌리 뽑힌 이끼처럼 툭 건드리면 통째로 흘러내릴 것 같아 보기만 해도 불안하다. 저런 비탈에 어떻게 농사를 지을 생각을 했는지 놀랍다.

어느 순간, 누지앙 협곡을 건너는 다리가 바위를 뚫었다. 츄런이 사진 찍지 말라고 신신당부를 한다. 중국의 교량은 모두 보안 시설이어서 무장 경찰이 경비를 선다. 경찰이 차량을 세운다. 괜한 마음에 약간은 움츠려진다. 그들을 보면 츄런도 긴장하는 기색이 역력하다.

살펴보니 보초병 교대식을 하는 모양이다. 두 놈씩 마주 보고 뭐라 한참 보고를 하더니 두 놈이 다리를 건넌다. 그리고 반대쪽에 있던 녀석들이 건너와서 한참이나 지난 후에 통과시킨다. 다리 이름이 티베트어로 응울츄 잠파Ngulchu-Zampa, 怒江大桥라던가?

다리를 건너면서 이어진 누지앙수이다오怒江隧道, 터널를 빠지니 왼쪽에서 내려온 지류가 누지앙에 합류한다. 풀 한 포기 없는 바위산 협곡을 흐르는 황토물, 빠쑤 쪽에서 내려오는 희뿌연 물빛의 렁취冷曲, 이름만으로도 손이 시릴 것 같다. 황토물을 만나 섞이지 못하고 정확히

누지앙과 렁취의 합류

반을 가른다.

아마존은 마나우스에서 합류한다. 거무튀튀한 네그로 강과 황토물인 솔리모에스 강은 그러나 서로 섞이지 못하고 십여 Km를 흐른다. 성분과 수온이 달라 그렇다고 한다.

이곳 황토물과 빙하가 녹은 물도 쉬이 섞이지 못한다. 바이마거우 칭슈에이후웨이루누지앙 白马沟清水汇入怒江, 특별히 이런 이름이 붙은 모양이다. 억지로 풀어보자면, '흰 물거품을 일으키는 도랑의 맑은 물이 누지앙에 들어와 휘도는 곳' 정도로 해석이 가능할까?

극명하게 대비되는 물색, 처음 본 신기한 모습에 한참을 내려다보았다. 마나우스의 아마존은 양쪽 강이 비슷하지만 이곳은 누지앙이 훨씬 크다. 경계선을 돌다 금방 황토물로 편입된다. 사람의 삶도 이렇게 섞이지 않고는 불가능하다.

고립된 것 같은 차마고도 주변을 둘러보아도 최소 대여섯 가구는 같이 산다. 완전하게 떨어져 독거 생활을 하는 티벳탄은 없다. 사람이기 때문이다. 다른 마을이나 도시와의 왕래가 어렵기에 기댈 곳은 오직 이웃뿐이다. 그러기에 더욱 섞여야만 한다.

협곡이 깊어 이미 응달이 졌다. 섞이기 전 경계선을 빙글빙글 도는 후웨이루ㅍㅅ를 보면서 재덕이 형님과 동진이 형을 돌아보았다. 받아들일 수 있다는 게 서로에게 고맙다. 무심코 고개를 들었다. 햇빛에 반짝이는 산봉우리는 정말 황금처럼 밝게 빛나고 있다. 재덕이 형님 미소도 그렇게 밝았다.

누지앙, 란창지앙, 진샤지앙, 평행으로 흐르는 세 강의 협곡을

누지앙 협곡의 산

「싼지앙빙리우三江并流」라고 한다. 2003년 세계 자연 유산으로 등재되었다. 유네스코는 지구상 유일한 형태인 삼강협곡을 보호하기 위해 자연 유산으로 지정했을 것이다.

그러나 설령 그렇게까지 하지 않더라도 누지앙은 사람이 접근할 방법이 없다. 협곡이 좁고 물살이 빨라 배를 타거나 도보로 들어가는 것이 불가능하다. 그래도 영원히 보존되기를 바랐다.

우리는 불과 얼마 안 되는 거리를 두고 세계에서 가장 큰 강인 양쯔 강진샤지앙, 메콩 강란창지앙, 살윈 강Salween River, 누지앙 상류를 건넜다. 산줄기를 사이에 둔 물길이 동중국해와 베트남 앞바다, 인도양의 안다만 해로 빠져서 완전히 다른 곳으로 갈 수 있다는 것이 신기하다.

누지앙을 뒤로 하고 지류를 따라 계속 서쪽으로 달린다. 교통주의 표지판,「此路段为车辆事故多发地段」, 이 구간은 차량 사고 다발 구간이라는 뜻이다.「ㄷ」자 형태로 바위를 깨고 낸 길, 돌출된 바위에 걸리지 않을까, 괜한 걱정에 고개가 저절로 숙여진다.

가도 가도 끝없이 펼쳐지는 나무 한 그루 없는 황량한 산과 바위, 그 사이를 어렵게 비집고 들어앉은 티벳탄 마을, 강위에 놓인 끊어질 듯 이어지는 오솔길을 제외하면 거의 고립된 것처럼 보인다.

그 끝에는 사원이 보인다. 그런데 개울을 건너는 다리가 없다. 돌다리라도 있을 것 같은데 시야가 좁아 보이지는 않는다. 아니면 독립생활이나 자급자족? 문명에 길들여진 나라면 여기서 살 수 있을까? 괜한 걱정은 이들의 삶과는 동떨어진 나그네의 오지랖일 뿐이다.

협곡을 이루고 있는 바위산은 일체의 생명이 없어 아무런 움직임이 없다. 그러나 죽은 듯이 보일 뿐, 끝없이 이어지는 거대한 캔버스다. 바위를 형성하는 광물질의 종류에 따라 갖가지 그림이 나타난다. 푸르다 붉어지고 누렇다가 검어지고, 교대로 바꿔가며 채색의 파노라마를 연출한다.

뿐만 아니라 형상도 그렇다. 빗물과 바람 그리고 세월이 만든 자연의 조각품이 한없이 이어진다. 이른바 「빠쑤쓰차-이八宿色彩」, 우린 백리에 가까운 자연 화랑을 별도의 관람료도 없이 실컷 구경하는 호사를 누렸다.

운전기사 츄런, 장난기가 좀 있는 모양이다. 도로는 산 위에서 내려오는 물이 그대로 흘러넘치도록 만들어 놓았다. 폭 7, 8m의 물길을 통과한다. 그러다가 후진, 다시 전진, 두어 번 하니 자동으로 세차,

"한 번 더 해라."

드디어 빠쑤 이정표가 보인다.

15 인정 :: 동생들 걸뱅이 아이가?

빠쑤八宿, 그렇게 크지 않은 평범한 마을이다. 그렇지만 오랜만에 맘에 드는 모습이 하나 있다. 더친, 망캉, 즈와공, 빵다 등 지금까지 지나온 동네와는 달리 시가지 도로에 서 있는 가로수가 시원하다.

수양버들과 이름을 알 수 없는 나무, 무심코 지나쳤던 가로수가 이렇게 동네 분위기를 다르게 한다는 걸 처음 느꼈다. 우리 시각으로만 보면 그저 그런 마을이지만, 줄지어 선 녹음이 특별한 마을로 만들었다. 츄런의 도움으로 숙소를 잡았다.

집 떠난 지 열흘이 넘었다. 다운 행동을 유심히 살폈다. 쿤밍에 들어와서부터 수염을 깎지 않았다. 어느 날부터 샤워를 안 하더니 며칠씩 세수도 제낀다. 하기야 공동욕실만 있는 저렴한 숙소에서 매일 같은 샤워를 기대하긴 어렵다. 그런데 양치질마저도 귀찮은 모양이다.

"오늘은 깨끗하게 한 번 씻어볼까?"

물이 흔한 동네가 아니어서 객실엔 샤워 시설이 없다. 흡사 군대 샤워장처럼 빨래를 할 수 있는 공동욕실이 전부다. 한국이라면 아직은 더운 여름 끝자락이겠지만 난방 시설이 없어 썰렁하다. 건성건성 밀린 빨래를 하고 하루 종일 먼지를 뒤집어써 무청이 되어 버린 머리를 감고 샤워를 했다. 오랜만에 때 빼고 광냈다.

빠쑤는 차마고도에서 가장 여유롭게 식사를 한 곳이다. 동진이 형이 고소증에 웬만큼 적응한 것 같다. 표정이 한층 밝아졌다. 다행이다. 나도 엔지잉부터 컨디션이 좋지 않았었는데 오늘은 살 것 같다. 그래선지 동진이 형이 저녁을 사겠다고 한다.

라싸까지 가는 동안 이제 힘든 길은 다 지나왔다. 어제 더친에서 망캉까지 230여 Km, 오늘 망캉에서 이곳까지 260여 Km, 500Km가 채 안 되는 거리, 꼬박 이틀이 걸렸다. 언제 무너질지, 막힐지를 염려해야 하는 구간을 무사히 통과한 것이다.

"힘들어도 아덜 델코 한 번 더 오고 싶다."

"아덜에게 한 번 보여 주입시데이."

"숭구리당당, 계획 한번 잡아 보래이?"

나는 이름승구 때문에 이 시간부터 숭구리당당으로 불렸다. 여러 가지 우리와 다른 티베트의 산하를 얘기하면서 몇 순배가 돌았다.

그동안 거의 술을 못 마시던 동진이 형과 나도 꽤나 얼큰해졌다. 오랜만에 배가 터지도록 포식했다.

등 따습고 배부른 것을 난의포식暖衣飽食이라 한다. 많이 먹어서 배가 터지는 것이 아니라 인정을 먹었기에 등이 따뜻한 것이다. 며칠 안 됐는데 정이 들었나 보다. 머뭇머뭇하던 재덕이 형님,

"동생들 걸뱅이 아이가-. 배낭여행 다 그케 한다. 예산에 맞게 왔겠지만 객지, 특히 외국 나와서 돈 떨어지면 섧데이. 도움 구할 수도 없고, 돈이 힘이다. 부담 갖지 말고 이거 주머니에 넣고 있으레이?"

"저희 돈 있습니다. 괜찮습니다."

"썰 데 없는 소리 하지 말고 한국 드가서 그대로 돌려주면 되지 않겠나. 동생들 대구 안 올 거가? 그때 와서 주면 된데이."

"고맙습니다." 봉투를 보니, 1,000달러 그리고 2,000위안,

안주머니 깊숙이 넣었다.

아마도 더친에서 우리가 값싼 방을 구하러 다니는 것을 보고 마음에 걸렸나 보다. 예산이 모자라진 않겠지만, 처음 만난 사람에게 선뜻 150여만 원을 내 줄 수 있는 사람이 이분들 말고 또 있을까?

몇 년 전, 로터리 Rotary International District 3730 지구 대회가 있었다. 방송인 이상벽李相璧 씨가 강연을 했다. 남자가 나이 들면 입은 닫고 지갑은 열어야 한다는 말끝에,

"남자의 어깨 높이는 지갑 두께에 비례한다."

맞는 말이다. 곳간에서 인심 난다는 말도 있다. 남자가 늙으면 갖추어야 할 네 가지가 있다고 한다. 첫째는 돈, 둘째는 머니, 셋째는 수표, 넷째는 화폐라고 하던가? 꼭 농담만은 아니라는 생각이 든다.

그러나 돈만 가지고 중년 이후를 살아갈 수는 없다. 경제적인 여유 이전에 어쩌면 친구가 더 중요할 수도 있다. 특히 대한민국을 사는 중년의 남성, 기러기 아빠니 황혼 이혼이니 혼자 살 각오를 해야 할지도 모르기에 젊었을 때보다 오히려 더 그렇다.

다시 말해, 늙어서 치마꼬리에 매달린 인공위성처럼 곰국 끓이는 부인이 서운하지 않으려면 친구가, 어울림이 필요하다. 친구라는 존재는 삶의 질을 가르는 결정적 요인이기 때문이다.

친구란 동년배를 의미하는 것이 아니다. 가치를 보는 관점이 같거나 적어도 많은 부분에서 공감대가 있어야 하기 때문이다. 그렇더라도 나이 들어 새로이 사귄 친구가 있을까? 몇 명이나 될까.

그것이 쉽지 않다. 그러기에 보약 지을 때 친구 것도 함께 짓는다는 말이 있다. 삶과 인생, 기쁨과 슬픔 그리고 고민을 나눌 친구라는 존재가 그만큼 소중하다는 뜻이다. 그러나 그 친구는 언제까지나 기다려 주지 않는다.

나는 그 범주에서 얼마나 벗어날까? 학교 동창도 몇몇에 불과할진대 직장 또는 거래 관계, 모임이나 취미를 통해서 공통분모를 가진 사람을 얼마나 만났을까? 그 만남을 지속적으로 유지하는 친구는 얼마나 있을까……. 아니 혹여 친구라 여겼던 사람 중에 이런 저런 이유로 떠난 이가 더 많지는 않을까?

누군가에게 다가섬이 참 어렵다. 마찬가지로 평소 알고 지내던 사람이라도 가까이 다가오기가 쉽지 않음을 느낄 때가 있다. 얼굴에서 풍기는 이미지나 말수가 많지 않아서일지도 모른다. 교우 관계의 깊이와 폭, 양쪽을 만족시키기가 참 어렵다.

동행

　좀 전에 보았던 후웨이루, 렁취의 뿌연 물이 누지앙의 황토물에 편입되지 못하면 어떻게 될까. 협곡을 버티고 흐를 수 있을까? 섞이기에 자연스럽듯 우리도 형님들도 그럴 수 있다는 게 정말 다행이다.
　형님들을 만난 지 사흘째다. 서로에게 다가섬이 쉽지 않은 나이지만 재덕이 형님의 '숭구리당당' 한 마디는 그 이상의 모든 벽을 허물었다. 그리고 마음으로 다가서는 다리가 되었다.
　새로운 친구를 만날 가능성이 점차 희미해져 가는 50대 언저리에 특별한 만남이, 그런 인연이 내게로 왔음에 감사하다. 이번 여행을 통해 가장 많은 것을 얻었다면 아마도 형님 두 분을 알게 되었다는 점일 것이다.
　우리는 이날 누구보다 행복한 꿈을 꿨다.

16일상 :: 풍경과 사람

빠쑤를 출발하여 기분 좋게 포장도로를 달린다. 얼마 후 오른쪽으로 흐르던 렁취가 왼쪽으로 바뀌었다. 왕파이치아오 王排橋를 건넜다. 도로 양옆으로는 민둥산을 뒤로하고 점점이 박힌 티벳탄 마을.

계속 이어지는 빠쑤쓰차-이, 붉다가 검어지고 푸르다가 하얘지는 좌우 풍광, 눈을 뗄 수 없는 채색의 파노라마 그리고 시리도록 파란 하늘과 눈부신 햇살, 거기에 더한 칭커밭의 일렁임, 세상에서 가장 변화무쌍한 길 차마고도…….

지다시앙 吉达乡 가기 전, 작은 동네에서 잠깐 쉬어 가기로 했다. 강 건너 그리고 도롯가에 몇 가구, 티벳탄 집은 아주 단순하다. 흙벽돌로 얼기설기 이어 붙여 지붕은 평평하게 지었다. 우리에게 익숙한 무언가가 눈에 띈다.

옥상과 벽의 경계, 벽과 창문 사이, 겹 창틀로 만들고 화려한 문양으로 장식하였다. 흙벽은 비가 들이치면 젖은 흙이 흘러내릴 것 같이 조금은 어설프지만 창틀 문양은 참으로 화려하게 하여 우리의 단청과 비슷한 분위기를 낸다.

이들의 채색과 우리의 단청 丹青은 먼 옛날 어떤 상관관계가 있지 않았을까? 오행을 뜻하는 청, 적, 황, 백, 흑 다섯 가지의 기본 채색으로 이루어진 단청, 물론 일반 서민의 것은 아니었다. 사찰, 궁궐, 사당 등 뭔가 숭배 대상이 되는 건물에 단청을 했다.

이들의 채색은 그런 위엄이나 숭배 대상이 아니라 바로 생활이다. 나무가 썩지 않게 하는 기능적인 면을 넘어 타르쵸와 마찬가지로 티베트 불교가 추구하는 자연주의를 의미하는 채색······.

서양에 단청이 있을 리 없다. 일본을 대표하는 오사카 성大阪城에도 없다. 베이징 쯔진청紫禁城은 황제의 것일 뿐이다. 그렇다면 아마 이들과 우리에게만 단청이 일상에 깊숙이 들어와 있는 것으로 보인다. 형태는 다르지만 기본 색상은 아주 흡사하다.

마을 입구에 두 개씩 세운 장대, 룽다风马라고 한다. 경전을 쓴 천을 주-욱 늘어뜨려 걸었는데 타르쵸와 같은 의미다. 바람을 뜻하는 「루」와 말을 뜻하는 「다」의 합성어로 바람에 날리는 말의 갈기와 같아 이런 이름이 붙었다고 한다.

내 눈에 룽다가 친근한 이유는 아마도 솟대와 비슷하기 때문일까? 마을의 안녕과 수호, 풍농을 기원하는 솟대, 그 위에 올라앉은 기러기, 오리 등 물새는 농경 사회의 근간인 비와 물을 향한 민초의 바람이다. 룽다에서 솟대를 보았다.

옥상에는 건초를 잔뜩 쌓았다. 집 벽에도 풍성하게 걸어 두었다. 밭에는 황태 덕장처럼 서까래를 엮고 볏단 엮듯 청커단을 쌓아 올렸다. 별도의 난방을 하지 않는 이들이 옥상과 벽에 걸린 건초로 바람막이를 하여 따뜻한 겨울을 보내면서 야크가 다 먹고 새 풀이 돋을 때쯤 잔설을 밀어내고 봄이 오려나?

동네 사람 몇 명이 카드Trump 놀이를 하고 있다. 한족의 영향을 받았다면 으레 마췌麻雀, 골패를 섞을 때 나는 소리가 대나무 숲에서 들리는 참새의 시끄러운 소리와 같다고 해서 붙은 이름이라 한다.가 성행했을 텐데 마작하는 사람은 보지 못했다. 그것보다는 아마 카드가 간편하고 재미있는 모양이다.

주위에 사람이 오건말건 흘끗 한번 돌아보고는 이내 게임에 열중이다. 늙은이 젊은이 구별 없이 꼬나문 담배에는 나이를 잊은 게임 동료만 보인다. 그러나 여성에게서는 별로 보지 못했다.

이들에게 담배는 인사의 수단이고 人事手段, 누구에게나 권하며 人心豊足, 나이를 따지지 않고 長幼超越, 장소에 구애받지 않고 場所不問, 사양하는 것을 모르고 辭讓不知, 남성들은 거의 전부 男性特權, 내 눈엔 이렇게 특징된다. 어떻게 보면 담배에 관한 한, 가장 관대하고 자유로운 곳이 티베트일지도 모르겠다.

아무도 거들떠보지 않는 듯, 비에 젖고 햇빛에 뒤틀렸을 아주 작은 포켓볼 당구대, 공 받침 벽이 떨어져서 나무로 덧대 놓아 공이 구를지 의문이다. 나이가 꽤 들어 보이는 초로의 남자, 아들인지 손자인지 분간할 수 없는 아이를 안고 음료수를 먹이고 있다.

볼 살이 움푹 팬 주름 가득한 얼굴, 몸에 맞지 않는 남루한 옷차림, 어깨뼈가 도드라져 더욱 슬퍼 보이는 구부정한 자세, 땋아서 길게 늘어뜨린 헝클어진 머리카락은 이 땅의 지배자에 대한 원망도 몰라 한층 더 곤궁해 보인다. 그러나 아이의 천진무구한 해맑은 얼굴이 이를

티벳탄 부자(?)

덮고 있다.

도로 옆에 세워 놓은 물 데우는 반사경, 그 위에 올라앉은 물이 샐 것만 같은 새카만 주전자, 표면에 때가 끼어 물을 데울 수 있을지 의문이다. 그때까지는

물 데우는 반사경

아주 오랜 시간이 걸리듯 이들의 삶은 그렇게 느릿느릿 서 있는 것처럼 보인다. 모든 것이 그렇게 정지되었다.

나는 한 번쯤 그냥 아무 생각 없이 서 있어 보고 싶어 했다. 누구나 한 번쯤 일탈을 꿈꾸지만 잠깐이라도 현실에 붙잡힌 발목을 빼기가 쉽진 않다. 그런 현실을 제쳐 놓고 무모한 오기를 부렸기에 감히 여기까지 와 있는 것이다. 혼자라면 어림없다.

돌이켜 보면, 지금까지 쉬지 않고 달려왔다. 군대를 제대하고 잠깐 취업 희망자 신분을 가져 본 이후 단 1주일도 쉬어 본 적이 없다. 가뭄에 콩 나듯, 어쩌다 4, 5일의 휴가를 잡아도 비가 와서 망친 기억밖에는 없다.

조건에 따라 다르겠지만 쉽지 않은 공부를 직장 생활과 병행했다. 법학과 경제학의 관점에서라면 공업고등학교 출신의 무지렁이, 벽촌 강원도 정선, 어느 탄광촌에서의 생소한 분야에 대한 독학은 목숨을 걸었다고 할 만큼 치열하지 않으면 불가능했다. 조급하게 서둘러서 실패한 적도 있었지만 포기하지 않았다.

그럼에도 불구하고 지금까지의 삶에 여유가 있거나 행복하다거나 그런 생각을 해 본 적이 얼마나 있을까? 마지못해 살아가는 전형적인

중년 남자의 미지근한 표정을 벗어난 적이 별로 없는 것 같다.

하루에 몇 번이나 웃어 보았을까? 뭉클한 감정이 스친 적이 얼마나 될까? 그런 것을 느낄 만한 가슴을 가지지 못했는지 모른다. 어쩌면 이 사회가 감성에 지독히도 인색하거나 아니면 가혹한 생존 경쟁에 내몰리기 때문일 수도 있다.

한국 남성들은 억지로라도 자기감정을 숨겨야만 한다. 그렇지 않으면 남자답지 못하다는 말을 들을 수 있다. 쉬이 웃지도 못하고 남 앞에서 우는 것은 더더욱 못 한다.

화장실 문구, "남자가 흘리지 말아야 할 것은 눈물만이 아닙니다.", 남자는 당연히 눈물을 보이면 안 되는 것이다. 그러기에 허공을 쳐다보면서 꾸역꾸역 삼키는 것만 배웠다. 때문에 중년의 남성은 화난 얼굴에 근엄한 표정을 짓고 있지만 마음은 가장 여리다.

표현할 줄 모르는 중년, 반신반의하던 공인노무사 시험 합격자 발표가 있던 날, 그때 아버지는 중년의 타성에 젖어 있는 쉰다섯이었다. "저 합격했습니다." 하는 전화에 잠시 침묵이 흐른 후 들려온 말은, "그래, 고맙다." 였다.

간결한 그 말, 그 한 마디에는 모든 것이 응축되어 있다. 굳이 표현하지 않더라도 가장 짧은 그 말에 모든 감정이 다 들어 있다. 중년 남자의 표현은 그렇다. 나는 그 범주에서 얼마나 벗어날까?

나이가 든 이후 모르는 사람에게 손을 흔들어 본 기억이 없다. 이번 여행을 하면서 처음으로 모르는 사람이지만 그렇게 했다. 창산 위렌루, 후티아오시아 트래킹에서 만난 사람들, 유목하던 수많은 티벳탄, 그들과 손을 흔들면서,

'아! 참 좋다.' 라는 감정이 솟았다.

이 땅에서 지극히 평범한 이들이 남루한 옷을 입고도 밝은 표정을 유지할 수 있는 비결은 뭘까? 작은 것 하나에도 만족하고 감사할 줄 아는 삶, 그걸 알기에 환한 표정과 여유가 느껴지는 것이다. 우리에겐 바로 그것이 필요하다. 그걸 위해 지금 이렇게 서 있다.

동진이 형이 스티커를 나눠 주자 동네 아이들이 모여든다. 손등이나 얼굴에 붙이는 스티커 한 장, 내가 보기에도 더없이 환한 얼굴에 만족감 그리고 행복한 웃음이 피어나고 있다. 저 멀리서 젊은 여인도 뛰어온다. 어린 자식이 있는 모양이다.

모든 것이 그렇게 서 있는데 아이들만이 이곳도 살아있음을 느끼게 한다. 문명을 모르는 이들이 그 끝을 붙잡기 위해서일까? 아니면 새로운 것을 대하는 호기심 때문일까…….

다시 출발하는 차량 뒤에서 끝도 없이 손을 흔든다.

17 공존 :: 샹바라 라이구촌

아이들을 뒤로 하고 개울을 따라 또 오르기 시작한다. 비가 많이 안 오는 것을 다행으로 생각해야 할지, 마을을 덮을 듯이 서 있는 산은 나무 한 그루 없어 불안하기 짝이 없다. 다행히 산사태가 난 흔적은 보이지 않는다.

설산과 초원, 개울물이 이어지는가 싶더니 군데군데 작은 웅덩이로 변한다. 엇비슷한 풍광에 멍한 눈으로 바라보다 약간 지루함을 느끼는데 어느새 개울을 따라 내려가고 있다. 완만한 등성이 안지우라安久拉, 4,475m를 넘은 것이다.

풍경이 확 달라졌다. 완전한 민둥산이 숲으로 바뀌었다. 마치 꿈을 꾸는 것 같다. 다시 협곡으로 빠져든다. 란우거우然乌沟, 도랑가 파고든 속살에 사람이 겨우겨우 세貰를 들었다. 낙석 방지용 터널이 연속으로 나온다. 산 위까지 걸친 타르쵸의 장관에 넋이 나갔다. 협곡을 빠지면서 문득 앞을 보았다.

환상이다. 멀리는 차양을 친 듯 겹겹이 겹친 바위산, 그 틈을 비집고 칭커가 누렇게 익어가는 작은 마을 란우젠然乌镇, 그리고 그것을 품은 안무추어安目错가 반겨 준다.

란우후

야카춘

    도롯가에 붙은 표지판, 외국인의 차위 진입을 엄금严禁外国人进入察隅한다고 쓰여 있다. 숨길 것이 많은지 아니면 입장료를 더 받겠다는 심산인지 모르겠다. 그곳까지 갈 것은 아니기에 차마고도를 뒤로하고 차위察隅 방향으로 차를 돌렸다.

    왼쪽 산골짜기에서 내리쏟는 쌍폭雙瀑, 척박한 바위산에 거짓말처럼 걸렸다. 그러기에 시원하지만 좀 생뚱맞다. 오른쪽으로 나타나는 란우후然乌湖, 흙탕물이어서 아쉽지만 고요하기 그지없다. 호수에 비친 칭커밭과 설산, 구름과 하늘이 딱 절반을 갈랐다.

    어렸을 적, 도화지에 물감을 아무렇게나 칠해 놓고 절반을 접어 문지른 후에 펼쳐 보면 대칭의 무늬가 나타났다. 그것이 신기하여 한

번, 두 번 계속 해 보다가 혼난 적이 있다. 란우후가 딱 그렇다. 그대로 데칼코마니다.

란우후 호숫가에 자리한 마을, 야카-춘雅卡村으로 들어서니 한 무리의 아이들이 다가와서 뭘 달라고 조른다. 가이드 녀석은 아무것도 주지 말라고 신신당부를 한다. 스티커 몇 장 주었으면 했는데 그냥 지나치니 한참을 쫓아오다 돌아간다.

란우후 끝으로 가니 이게 웬걸? 벌판에 무성한 잡초와 진창, 길이 있었던가 싶을 정도, 더 이상 갈 수가 없다. 츄런이 길을 찾기 위해 이리저리 헤맨다. 난감한 듯 전방을 물끄러미 쳐다보고 있다. 아마 츄런도 오랜만에 오는 모양이다.

넓은 풀밭 한가운데 앉아 설산을 응시하는 다운, 수염을 깎지 않고 옷차림이 그래선지 수도하는 라마승Lama僧 같다. 바로 옆에는 작은 돌탑이 있다. 페이라이스에서 보았던 육자진언을 새긴 마-니단을 쌓은

끊어진 길과 츄런

키 작은 마-니두이^{玛尼堆}가 다운과 쌍둥이처럼 어울린다.

마-니두이, 경전을 새긴 납작돌을 참 소박하게 쌓아 올렸다. 우리 주변에서도 볼 수 있는 친근한 모습이다. 산 정상, 사찰을 오르는 길목,

놀란 야크

서낭당 앞에서 보았다. 누군가는 간절히 기도하는 마음으로, 어떤 이는 그냥 따라서 올려 본 작은 돌 하나에도 희구하는 뭔가가 있을 것 같은 마음, 그것이 모여 탑을 이루었다.

이들의 마-니두이와 우리의 돌탑, 그 기원을 따라 올라가면 티벳탄과 우리의 마음은 어쩌면 한 곳을 향하고 있지 않을까 하는 생각이 든다. 비록 숭배 대상이 같진 않겠지만 가족과 이웃, 공동체의 안녕과 번영, 건강과 복을 비는 마음은 같을 것이다. 마-니두이는 바로 우리의 돌탑이다.

츄런이 판단이 섰나 보다. 잡초를 헤치고 차량 보닛 위까지 차오르는 물길을 치고 나간다. 엔진 소리에 놀란 야크 네 마리가 꽁지가 빠져라 뛴다. 옆으로 피할 줄 모르고 앞으로만 냅다 뛰는 야크를 쫓다 보니 설산 바로 아래에 다다른다.

마을 사람들이 바리케이드를 치고 입장료를 받고 있다. 입장료^{1인 80위안}와 별도로 말을 타야 하는데, 대신 오토바이를 이용하라고 한다. 거기에도 비용^{30위안인가?}을 받는다.

'말을 타고 올랐으면 좋았을 것을……'

이들도 전통적인 방법보다는 효율성을 추구하는지도 모르겠다. 입장료와 오토바이 이용료가 터무니없이 비싸다는 생각이 들지만, 아마도 뭔가가 있기에 츄런이 이쪽으로 안내한 것으로 믿기로 했다.

'뭐가 있는지 한번 가 보자.'

산길을 오른다. 한 사람 지날 정도로 좁은 길, 바위를 깨고 냈기에 울퉁불퉁, 돌 조각이 널려 있어 오토바이가 불안하다. 더구나 운전하는 젊은 사람은 깡마른데다 덩치가 작아서 내 몸무게를 감당하지 못하는지 비틀비틀, 불안감에 내리고 싶다는 생각이 들 때쯤, 오지 마을 라이구춘來古村에 도착한다.

몇 명이 둘러서서 한참 뭐라 설명을 하더니 돌아 나간다. 아마 얼마 뒤에 다시 온다는 얘기인 모양이다. 그들을 보내고 돌아본 호수 건너편, 말 그대로 정말 환상이 펼쳐졌다. 길이를 가늠할 수 없는 빙하, 라이구빙촨來古冰川.

파란 물감을 풀어 놓은 듯 짙푸른 하늘, 너무 많이 이고 있다 흘러내린 뭉게구름 사이로 얼굴을 내밀듯 말듯 수줍은 새색시 같은 설산, 녹으면서 흘러내리다 억울한 듯 땅을 부여잡고 버티고 선 빙하, 호수에 떠다니는 애비 잃은 빙하 조각, 아들을 잃은 빙하의 눈물인 듯 푸르지 못해 희뿌옇게 시리도록 차가운 물빛…….

깡리가뿌후岗日嘎布湖는 무진장의 마음인 듯, 주변을 다 끌어안고 있다. 그리고 그런 풍경과 전혀 상관없을 것 같은 누렇게 익어가는 칭커밭이 어우러져 겨울과 여름이 겹친 듯 절묘한 조화를 이루고 있다. 정녕 환상의 하모니다.

중국은 왜 황량한 쭝디엔을 샹그릴라라고 했을까? 접근성이 좋은

라이구빙촨

 그곳을 염두에 뒀는지는 모르겠지만 황망한 기억만 남아 있는 내 눈에는 마음속의 낙원, 정말 여기가 바로 시앙바라_{香巴拉}.

 자연은 사람을 품을 때라야 진정 아름답다. 코뚜레가 없어 천진난만, 어미가 없어도 천하태평, 배를 깔고 되새김질하는 송아지 몇 마리, 뭐가 그리 바쁜지 꼬리를 흔들면서 쿵쿵거리는 꺼먹 돼지는 사람과 자연이 일체가 되었음을 상징한다.

 나지막한 언덕 위에 초등학교가 있다. 아이들과 「小学」이라고 쓴 책받침만한 표시가 없다면 학교인지도 모르겠다. 돌담 위에 삐딱하게 꽂힌 키 작은 우씽홍치_{五星红旗}는 국가라는 제도와 전혀 상관없을 것 같은 이들에게서 한참은 비켜서 있는 것처럼 보인다.

라이구춘 칭커밭

어떻게 보면 이곳은 오지 중에 오지다. 좀 전에 지나온 야카-춘까지는 길이 있었다. 그러나 이곳은 들어오기가 어렵다. 진창과 돌밭을 피해 지프차 정도라야 겨우 접근이 가능하다. 촨창공루에서도 근 백리, 엄두를 내기 어려울 정도로 한참이나 비켜 있다.

아마도 수백 년, 아니 그 이상 이들은 세상과 담을 쌓고 선조들이 살아온 방식대로 살아왔을 것이다. 비라도 내려 호숫물이 차오르거나 폭설이라도 내린다면 외부인의 접근을 허용할 것 같지 않다. 더 나아가 이들이 바깥세상과 왕래할 수단이 여의치 않다면 결국 자족 마을로 살아왔을 것이다.

세상에서 한참을 비켜 서 있는 라이구춘, 여기서 자라는 아이들이나 주민은 중국이라는 국가 제도와 전혀 상관없이 이들이 살아온 방식, 바로 라마喇嘛-Lama의 제자로 사는 듯 그렇게 보인다. 그러기에 담장 위에 꽂힌 우씽홍치는 생뚱맞을 수밖에 없다.

　알프스에 간들, 로키 산맥에 오른들 여기서의 풍광을 마주할 수 있을까? 세상에 하나밖에 없는 마을 라이구춘, 외부의 시각으로 보면 제임스 힐턴이 그린 동양 어딘가에 있다는 지상낙원, 바로 여기에 있다.

　우리는 피안彼岸의 세계 샹바라, 샹그릴라를 보았다.

라이구춘의 오후

18 신념 :: 염주와 마니차

이런 곳에서 딱 1년만 살아봤으면 좋겠다. 문명에 길들여진 통속적인 생활이 아닌 자연 그대로의 삶, 해가 뜨면 일어나고 별이 뜨면 잠자리에 든다. 급할 것도 굳이 어디를 가야 할 필요도 없다. 내키면 하고 싫으면 안 해도 된다. 현실적으로도 전주가 안 보인다.

적어도 생활이 아닌 삶이 여기엔 있을 것 같다. 세상을 온통 짙푸르게 물들일 듯, 심연의 하늘은 나를 그런 상상 속으로 끌어들이고 있었다. 아무런 걱정이 없는 지상낙원의 삶, 국외자의 눈으로 본 라이구춘은 그런 생각이 들게 할 만큼 환상이다.

아이들의 하교 시간인 모양이다. 초등학교 1,2학년쯤 되는 아이 둘을 오라해서 가방을 열어 보았다. 아이들은 아무런 거부감도 없다. 흘러내린 코를 훔쳤는지 소매 자락과 볼때기엔 빛이 난다. 티베트어로 쓰여 있는 쭈글쭈글한 책과 공책 한 권, 그리고 몽당연필 하나.

아이들과 함께 순간을 담았다. 오지여도 카메라를 들면 적어도

초등학교 아이들

한 녀석은 손가락으로 V자를 그린다. 그렇지만 손가락을 쭉 펼치지 못하고 오그린 모습에 시골 아이의 수줍음이 숨어 있다.

언덕 위 흰 구름과 파란 하늘에 잠긴 몇몇 꼬마 녀석들도 같은 포즈를 취하면서 호기심을 보인다. 그 손동작은 세상과 단절되지 않았음을 나타내는 상징이다. 간이 발전 시설은 있다는 뜻이다.

다운이 가지고 있던 볼펜을 주었다. 하나가 더 없는 것이 못내 아쉽다. 못 받은 녀석 마음은 어땠을까? 돌아서 가는 서운한 발길, 쳐다보던 아이의 눈망울, 내내 지워질 것 같지 않다.

아이들이 사라진 둔덕 너머 숨이 막히도록 아름다운 라이구빙찬과 설산, 그것을 빨아들일 것만 같은 짙푸른 하늘과 호수……. 머릿속에 그려 넣기 위해 애를 쓰는데 그들이 왔다.

다시 오토바이를 탔다. 점점 사라지는 라이구빙찬이 안타깝다. 앞산에 가려져 점차 작아지는 빙하가 서운한데 마음 한편으로는 뭔가 불안하다. 살펴보니 엔진을 끄고 내려가는 것이다. 그러다가 뒷바퀴가 피식- 하면서 타이어의 바람이 샌다.

동진이 형이 잠깐 걷겠다면서 오토바이를 내게 양보한다. 아마도 두고 나오는 라이구춘이 서운했었는지, 멀어져 가는 모습이라도 천천히 눈에 더 담고 싶었던 모양이다. 조금 후에 도착한 다운, 바지를 내려서 보여 주는데 엉덩이를 긁혔다.

다운이 탔던 오토바이는 결국엔 자빠졌다. 넘어지면서 상처가 났다. 그런데 오토바이 운전하던 사람이 미안한 기색은 없이 제 다리가 끼었다고 빼 달라는 몸짓을 하면서 씩- 웃더란다. 많이 안 다친 게 천만다행이다.

바리케이드 옆으로는 작은 움막이 있다. 얼기설기 지은 집, 나무 바닥 중간에 돌 세 개, 그 위에 올라앉은 새카만 주전자, 우리도 물을 끓이기 시작했다. 그래도 인심은 좋아서 콧구멍이 새까매지도록 같이 입바람을 불어 준다.

응달로 옮겼다. 오토바이 운전하던 사람들이 빙 둘러 섰다. 먹어 보라 했더니 안 먹는다고 한다. 그들은 우리가 라면을 다 먹을 때까지 그렇게 지키고 서 있었다. 어쩌면 달리 할 일이 없어서기도 하겠다.

가이드에게 묻고 가이드가 츄런에게 묻고 츄런이 마을 사람에게 묻고, 2중 통역을 통해 가벼운 이야기가 오간다. 다운이 10위안을 주고 그들 중 한 사람이 가지고 있던 염주와 바꾸자고 하니 싫다고 한다. 100위안 줘도 안 된다고 한다.

우리 산사에서 쓰는 염주와는 다르다. 히말라야에서 나오는 돌을 깎고 갈아서 만든 염주, 대여섯 살 정도밖에 안 된 아이의 목과 손목에도 걸려 있다. 마치 부처에 대한 믿음이 자신과 한 몸이라는 것을 강조하는 듯 보인다.

아이와 염주

염주와 마니차, 법륜이라 일컫는 마-니쳐 玛尼车, 믿음은 있으나 배우질 못한 민초는 경전을 읽을 수가 없다. 라마승의 설법으로 경전을 다 깨우치게 할 수도 없다. 궁여지책으로 경전을 둥그렇게 말아 넣은 마니차를 한 바퀴 돌리면 경전을 한 번 읽은 것으로 의제하는 관념이 자리 잡았다.

그리고 부처님 모든 말씀은 '옴마니밧메홈 唵麼捉钵讷铭'으로 집약된다. 그 한마디로 믿음의 전부를 표현하는 것이다. 그 신념의 징표가 바로 마니차 그리고 염주다. 그러니 그걸 팔라고 농을 건넨 입이 부끄러워질밖에…….

마-니단

마을 사람들과 작별을 했다. 란우후를 돌아 안무추어를 끼고 포어미 쪽으로 달린다. 츄린이 사진 찍기 좋은 곳이라며 숲 속에 정차한다. 내 눈엔 모든 곳이 절경이다. 설산보다는 아마도 눈이 부시도록 파란 하늘 때문일 것이다.

그늘에 앉아 호수를 바라본다. 정말 좋다. 카메라는 꺼낼 생각도 없는 모양이다. 앉아 있으니 좋다. 그냥……. 옆에 앉은 츄린, 다운이 MP3 이어폰을 꽂아 주니 눈이 똥그래지면서 빠져든다.

티베트 불교 음악은 좀 무섭다는 생각이 들게 한다. 장중하게, 영혼을 부르는 소리 같은……. 그 중 일부는 우리 산사의 명상 음악과 비슷한 맥락도 있다. 녀석이 그걸 들은 모양이다. 눈을 감고 느릿느릿 몸짓을 한다. 다들 일어서고 싶은 생각이 없는 모양이다. 짐칸에 앉아서 졸던 가이드 녀석, 문짝을 두들긴다.

"오래 있을 줄 알았으면 내릴 걸 그랬네요."

'그냥 있지 갈 텐데…….'

나는 가이드 녀석이 엽전을 가지 않은 관계로 내내 눈총을 주었다. 뺀질뺀질한 모습에 별로 정이 가지 않기에 이틀 전부터 계속 짐칸에 태웠다. 초행길에 우리보다 아는 게 없어 통역 외엔 할 일이 없다.

"이제 갑시다."

"아- 참, 내가 내리니까 또 가요?"

호수가 흐르기 시작한다. 이른바 파롱창뿌 위엔터우源头, 파롱창뿌가 시작되는 곳이다. 강의 근원이다. 언제 그렇게 고요했던가 싶을 정도로 갑자기 바뀌어 포효하기 시작한다.

이렇게 바뀔 수도 있을까? 이처럼 많은 물이 빠져나오는데 안무추어는 어떻게 그처럼 고요할 수 있을까. 급류라기보다는

파롱창뿌 위엔터우

아예 폭포라고 해야 어울릴 듯 무섭게 쏟아져 내린다. 자연이 참 변화무쌍하다.

"저기서 래프팅 하면 죽이겠다."

"헹님요 해 보이소, 진짜 죽습니더-."

19 느낌 :: 위티토우디 五体投地

안무추어나 란우후는 자연 호수다. 넘친 물이 빠져나오면서 형성된 파롱창뿌, 바위산 협곡의 틈새를 빠져나간다. 파롱창뿌따씨아구우帕隆藏布大峽谷, 굽이져 겹친 바위산에 가린 하늘은 보일 듯 말듯, 컴컴한 터널을 지나는 기분이다.

어느 순간 앞이 확 트인다. 개울 건너 룽다를 앞에 두고 숲 사이로 보이는 빙하, 미두이빙촨米堆冰川이다. 짙푸른 하늘과 극명하게 대비되는 빙하와 순백의 설산, 경계가 또렷하여 더욱 도드라진다. 안내도에는 「中國最美冰川」이라고 썼다. 과연- 수긍할 만하다.

일정에 여유가 있으면 좋겠지만 멀리서 보는 것으로 족해야 할 것 같다. 아마도 방향으로 보아 라이구빙촨과 반대쪽인 것 같다. 중국에서 가장 아름다운 빙하라고 쓰여 있지만, 우리가 본 라이구빙촨이 훨씬 아름다울 것으로 생각하기로 했다.

정면은 설산이다. 파노라마처럼 이어지는 바위능선, 협곡을 따라가면서 양옆으로 키 재기에 여념이 없는 빽빽한 소나무 숲, 저 길로 갈 수 있으려나 싶을 정도로 길이 더욱 좁게 보인다.

미두이 빙촨

　운전기사 츄런, 1분이 멀다하고 경적을 울려댄다. 이 차를 운전한지 꽤 오래된 것 같다. 녀석의 운전 습관은 고쳐지지 않는지, 핸들 중간 클랙슨을 얼마나 자주 눌러 댔는지 엄지손가락 모양으로 찢어져 있다. 지금도 그곳만 누른다. 습관이 참 무섭다.
　고장 난 차량, 경운기 엔진만 얹은 것 같은 차량, 사람과 야크, 돼지와 개, 어슬렁거리는 양 떼와 소, 모두 섞여 차량과 도로를 공유하고 있다. 차도와 인도의 구분이 없다. 그러니 자연히 경적을 울리지 않을 수 없고 그것이 또 당연한 듯 사람들은 손을 흔들어 준다.
　온통 바위산 사이 파롱창뿌 협곡을 따라 돌다 어느새 위푸시앙五福乡을 지나고 있다. 소나무 등 원시림 위로 불쑥 솟은 설산과 빙하가 겹친 모습이 연속으로 나타난다. 눈을 뗄 수가 없다. 송종松宗을 지나면서부터는 여기가 과연 내가 알고 있는 티베트인가 싶다.

파란 하늘을 뚫을 기세의 만년설을 머리에 얹은 히말라야 능선, 장엄한 위용을 자랑하는 붉은 바위산, 그 사이 흘러내릴 듯 걸친 빙하, 그것이 녹아 내리쏟다 흩날리는 폭포, 짙푸른 원시 숲을 가르는 칭커의 누런 물결……. 타르쵸의 다섯 가지 상징색이 한눈에 들어온다.

티베트 불교 5대 원소를 뜻하는 청, 적, 황, 녹, 백색의 자연을 한눈에 담는다. 알프스, 안데스, 어디에 간들 이 장쾌하고 조화로운 채색의 향연을 볼 수 있을까? 숨이 멎을 만큼 미려한 산하, 자연에 순응하며 공존하는 사람의 삶이 있다. 그러기에 더없이 아름답다. 필설로는 표현이 불가하다.

좌우 풍광에 넋이 빠져 있는데 갑자기 차가 섰다. 앞을 보니 위티토우디五体投地, 신체의 다섯 부분을 땅에 대고 절을 하는 티벳탄 고유의 기도 하는 티벳탄이 보인다. 오체투지! 처음 보았다. 내 눈에 띄는 순간, 쿵- 하고 뭔가 밀려온다.

오체투지로 라싸, 조캉 사원다쟈오스. 大昭寺까지 세월이 얼마나 걸릴지 알 수 없는 길을 이들은 가고 있다. 오체투지 하는 사람에게 보시를 하면 그만큼 자신도 오체투지를 한 것과 같게 된다고 한다. 그 보시의 마음에는 내 염원까지 함께 조캉에 닿기를 바라는 열망을 담을 것이다.

수레에 짐을 싣고 혼자 하는 경우도 있다. 오체투지로 저만치 가서 표시를 하고 돌아와서 수레를 끌고 그 자리까지 가서 다시 오체투지로……. 경제적, 정치적인 그 무엇으로도 가능하지 않은 길을

포어미 가는 길

  오직 종교적 신념 하나에 의지한 채, 이들은 가고 있다.

  중국 정부는 무슨 생각으로 이들 신념을 꺾으려 했을까. 정치가 종교보다 우위에 있다고 생각했을까? 1분이 멀다하고 경적을 울리던 츄런, 오체투지 하는 사람들 뒤는 조용히 지나간다. 아마 츄런도 이 길을 수 없이 다니면서 이들을 보았을 것이다. 그리고 조심스럽게 지나면서 자신의 열망을 빌었을 것이다.

  이방인의 눈에 비친 오체투지의 모습은 정지되어 있는 것 같다. 아니 모든 것이 그렇게 느껴진다. 마치 살아 있는 화석처럼 50년, 100년 전과 지금부터 그만큼의 세월이 지나더라도 이 모습 이대로 남아 있을 것 같은 느낌이다. 생활과 삶, 세월과 역사, 자연과 사람 모든 것이 그렇게 서 있는 것이다.

아이가 어른이 되어 아이를 낳으면 그제야, '아- 세월이 흘렀구나······.', 그렇게 느껴질 만큼 변화가 없는 것 같다. 그러기에 티베트를 한마디로 표현하면, 정적? 아니면 느림이라고 해야 할지도 모르겠다.

세계사적으로 아마 한국만큼 급변하고 요동치는 사회도 드물 것이다. 40여 년 남짓한 내 기억 속에 소달구지부터 KTX 초고속 열차, 등잔불에서부터 LED 조명등이 함께 자리를 잡고 있다. 거기에 더해 앞으로도 얼마나 어떻게 변할지 아무도 모른다.

우연히 들른 어릴 적 살던 동네, 내 기억과 일치되는 어떤 것, 빵집이건 중국집이건 심지어 느티나무 한 그루를 보더라도 '아! 아직도 그대로 있어 주었구나.' 라고 안도하면서 마치 고향집에라도 온 것처럼 반갑기 그지없다.

급변하는 삶에 지쳤기에 변하지 않은 모습에 위안을 받는 것이다. 느린 것을 갈구했던 마음이 이곳 티베트의 삶에 딱 맞아 떨어졌다. 정말 오랜만에 느린 것에 대해 편안함을 느끼고 있다.

요즘 전남 장흥長興, 담양潭陽 등 몇 군데에서 이른바 슬로 시티Slow City를 건설하는 모양이다. 시내에 있는 신호등을 걷어내고 아예 차가 들어갈 수 없게 하여 바로 「느림」을 관광 상품으로 연결하려는 움직임이 있다고 한다.

인구 5만 명 이하로서 차량을 이용하지 말아야 하며, 고유의 식재료를 사용한 전통적 조리법을 보존하고, 물려받은 문화유산을 지키고, 자연친화적인 농법을 사용해야 한다. 「국제슬로시티연맹」의 슬로 시티 지정 기준이다.

느림의 미학, 자연주의를 의미한다. 조금이라도 욕심이 들어간다면, 목적이 다른 곳에 있다면 이미 주객이 전도된 것이다. 그 뜻과 다른 점이 있다면 그 느림이 이들의 느림과 같은 구석이 단 하나라도 있을까?

포어미波密에 도착했다. 이제부터는 아예 츄런이 가이드를 자처하고 나선다. 형님들 숙소를 잡고 따라오란다. 녀석이 아는 곳인 모양이다. 180위안짜리 방을 깎아서 130위안에 얻어준다. 야진도 없다. 이날 우리는 가장 훌륭한 방에 자리를 잡았다.

야외 테이블에서의 식사 시간, 집을 못 찾았는지 돼지와 소가 어슬렁거린다. 재덕이 형님, 돼지 새끼 붙잡는다고 이리 뛰고 저리 뛰고 어린아이가 된 것처럼 즐겁다. 다운 사진 찍겠다고 같이 뛰어다니다 숨을 헐떡거린다. 아무리 낮아도 2,740m, 백두산 꼭대기다.

코앞에 솟은 원시림 사이로 까마득한 설산 아래, 빙하가 뒤덮었다. 여름과 겨울이 공존하고 있는 곳, 아예 이곳에 서 있고 싶다. 세월이 아주 천천히, 느릿느릿 간다고 해도 조바심 낼 생각조차도 필요 없는 포어미에 지금 내가 서 있다.

20 미안함 :: 이공易貢 차밭

차마고도 여정에서 가장 상쾌한 아침을 맞는다.

눈 가는 모든 곳이 진경산수화다. 그러기에 티베트 아니 중국에서도 수천 개에 이르는 현급県級 마을 중에 가장 아름다운 동네라고 한다.

포어미

이른바 「쯔웨이메이씨엔中国最美的县」.

바로 눈앞에 삼나무 숲과 가롱라 빙촨嘎隆啦冰川, 만년설을 받친 장엄한 바위산, 휘감은 안개 위로 솟은 설산이 먼동에 보석처럼 빛난다. 중국인들 과장법이 좀 세지만, 과연 이곳은 중국에서 가장 아름다운 마을이라는 평가에 전적으로 동의하지 않을 수 없다.

선연한 새벽, 햇살이 산란하면서 아침거리를 팔러 나온 리어카, 선혈이 낭자한 돼지고기가 한가득 출렁인다. 습도가 낮아서 냉동 시설 없이 그냥 유통되는 모양이다. 누릿한 냄새가 태고의 자연을 망가트릴 것 같은 착각 속에 현실로 되돌려 놓는다.

어제저녁, 이공 차밭을 가자니 츄런이 싫은 기색을 보였다. 전혀 예정에 없던 일정이다. 유일하게 다운이 고집을 세운 곳이 이공 차밭이다. 추가 비용을 약속하고 오늘은 이공易貢을 향해 출발한다.

포어미를 뒤로 하고 잠깐 진행하다 작은 마을에 들렀다. 츄런이 내리더니 마을 사람들과 이야기를 나눈다. 티베트 말이어서 가이드도 무슨 말인지 모르겠단다. 눈치를 살펴보니 이공 차밭 가는 길이 어떤지 탐색을 하는 것 같다. 동진이 형, 무심코 사진 한방 찍었는데 무장 경찰대武警交通支队 앞이라, "쏘리……."

아마도 포어미를 중심으로 한 인근의 자연은 전 세계 어디에서도 찾아보기 어려울 것 같다. 지구의 소중한 자원이다. 협곡을 가르는 파롱창뿌는 사람이 손을 대지 않아 변화무쌍하다. 연못처럼 조용하다 어느새 폭포처럼 세차게 흐르면서 이 아름다운 자연에 덤을 얹었다.

눈가를 스쳐간 안내판, 「中国最美的森林 岗云杉林」, 중국에서 가장 아름다운 삼림, 강운 삼나무 숲이라는 말이다. 끝없이 이어지는 삼나무 숲의 파노라마, 내가 가진 티베트에 관한 선입견, 황량한 바위산만 생각했던 이미지에 정반대의 수정이 필요했다. 정말 숨이 막히도록 아름다운 차마고도를 실감한다.

강원도 인제麟蹄, 한바탕 소나기가 지나간 후 미산 계곡을 지나다 보면 꿈결인지 현실인지 모호한 느낌이 든다. 설산과 빙하가 없다면 이곳 산하는 규모가 좀 더 큰 미산 계곡과 흡사하다. 그렇게 아름다운 풍광 한편에는 이공 차밭을 갈 수 있을지 의문이 가시지 않은 채, 통마이通麦에 도착했다.

현수교인 통마이따치아오通麦大桥, 바닥을 나무판자로 엮어 놨다. 교행을 할 수 없는 좁은 다리, 그래도 이름은 따치아오, 무장 경찰의

지시에 따라야 한다. 버스에서 내린 사람들인지? 다리를 건너다 일렬로 서서 굽이치는 이공창뿌를 내려다보고 있다.

우리 차례가 되었다. 삐거덕거리는 소리와 함께 공중에 걸린 녹슨 로프가 의심스럽다. 흔들림을 온몸으로 느낀다. 지진이 나면 이럴까? 방정맞은 생각에 간이 오그라들면서 오금이 저리다. 다 건너니 굳어 있던 입가에 미소가 번진다.

차마고도를 뒤로 하고 이공 차밭 가는 길로 접어들었다. 빙하가 녹아서 내려오는 이공창뿌易贡藏布는 푸르다 못해 희뿌옇다. 협곡을 따라 교행을 할 수 없는 길, 반대편에서 차가 오면 큰일이기에 연신 경적을 울린다. 좌우로는 아름드리를 넘는 나무가 빽빽하다.

좁디좁은 길에 말 두 마리가 데이트를 하다 딱 걸렸다. 놈들은 꽁지가 빠져라 뛴다. 츄런이 재미있는지 일부러 연신 경적을 울려 댄다. 길옆은 피할 곳이 없다. 놈들은 그렇게 5분 이상은 달렸다. 한쪽으로 피하더니 가쁜 숨을 몰아쉰다. 조금은 미안하다. 고사리를 낫으로 벤다더니 정말 맞다. 길옆 바닥에 쫙 깔렸다.

말을 쫓는 것도 잠시, 츄런 얼굴에 또다시 걱정이 묻어난다. 원시림 사이를 뚫고 낸 길, 전방 상황은 일체 파악할 수가 없다. 그러기에 갈 수 있는 길인지, 마주 오는 차가 없는지 한껏 근심을 담고 있다. 그렇게 꼬불꼬불 돌고 돌아 겨우 20여 km 정도나 될까? 느낌으로는 근 한 시간이 다 돼서야 도착한다.

이공 차밭 빙하가 녹아서 형성된 이공추어易贡错 주변에 조성되어 있는데 무엇보다 호수에 비치는 모습이 환상이다. 건너편으로 보이는 빨간 지붕을 얹은 보금자리와 그 뒤를 에워 싼 설산과 구름, 코앞에

불뚝 솟아올라 우리를 압도하는 바위산 티에샨铁山, 정말 아름답다. 안내판을 보니,

「西藏自治区国土资源厅西藏易贡国家地质公园管理局」

이라는 긴 이름의 관청에서 붙였다.

「西藏易贡国家地质公园易贡易贡湖景区湖滨遊览区」, 이를테면 국립공원이라고 해야 할까?

이공 추어는 인공적으로 만든 것이 아니라 산이 붕괴되어 물길을 막으면서 형성된 언색호인데 길이 17km, 최대 수심이 62m라고 한다. 그런 호수 주변에 차밭이 조성되어 있으니 이곳을 오자고 고집을 부린 다운이 조금은 덜 미안해도 될 것 같다.

이공추어와 티에샨

이공 차밭

　채소가 없는 티벳탄에게는 비타민을 공급할 차가 필요했다. 그것이 절실했기에 저 멀리 윈난의 시솽반나西双版纳 아니면 따리에서 차를 구하여 수천 km를 운반하는 수고를 마다하지 않았다. 그 고단함이 묻혀 있는 곳이 바로 차마고도다.

　당나라가 교역 조건을 통제하면서 티벳탄은 차를 구하기 위해 더 많은 말을 내어 줄 수밖에 없었다. 그리곤 몰락의 길을 재촉했다. 얼마나 절실했으면 해발 3,000m에 가까운 이런 고산 지역에서 차를 재배하려 했을까?

　이공 차밭 마을 바이춘柏村, 측백나무가 많아서 이런 이름이 붙은 모양이다. 들어오는 길 양쪽으로 줄지어 서 있던 아름드리는 측백나무였다. 그 옛날 아마도 빽빽한 측백나무를 베어내고 그루터기를 파헤치면서 어렵게, 어렵게 차밭을 일구었을 것이다.

장구한 세월, 그렇게 조성된 차밭은 그러나 방치된 것 같이 조용하다. 사람의 손길이 별로 미치지 않았는지 잡초가 섞여 있는 차밭, 꺼먹 돼지 몇 마리만 들쑤시고 다닌다. 물건도 많진 않고 얻어 마셔 본 차 맛도 그렇게 썩 훌륭한 것 같진 않다.

일부는 차나무를 뽑고 옥수수를 심었다. 차 생산이 여의치 않음을 말해 준다. 차밭이 왕성하여 번성해 있기를 바랐던 기대가 무너지자 티베트가 가야 할 길이 이곳을 들어오던 오솔길만큼이나 좁아진 것 같아 쇠락한 차밭만큼이나 아릿하다.

재덕이 형님이나 다운 모두 차를 좋아한다. 수소문 끝에 차를 한 봉지 사고 절경을 감상한 이후 차마고도쪽으로 나가는데, 아뿔싸! 우려하던 대로 들어오는 차를 만났다. 다운이 내려 앞으로 갔다. 공터를 잡아 겨우 피하는데 앞에 트럭이 세 대가 서 있다.

다운이 먼저 가서 트럭을 세우고 길옆 공터를 확보해 놓은 것이다. 바이춘에 전기를 공급할 모양이다. 전주를 실었다. 트럭을 보내고 다시

공동운명체

차량에 올라오더니 괜히 미안한 마음에,

"형님, 나 잘했지요?"

안도감도 잠시, 이번엔 경사가 심한 언덕길에 차량 두 대가 올라가질 못하고 서 있는 게 아닌가. 차축이 고장 나 바퀴가 빠져 버렸다. 타이어 휠을 연결하는 차축의 볼트가 부러졌는지 바퀴를 끼우질 못한다. 또다시 기다릴 수밖에…….

일행 중에 얼굴에 상처가 난 아주머니가 앉아 있다. 다운이 부딪치는 흉내를 내면서 다쳤느냐고 묻자 고개를 끄덕인다. 배낭에서 연고를 꺼내 바르는 손짓을 하면서 건네니 연신 고맙다고 한다.

차량 바퀴를 임시변통으로 고정시키고 시동을 걸자 모든 사람이 뒤에서 밀어 올린다. 이럴 땐 어쩔 수 없이 공동 운명체다. 이 차가 움직이지 못하면 우리도 고립될 수밖에 없다. 말 그대로 젖 먹던 힘까지 다해 차를 민다. 헛바퀴를 돌던 타이어에서 흙이 튀어 바지를 다 버렸다.

겨우 평지까지 올라온 차량, 공터 한쪽으로 비키더니 먼저 가라고 손짓을 한다. 할 수 있는 최대의 감사 표시는 서로 손을 흔들어 주는 것이다. 라싸까지 간다던데 거기에서 모습을 보길 기대한다.

이공 차밭을 가자니 싫은 기색을 보였던 츄런, 이해할 수 있겠다.

21 애틋함 :: 여미

이공 차밭을 어렵게 빠져나왔다.

오른쪽 산 위, 시커멓게 타다 만 그루터기는 꽤 오래전에 화재가 있었음을 보여 준다. 그 아래 바위가 희한하게 생겼다. 표면에 도돌도돌, 마치 양각으로 조각한 것 같다.

내 눈에도 띄는데 그냥 둘 수 있을까? 안내판엔 「티엔란후디아오 天然浮雕-Natural Embossment」, 자연이 만든 양각 조각품이다. 마치 지질학자라도 된 것처럼 들여다본다.

다시 접어든 차마고도, 오른쪽 머리 위는 바위, 왼쪽은 까마득한 절벽, 그 아래 파롱창뿌 帕隆藏布의 세찬 물살, 건너편은 안갠지 구름인지에 가려 있는 원시 숲, 교행이 어려운 미끄러운 비포장 진창길이다. 절벽 쪽, 가드레일 같은 것은 생각도 못 한다. 타이어가 미끄러지기라도 하면? 무조건 천천히 가는 수밖에 없다.

그래선지? 「前方险段 请您漫行」, 전방은 험한 구간이니 천천히 가라는 주의 표지판이다. 모퉁이를 도는 길은 최소 80도를 넘을 것 같은 산 중턱을 깎아 겨우 지나갈 정도로 만들었다.

진창길에 바퀴자국이 패어 있다. 우린 조금이라도 미끄러지는 느낌이 들면 어쩔 수 없이 간절한 마음으로 츄런을 쳐다볼 수밖에 없다. 지도에도 「가장 위험한 구간」, 이렇게 되어 있다. 가슴을 졸이게 한 파롱창뿌는 얼마 후 왼쪽으로 틀어 우리와 이별했다.

야루창뿌 따씨아구우 雅魯藏布大峽谷 입구 표시가 보인다. 파롱창뿌는 조금 더 흐르다 쒸미샨 가일라쉬에서 발원하여 동쪽으로 흐르는 야루창뿌에 합류한다. 그리곤 히말라야 산맥을 횡단하면서 이곳에 세계 최대의 야루창뿌대협곡을 만들고 브라마푸트라 강으로 흘러들어간다.

2,500Km가 넘게 이어지는 히말라야, 서쪽 끝에는 인더스 강이 있고 동쪽 끝에는 야루창뿌가 있다. 억겁을 파고들어 티베트 고원과 연결되는 유이한 물과 바람의 통로, 며칠 전에 본 후티아오시아虎跳峽보다 더 깊고 장중하다는데 가 볼 수는 없다.

파이롱排龙에 도착했다. 동네라야 진창길을 사이에 둔, 겨우 10여 호 정도 되는 아주 작은 마을이다. 해가 중천일 텐데 땅거미 질 때의 쓸쓸함이 아니면 소나기 오기 전 짙은 구름이 내려앉은 것처럼 협곡 사이 숲에 파묻힌 마을은 인적이 없어 더욱 적막하다.

파롱창뿌가 낳은 자식 같은 지류, 라위에취拉月曲를 따라 루랑위엔스린하이鲁郎原始林海를 뚫고 오른다. 이를테면 나무바다? 엄청나다. 아름드리 원시림이 빽빽하다. 바늘 하나 꽂을 틈도 없겠다. 입추의 여지가 없다는 말을 실감한다.

바위에 새긴 글자 「티엔란양빠天然氧吧」, 천연 산소 카페라는 말이다. 기발한 이름을 붙였다. 굳이 그렇게 얘기하지 않더라도 넘치도록 풍부한 산소 공급원이다. 숲 속에 들어갈 필요도 없이 도로에 서 있는 것만으로도 삼림욕이 될 것 같다.

그것보다는 오히려 피톤치드Phytoncide의 공급원이다. 식물의 자연적 방어 기제가 사람을 이롭게 한다는 것이 정설인 모양이다. 활엽수보다는 침엽수에서 많이 나온다고 한다.

그런데 산소나 피톤치드는 차치하고서라도 이곳 원시림을

「위엔스린하이」라고 부르는 것이 얼마나 타당한지를 잘 보여주고 있다. 소나무와 삼나무의 끝을 알 수 없는 침엽수림대가 정말 바다처럼 펼쳐졌다. 티베트가 자원의 보고임을 다시 한 번 실감한다.

숲 속은 컴컴하다. 푸릇푸릇 희뿌연 이끼가 나뭇가지마다 타르쵸를 걸쳐 놓은 것 같다. 백수대가 있는 싼바에서 쭝디엔 넘을 때 보았던 모습이 그대로 겹쳤다. 일면 부러운 마음, 그리고 장대한 풍광에 넋이 빠져 있다 문득 앞을 보았다.

트럭이 앞서 간다. 직경 1m 이상 돼 보이는 목재를 가득 싣고서, 40여 년 전, 괜히 쫓아다닌 벌목 현장을 오가던 제무시GMC 트럭, 도저히 움직일 것 같지 않을 만큼 낡았다. 나무를 꽂아 지지대를 세운 적재함에 많아야 열두어 본 목재를 실었다. 그리곤 시커먼 매연을 쿨럭쿨럭 내뱉는다.

티베트 땅에 수탈의 역사가 시작된 건 아닌지 모르겠다. 이런 오지에 그래도 전기를 공급하고, 간간이 포장을 하고 다리를 놓고, 심지어 베이징에서 라싸까지 철도를 놓았다. 동토의 땅에……. 이른바 하늘길天路로 불리는 칭창티에루青藏铁路.

티벳탄에게 문명의 혜택을 주기 위한 것인가? 도로를 닦고 철로를 놓고 전기를 공급하여 생활을 윤택하게 해 주겠다는 것인지, 그렇지 않은 이유를 앞선 트럭이 웅변하고 있는 것은 아닐까?

일제 강점기에 건설된 철로와 도로가 한국의 현대화에 어느 정도 기여한 것인지에 관한 논문을 발표하는 사람이 있는 모양이다. 수구, 기득권을 대변한다는 사람들, 머릿속이 어떻게 된 것은 아닌지 모르겠다.

그렇다면 일제가 이 강토와 민족을 수탈한 그들의 이익과도 비교 교량하여 어느 쪽이 큰지를 살펴보아야 한다. 놈들은 백두대간의 송진마저도 빼 갔다. 구부정한 노송에 긁힌 생채기는 아직도 아물지 않았다.

기초적인 셈법마저도 외면한 채, 한 면만 보고 공허한 주장을 하는 얼빠진 논지에 동조하는 세력이 커질까 봐 겁난다. 어떤 논거를 제시하더라도 그것은 부차적인 문제에 지나지 않는다. 본말이 전도되는 결코 뒤집힐 수 없는 문제다.

일본이 우리의 현대화에 기여하기 위해 철로를 놓은 것이 아님이 명백하듯, 중국이 이들의 생활을 향상시키기 위해 도로를 확장하는 것이 아니다. 결국 수탈의 편리를 위한 것일 뿐, 그것을 호도하기 위해서일까? 길거리 홍보 간판에는 유난히 「씬원밍 씬쒀지에 新文明, 新世界」라는 말을 많이 썼다.

아마도 신문명이라는 말에는 티베트 불교문화를 배제하고 한족의 교육과 문화가 자리 잡기를, 신세계라는 말에는 중국의 정치적 지배 구조와 경제 제도가 정착되어 정교일치의 라마 국가인 티베트가 그들 구조에 예속되기를 바라면서 붙여 놓은 것처럼 보인다.

하마터면 애꿎은 생명 하나가 다칠 뻔했다. 한 무리의 염소 떼가 지나간다. 경운기 엔진 같은 것을 장착한 물건 운반용 소형 트럭이름은 모르겠다. 앞에서 한 무리가 양쪽으로 갈렸다. 오른쪽으로 갈라졌던 새끼가 왼쪽으로 피한 어미 곁으로 가기 위해 황급히 길을 건너다 소형 트럭에 뒷다리가 부딪히면서 넘어졌다.

걱정스러워 쳐다보는데 염소 새끼가 펄쩍 뛰더니 급히 일어나서 절룩거리며 제 어미 곁으로 다가간다. 그것을 보고 있던 트럭 기사

겸연쩍은 웃음을 앞에 두고
제 새끼가 다가오자 애처로운
듯 핥아 주고 있다. 다행이다.
　모정은 사람이나 짐승이나
매한가지인 것 같다. 뭐 하나
덜 한 것이 없다. 아니다.
모정으로만 보면 짐승의 그것은 순수 그 자체다. 가시고기 등 일부를
제외하곤 부정을 기대할 수 없기 때문인지도 모른다. 코끼리는 죽은
새끼 곁을 며칠 동안 떠나지 못한다.
　그러나 사람의 모정 부정까지에는 과연 순수함만 있을까? 극히
일부겠지만, 엄마의 욕심이 자식에게 하는 잔소리에 투영되어 있지
않다고 말할 수 있을까? 새나 짐승은 그런 욕심과는 상관없이 때가
되면 이소離巢하거나 무리를 떠난다.
　싼바에서 쭝디엔 넘어올 때, 버스에서 내린 어미를 불안하게
바라보다 다시 만난 어미에게 안긴 아이의 눈망울과 염소 새끼의
눈망울은 안도감에 젖은 그 느낌이 크게 다르지 않다. 사람이든
짐승이든 어미는 그런 존재다.
　일제 강점기에 원치 않게 고향을 등졌던 우리 누나들이 어미가 있는
고향 하늘을 바라보던 그 눈에도 이들 눈에 비친 평화가 있었을까?
과거지만 엄연한 사실이다. 자발적이었다고 억지를 부리는 일본의
우익, 우리 정부는 눈을 감고 귀를 막았다.
　인간 존엄성을 지켜 줄 최후의 보루는 국가다. 그렇기에 할리우드
영화「라이언 일병 구하기」의 메시지는 유의미하다. 나라와 공동체를

위해 희생한 개인에게 국가가 무엇을 해야 하는가를 여실히 보여 줬기 때문이다.

그러나 그 역할을 다하지 않는 국가라면 존재의 의미를 부여하기 어렵다. 국가가 그 의무를 포기했을 때, 인간성을 침해받은 국민의 열패감은 누가 있어 위무해 줄 것인지 묻지 않을 수 없다. 그러나 정부는 외면했고 지금도 다르지 않다.

목재를 가득 실은 트럭에서 풍기는 연상이 다리 다친 염소 새끼의 눈망울과 오버랩 되면서 하늘을 찌를 듯이 서 있는 원시림이 다 없어지는 환영에 사로잡혔다.

22 흐릿함 :: 연결 끈의 실체

루랑鲁郎에 도착했다.

도로를 사이에 두고 앉은 작은 동네, 관공서 외에는 거의 식당이다. 이곳은 루랑씨꾸아쭝디엔鲁郎石锅总店, 돌솥총판?이 있는 곳이라 한다. 그래선지 연이어 돌솥 요리 식당이 보인다.

출출한 배는 점심때가 넘었음을 알린다. 씨꾸아지탕石锅鸡汤, 육수를 부어가면서 돌솥에 끓이는 깍두기 같은 닭 꼬치, 샤브샤브라 할 수 없어 배는 고픈데 참기 힘들 만큼 오래 걸린다. 갈 길이 먼 여행자에게는 좀 부담스런 음식이다.

주변엔 소나무가 많아선지 건물 앞에는 말린 송이를 파는 행상이 몇 명 보인다. 양양襄陽 송이에는 비할 바가 못 된다. 벤즈란에서 산 송이를 기름에 볶아 소금 간으로 먹어 보았지만 식감이나 향이 전혀 욕심을 내게 하지는 않았다.

아주머니 둘이 들어와 송이를 사라고 한다. 송이를 얇게 썰어 말렸다. 이것저것 고르다 재덕이 형님과 동진이 형이 30위안을 주고 한 봉지씩을 샀다. 그런데 서로 큰소리를 내면서 싸운다. 우린 영문을 몰라 멀뚱멀뚱 쳐다볼 수밖에 없다. 한참 지난 후에 싸움의 발단이 문화의 차이라는 것을 알게 됐다.

친구와 물건을 하나씩 사고 값을 치를 때 한 사람이 친구 것까지 60위안을 줄 수 있다. 그런데 그걸 배분해 주었으면 괜찮은데, 마찬가지로 반분해 가지라는 뜻으로 한 사람에게 건네주었으나 돈을 받은 사람은 그걸 자신에게 다 준 것으로 생각한 것이다. 그러니 그 돈을 내놓으라 하고 왜 주냐면서 싸우는 것 같다.

식당을 나가서까지 언쟁이 끝이 없다. 좀 전에 본 트럭은 이 땅에 있는 원시림을 이들에게 한 마디 상의도 없이 수탈해 가고 있었다. 그런데 송이 한 봉지를 가지고 싸우고 있다. 다툼의 원인, 계산에 있어 우리가 좀 흐리멍덩한 구석이 있음을 자각해야 했다.

미운 사돈이 꼭 반 갓 들고 인사한다는 옛말이 있다. 가이드 녀석, 처음부터 맘에 들지 않았는데 또 그렇다. 밖에 나가더니 싸우던 사람에게 송이 두 봉지를 40위안에 샀다고 자랑이다. 재덕이 형님,

"우리 지금 바가지 쓴 거가? 저 두 여자 말고 저쪽에 있는 아가씨 좀 오라고 해 보래이.", 그 아가씨 앞에 와서 물건 내려놓자,

"이거 다 얼마냐?", 다섯 봉지를 사 준다. 아가씨, 신 났다.

해프닝을 뒤로 하고 길을 재촉한다. 어슬렁거리는 말이 보인다.

처마를 이웃한 집과 푸른 초지, 그 사이 듬성듬성 소나무 그리고 삼나무로 둘러싸인 산, 중턱에 걸린 구름, 한없이 평화롭고 고요한 목가적 풍경……. 중국에서 가장 아름다운 시골 마을, 쯔웨이메이씨앙춘中国最美乡村 루랑鲁郎.

그것만으로도 눈물이 날 만큼 황홀한데 거기에 더해 삼나무 숲 위로 불뚝 솟아오른 바위 능선의 파노라마, 내 눈에도 더 이상 아름다울 수 없는 마을, 라이구춘에서도 그랬지만, 정말 이런 곳에서 잠깐이라도 살아봤으면 좋겠다는 생각이 든다.

물길, 라위에취를 거슬러 오르는 것은 곧 고개를 넘어야 함을 알린다. 정말 스위스 어느 곳에 있는 것 같은 착각 속에 원시림을 뚫고 하늘로 오른다. 드디어 숲이 없어지면서 안개가 낮게 내려앉은

루랑

써지라

4,500m의 써지라 色季拉 에 다다랐다.

  정상에는 서너 명의 티벳탄이 천막을 치고 오가는 사람에게 타르쵸에 붙이는 경전을 적은 천을 팔고 있다. 그것을 흔들면서 하나 사서 붙이라는 눈빛으로 바라보고 있다. 천을 흔들기만 할 뿐 우리에게 다가오지 못하고 안타까운 눈웃음만 보내고 있다. 선뜻 다가서지 못하는 마음을 츄런이 대신한다.

  대도시의 삐끼와는 전혀 다르다. 나는 그것을 사지 못했다. 뭔가는 이들과 알 수 없는 인연의 끈이 있을 것 같은데 어떤 것인지를 모르겠다. 보일 듯, 보일 듯 희미하여 결국 그것을 사지 못했다.

  다가서고 싶었다. 티벳탄, 중국의 대다수를 차지하는 한족 汉族 과는 완전히 다르다. 우리도 그들과 다르다. 사실 우리의 차마고도 여행은

「몽골반점」이라는 말에 끌렸었기 때문이다.

티벳탄과 베트남인, 로키와 안데스의 인디언에게 나타난다는 반점, 연결점이 있을 것 같아서였다. 희미한 그 끈의 실체는 무엇일까? 이번 여행에서 그것을 볼 수 있을까? 나는 왜 이 길을 가고 있을까?

써지라를 넘으면 7,756m, 세계 15위의 난지아바와펑南迦巴瓦峰, 7,151m의 지아라바이레이펑加拉白垒峰 두 개의 설산이 있다고 한다. 해발 7,000미터를 넘는 대단한 산이 바로 코앞에 있다고 한다. 그러나 청명하지 못해 볼 수가 없다. 염전과 메이리쉬에샨을 보지 못한 것, 그 후로 가장 서운하다.

린즈林芝 도착 전, 쥐바이린공위엔巨柏林公园-世界柏树王园林에 들어가 보기로 했다. 가이드란 놈은 이런 공원이 있는지도 모른다. 공원 입구 좌우로는 좌판이 길게 늘어서 있다. 돌기가 있는 문어 다리 말린 것

세계백수왕

티베트로 가는 길 차마고도 • 261

같은 길쭉한 물건을 들고 호랑이 그것(?)이라면서 최고라고 선전에 열을 올린다. 관심 가질 일이 아니다.

거대 측백나무 군락이 있다. 넓이가 6만평 정도 된다. 보통 직경 2m 이상인 거목이 3, 40여 본 정도 되는 것 같은데, 가장 큰 나무는 밑동 직경이 5.8m, 높이가 50m, 수령은 2,600년이라고 한다. 표지 석에는 「世界柏树王」.

주변으로 나지막하게 담장과 철제 파이프를 둘러 사람의 접근을 막았다. 그리곤 파이프가 보이지 않을 만큼 흰 천을 감아 놓았다. 아마도 수많은 사람이 다녀가면서 하나둘 감은 것이 다발을 이룬 모양이다. 그 큰 나무 꼭대기 가지 끝에 어떻게 경전을 쓴 천을 매달았는지 신기하다. 유독 「柏树王」에는 빽빽하게 달았다.

티벳탄을 관통하는 불심의 아이콘 흰 천 카타Khata 또는 Hata라고도 한다., 타르쵸와 그 의미가 크게 다르진 않을 것 같다. 리지앙에서 노래하던 사람에게 걸어주었다. 페이라이스에서도 타르쵸와 함께 둘렀다. 트럭 전면에도 「八」자 형태로 묶었다.

티베트 불교문화가 뿌리를 내린 나시주까지 카타로 마음을 전하는

수줍음

것이다. 그런 만큼 카타는 티벳탄 문화 전반을 상징하는 키워드로 보인다. 우리가 보고자 했던 것은 바로 카타였다. 지금까지 딱 하나를 본 것이다. 카타, 마음의 형상이고 가슴의 실체였다. 우린 바로 카타, 그걸 보았다.

다운과 티벳탄 여인

다운이 잠깐 신 났었다. 물건을 팔던 티벳탄 여성과 금세 친해진 것 같다. 사진을 찍기 위해 나란히 선 모습이 흡사 오누이 같다. 머리에는 꽃단장을 하고 앞치마를 둘렀다. 똑같은 형태와 문양으로 이루어진 앞치마, 기혼 여성임을 나타내는 상징, 이름은 모르겠다.

츄런이 스티커를 꺼냈다. 서로 가지기 위해 난리가 났다. 다 주고 남은 것이 없다고 양손을 펼쳐 보였는데도 운전석 문을 열고 찾는다. 사람들이 주위를 에워싸고 있어 차량을 후진시키기가 어렵다.

다운은 차가 빠져나가지 못하길 바라는 것 같은 표정을 지었다. 정말 동생을 두고 떠나는 오빠 같은 그런 의미의 웃음으로 작별을 했다. 그 후 다운은 티벳탄의 미소가 꾸밈없이 좋고 다가오는 느낌이 좋다고 몇 번을 얘기했다.

오누이처럼 나란히 서서 사진 찍던 다운은 어쩌면 내가 찾고자, 보고자 했던 그 끈의 실체를 찾았는지도 모르겠다. 다정한 모습을 한 사진 속의 다운과 티벳탄 여인은 그런 것을 공유한 듯 평안하게 웃고 있었다.

23 추억 :: 이쁘면 다 용서 되잖아요.

빠이ㅡ, 쭝디엔을 출발하여 라싸까지 이어지는 차마고도 구간에서 가장 큰 도시다. 중국은 1951년 티베트를 무력으로 침공한 이래 티벳탄 통제를 위한 거점으로 삼고, 이곳을 군사 요충지로 만들어 중국 인민해방군 창설일인 8월 1일을 지명으로 쓰고 있다. 해가 지기 전 비교적 일찍 도착했다.

티베트 땅에서 가장 중국다운 곳, 규모는 크지 않지만 쌍차앙商场-백화점도 있는 차마고도에서 가장 현대화된 계획도시다. 도로도 반듯하고 건물도 깨끗하다. 그래선지 숙소도 꽤 괜찮은 편이다. 그러나 정이 가진 않기에 만약 나 혼자라면 여기서 자고 싶은 생각은 별로 없을 것 같다.

한국 떠난 지 열 나흘째다. 양말을 빨아 널고 느긋하게 쉬는 시간, 라싸 가기 전 마지막 밤이다. 마치 꿈을 꾸듯, 뭔가에 홀린 듯 이곳까지 도착했다. 시일이 어떻게 가는지 내가 서 있는 곳이 어디쯤인지 굳이 알 필요조차도 없는 나만의 시간이 이곳에 있었다.

우린 중국에서 가장 아름다운 자연과 함께했다. 중국에서 가장 아름다운 마을 포어미, 가장 아름다운 빙하 라이구빙촨 그리고 미두이빙촨, 가장 아름다운 숲 강운삼림, 가장 아름다운 호수 란우후, 눈 가는 모든 곳이 진경산수화인 포어미 인근을 지나왔다. 그리고 그보다 더 아름다운 사람과 함께했다.

좀 더 여유가 있었더라면, 이틀 아니 단 하루만이라도 더 쓸 수 있는 날이 주어졌더라면 보지 못한 것을 볼 수 있었을 것을, 지나고 보면 언제나 아쉬움이 남게 마련이지만 그래도 정말 다행이다.

옌지잉 쯤에서 더 막혔다면? 망캉 전에서 고립되었다면? 생각해 보면 여기까지 온 것만 해도 감사하다. 참으로 꿈같은 하루하루가 우리와 함께했다. 다시 오기 어려운 길, 다시 갖기 어려운 시간과 지금 맞닥뜨리고 있는 것이다.

그러나 그런 상념도 잠시, 츄런이 헐레벌떡 뛰어 오더니 여권을 달라고 한다. 공안에 신고를 하러 갔는데 뭐가 잘못 되었다나? 쫓아가 보니 한족 가이드를 안 썼기 때문에 벌금을 물 뻔 했다나 어쨌다면서 가이드 녀석이 궁시렁거린다.

그리고 여행 허가증 외에 통행 허가증이 없다고 1인당 100위안씩 더 내고 통과증을 만들어야 된다나? 여행 허가와 통행 허가는 뭐가 다른지 전혀 모르겠다. 우린 가이드 녀석과 실랑이를 좀 했다.

차마고도 랜드크루저 비용을 국내, 쿤밍, 티베트에 있는 여행사, 그리고 가이드, 한족 가이드, 운전기사, 차량 소유주, 공안도 조금 끼려나? 중국 여행국까지? 참 많이도 찢어 먹는다. 기분이 좀 상했다.

가이드와의 실랑이를 보던 동진이 형,

"내가 원래 야크를 한 마리 잡을라캤는데 쉽진 않을 것 같아 오늘 저녁은 내가 사겠습니다."

괜찮은 술_{위조를 방지하기 위해 술병을 도자기로 포장했다. 꽤 비싸다}과 함께 걸쭉하게 저녁을 먹었다. 재덕이 형님과 다운의 술빨은 알아줘야겠다. 동진이 형과 나는 이틀은 쉬었는데 매일 개근이다. 이런저런 얘기 끝에 재덕이 형님,

"우린 담배가 떨어졌다. 앞으로 안 살 기다. 동생들 같이 끊을래?"

"형님이 끊자면 당연히 따라야지요."

"한 모금씩만 빨아라, 두 모금 빨면 혼난데이."

하면서, 낄낄거린다. 이럴 때는 쉰 살이 넘는 재덕이 형님도 철모르고 숨어서 담배 피울 때 그 모습으로 돌아가는 것 같다. 마지막 남은 담배 한 개피를 돌려가면서 피웠다.

어릴 때의 추억 한두 가지씩은 있을 것이다. 화장실에서 몰래 피우다 걸려서 무릎 꿇고 손들고 있으면 지나가는 선생님께 쥐어박히기 일쑤, 하필이면 출석부 모서리로 때리는 야속한 학생주임, 정학 조치 당하고도 태연히, "학교 다녀오겠습니다."

가장 난해한 숙제는 부모님을 모셔 오라는 추궁이다. 그렇다고 하여 사실대로 말씀드릴 수는 없다. 이 핑계 저 핑계를 대면서 전전긍긍한 일 등 사연도 가지가지일 것이다.

아들 녀석의 말은 우리가 가지고 있는 그런 아슬아슬했던 추억을 실없는 일로 만들어 버린다. 녀석은 종립학교宗立學校를 다닌다. 그럼에도 불구하고 공부 잘하는 녀석이 걸리면 용서받고, 그렇지 못한 녀석은 "반성문을 써라. 전학을 가라."는 추궁을 당한다고 한다.

성적이 떨어지는 녀석은 입시 경쟁에 불리하니 그것을 기화로 내쫓으려는 것인지, 입시 경쟁에 이겨서 학교의 명예를 높이면 담배를 피워도 괜찮다는 것인지, 아이들이 어떤 가치관을 갖게 될까 두렵다.

"같은 잣대로 지도를 해야지 공부를 잘하느냐의 여부에 따라 달라진다는 것이 말이 되느냐?"

"그건 아부지 생각이에요, 이쁘면 다 용서되잖아요."

시험 성적이 좋다는 것, 공부를 잘한다는 것, 그것만을 최고의 가치로 여기게 될까 무섭다. 동료, 친구라는 말이 무색하게 경쟁자로만 인식되게 하는 교육 제도, 결석한 녀석이 노트를 빌려달라면 안 빌려준다고 한다. 이기심만 키우게 하는 학교, 슬픈 일이다.

내가 다니던 학교는 답안지를 슬쩍슬쩍 보여주곤 했다. 오답을 베껴 쓴 친구 녀석의 쓴웃음 앞에는 그래도 의리라는 말, 연대라는 의식도 있었다. 치기어린 짓과 함께 장난 속에 동질감이 싹텄다. 어떤 의식이나 의도를 갖고 한 것이 아니라 그러다 보니 정이 든 것이다. 친구로서의 정…….

돌이켜 보면, 모든 면을 통틀어 1등을 한 적이 한 번도 없었다. 그렇다고 해서 사회생활에 지장 받은 기억도 없다. 그러다 마흔 넘어서 늦게 편입학한 학부 과정, 역설적으로 그때 1등이라는 것을 해 봤다. 처음으로 교실에서 강의를 듣고 공부하는 것이 재미있다는 느낌이 들었다.

가장 중요한 문제는 진짜 공부는 못한다는 것이다. 직장 예절 하나 가르치지 못하는 것이 요즘 학교다. 상사에 대한 예우는 물론, 동료에 대한 배려는 무엇인지, 극심한 개인주의화는 경쟁만 가르칠 수밖에 없는 학교에서부터 시작되는 것은 아닌지 모르겠다.

나이 들어 동창회를 하면 꼭 말썽부리던 녀석, 공부 못 하여 매 맞던 꼴통들이 사업을 일으켜 그래도 담임선생님 맥주라도 한잔 대접하는 현실은 어떻게 설명해야 할지 고민스럽다.

"밥 먹고 한 개피는 안 될까요?"

"안 된다."

24 연민 :: 티벳탄 젊은이

어릴 적 추억이 취기를 올렸다.

숙소로 가기 위해 일행과 헤어진 뒤, 이곳은 소매치기가 많으니 밤에 돌아다니지 말라는 가이드의 말을 무시하고 한잔 더 하기로 했다. 조금은 귀찮아하는 녀석을 끌고 조그마한 카페에 들렀다.

티벳탄 마을의 카페, 입구에는 티베트 불교를 상징하는 문양을 수놓은 커튼을 반쯤 드리우고 있어 더욱 침침한 기분이 든다. 더구나 백열등 몇 개로는 침침하여 건너편 테이블에 앉은 사람들 얼굴 구분도 안 된다. 어설픈 탁자와 불편한 의자를 몇 개 붙여 놓은 것이 전부다.

라싸 피지워拉萨啤酒, 포탈라 궁이 희미하게 그려져 있어 티베트에 들어와 있음을 실감한다. 따리 맥주가 그렇듯이 이곳 라싸 맥주도 청량한 맛이 뒤지지 않는다. 하루를 마감하는 의미의 맥주 한잔, 가이드 녀석도 홀짝거리며 잘 마신다.

우리 얼굴이 티벳탄이나 한족과는 많이 다른 모양이다. 아니면 차림새가 달라 구분이 되는지도 모르겠다. 건너편 테이블에 있던 사람 둘이 우리 자리로 와서 맥주를 한잔 권한다. 얼떨결에 받아 마시고 그냥 있을 수는 없는 일이어서 그들 자리로 맥주병을 들고 갔다.

우리가 한국 사람이라 하니 여기저기서 관심을 나타낸다. 아마 한국 사람을 만나기가 쉽진 않은 모양이다. 쉴 새 없이 질문이 터져 나온다. 한국에 대한 관심이 이렇게 큰 줄 몰랐다. 질문이 잦아들 즈음, 아주 자랑스러운 표정으로 조금은 거들먹거리며 자신들을 소개한다.

그들 일행은 빠이젠八一镇 법원의 부원장, 소방서장, 공안부소장, 그 외에 법원 직원들이라고 한다. 자신들의 담당 업무가 그래서인지는 모르겠으나 한국의 치안 상태는 어떤지, 범죄는 많지 않은지, 야간에 외출하는 것은 어떤지, 집을 비워도 괜찮은지 주로 이런 내용을 물어보다가 호기를 부린다.

"치안 상태가 좋으니 맘대로 돌아다녀도 된다."

나는 그들에게서 뭔가를 확인하고 싶었다. 나는 한국인이지만 티벳탄과 먼 옛날 어떤 인연이, 아니면 비록 실처럼 조금은 겹친 핏줄이 통하지 않을까 하는 생각을 가지고 왔다. 티벳탄은 한국에 대해 혹시 조금이라도 그런 생각을 하는 사람이 있는지 궁금하여 물었다.

그들은 내 말에 대답하지 않았다. 묻는 의도가 무엇인지 몰랐는지 아니면 부정한다는 의미인지 다른 쪽으로 화제를 돌렸다. 이야기 중의 백미, 여권을 보여 달라고 한다. 한참을 이리저리 살피더니 처음 봤다고 한다. 법원 부원장, 공안부소장이라는 사람들이…….

티베트를 통합시킬 유일한 지도자 달라이 라마는 인도, 다람살라에 망명 정부를 세우고 있다. 그곳과 연결되는 것을 꺼려하는 중국 정부의 방침상 티벳탄은 해외여행이 금지되어 있는 상태인 것 같다. 그러니 여권이라는 것을 처음 보는 것도 무리는 아닐 듯싶다.

한국 남성들은 직장 동료, 선후배, 친구 모임에서 마시는 술이 적지 않다. 티벳탄 직장인들의 술 마시는 모습도 그 못지않다. 그리고 틈만 나면 일어서서 건배한다.

"깜 뻬이"

"깜 뻬이 No!, 건배"

의식적으로 우리말로 고쳐 본다. 티베트 라마승은 손뼉을 치면서 상대방을 설득하고 반박하는 비엔징辨经 또는 禅对谈이라는 독특한 토론 문화를 가지고 있다. 그 문화가 녹아든 듯, 동료 전원을 상대로 의견을 피력한 후 일어서면서 건배를 제의한다.

일행 중 한 사람도 빠지지 않고 따라 일어서면서 건배, 그리고 앉아서 몇 마디 얘기를 하고 또다시 일어서면서 건배의 연속, 우린 영문도 모르면서 몇 번을 따라 일어서야만 했다. 거의 군대 분위기, 못 당하겠다. 그리고 그들이 한 마지막 말,

"중국의 시짱, 중국의 시짱임을 잊지 말아 달라."

그들도 분명 티벳탄인데, 중국이 인위적으로 가른 시짱西藏을 말하고 있다. '중국의 시짱이라……' 그들은 티베트를 이야기하지 않았다. 왜 애써 티베트가 아닌 시짱을 얘기하고 있을까. 그들이 시짱을 강조했던 것은 우리가 외국인이어서 그랬을까? 억지로 시짱을 말하는 그들이 연민의 정을 끌어낸다.

어떤 사안에 관한 결정권은 모두 한족이 쥐고 있다. 티벤탄은 소수민족 동화 정책의 일환으로 명예직 아니면 구색 갖추기에 불과한 직위를 부여받았을 뿐이다. 그 정책에 맞춰진 부원장, 부소장이라는 사람들이 이미 한족화 정책에 순응해 가는 모습을 우리에게 보여 주었다. 그들 모습은 극히 일부이길 기원했다.

일제 강점기, 저들과 비슷한 지위에 있었던 사람들이 동족에게 했던 반민족 행위에 대해 어떤 방식으로든 책임을 통감한 사람을 본 적이 없다. 그 후손들은 친일인명사전 등재를 대놓고 거부했다.

어떻게 보면 친일파는 오히려 득세했다. 친일 행각으로 강탈한 재산을 반환해 달라고 당당하게 요구하는 것이 한국의 현실이다.

그들도 염치가 없지만 친일 청산도 제대로 못한 한국의 정치, 사회 현상이 참으로 안타깝다.

이들은 지금 혼란의 시대를 살고 있다. 어떤 선택을 할 것인지는 이들 가치관에 맡겨질 수밖에 없다. 안타깝지만 달라이 라마는 들어올 수 없다. 타 민족의 원치 않는 지배를 받은 민족적 경험을 같이 한 한국인으로서의 안타까움만 꼬리처럼 들러붙는다.

밤이 이슥해서야 잠자리에 들 수 있었다.

25 억울함? :: 군대 가던 날

오늘은 드디어 라싸로 들어간다.

라싸 가는 길은 비교적 평탄한 포장도로다. 420여 Km, 서울에서 부산 가는 정도? 가장 먼 길이지만 그렇게 많은 시간이 걸릴 것 같진 않다. 아침은 만두와 또우지앙으로 간단히 해결하고 출발이다. 조금은 설렌다. 그러나 출발한 지 얼마 안 됐는데 정차한다.

앞에 군부대가 있는 모양이다. 군용 차량이 빠져나간다. 군대의 편의를 위해 모든 차량의 통행을 막았다. 한참을 기다렸다. 겨우 진행하기는 하나 대오를 이룬 군용 차량이 끝이 없다.

츄린, 다른 차 한 대가 추월하면 같이 따라서 추월, 20세가 채 안 됐을 앳된 병사들이 트럭 적재함에 나란히 타고 있다. 훈련에 지친 듯 고개를 떨어트려 졸고 있다. 차량 번호를 보니 3-80, 3-79, 3-78······. 순서대로 가고 있다. 그렇다면 70대 이상을 추월해야 하나? 한숨부터 나온다.

"티벳탄도 군대에 가노?"

"군대는 소수 민족 가리지 않습니다."

중국은 모병제를 실시하고 있는데 군에 지원하는 젊은이들이 많다고 한다. 직접적인 이유는 실업자가 많다는 것 외에 군대를 갔다 오면 그 경력을 인정해 주는 사회적 분위기가 젊은이들의 지원 행렬을 뒷받침한다고 한다.

우리나라의 징집 제도는 개병제다. 특별한 면제 사유가 없는 한 모든 남자는 병역의 의무 국방 의무와는 달리 남자에게만 부여된다를 진다. 국민 개병제의 정당성은 그것이 공정할 때라야 가치를 인정할 수 있다. 그럼에도 불구하고 그것이 불공정하다고 느끼는 국민이 많다면 실패한 제도다.

아니 제도적 문제라기보다는 운용의 실패라고 해야겠다. 국가의 명예를 높이거나 국가 발전에 공이 있는 사람에게 병역 면제라는 특혜를 준다. 사회적으로 공인하고 있는 것이다. 스포츠 선수에겐 최고의 동기다. 군에 가지 않는 것이 특별한 혜택이라는데 누군들 위험한 고생길을 찾아가고 싶을까?

영국은 왕족일수록 먼저 군대에 간다. 심지어 아프리카 일부 국가도 올림픽 메달리스트에게 군 장교로 임관될 혜택을 준다. 당사자는 한없는 영광으로 생각한다. 그런데 우리는 면제가 특혜라고 한다. 뭔가 거꾸로 된 느낌이다.

부유층 자녀의 면제율이 그렇지 못한 사람들보다 얼마가 더 높더라 하는 통계는 슬프다. 유명 연예인이 입대하는 날, 훈련소 앞은 난리가 난다. 군에 가는 것이 당연한 것인데, 그렇지 않은 사람이 많아서라고 아니할 수 있을까?

 국회 인사 청문회에 나온 정무직 공무원, 유독 면제 받은 사람이 참 많다. 이유도 가지가지다. 저체중, 난시, 각종 질환, 고령, 탈골, 고도비만 그리고 우울증에 정신 병력까지……. 각종 의혹을 해소하지 못하고 국민 불신만 가중시킨다.

 건강하지 못해 군에도 가지 못한 사람들이 살인적인 경쟁을 뚫고 고위 공직 후보자가 되었다. 시쳇말로 남들 군대 3년 때울 동안 그걸 면제받고 한창 젊은 나이에 공부할 기회를 가졌기에 그 자리까지 올라간 것이라면 잘못돼도 단단히 잘못됐다.

 1981년 7월 31일, 입대 전날 영등포에서 친구들과 만났다. 입대주 入隊酒를 먹는다 하여 어찌 하다 보니 다섯 놈의 주머니의 합계보다 계산서 종이 한 장이 훨씬 무거웠다. 궁여지책으로 손목시계를 풀어주고서야 술집 주인의 노여운 얼굴을 가시게 할 수 있었다.

 밖으로 나가려 했으나 이미 통행금지 시각 0시부터 4시까지 통행이 금지되던 때였다.을 넘겼다. 갈 곳이 없었다. 술집이 있던 건물 옥상으로 올라갔다. 누군가 골판지 박스를 가져다 놓았다. 그것을 깔고 누워 하늘을 보니 스멀스멀 다 꺼져가는 별이 역시 희미한 달에 기대어 숨죽이고 있었다.

 한숨도 못 잤다. 꽤 많은 술을 마셨는데 오히려 정신은 평상시보다 더 말똥말똥했다. 새벽에 일어났으나 훈련소가 있는 대전까지 내려갈 차비가 없었다. 돈을 빌리러 간 친구를 기다리는데 이유를 알 수 없는 부아가 치밀었다.

 군대 가던 날, 솔직히 말하면 슬프다기보다는 뭔가 모를 억울함이 있었다. 그리곤 1984년 6월 30일, 만기 제대를 했다. 병장만 15개월을 포함, 단 하루도 빠지지 않는 35개월간 군 복무를 하면서 국민의 생명과 재산을 지킨다는 사명감이 있었느냐고 물으면, 자신 있게 그렇다. 고 대답하긴 어렵다.

사명감이라 말하면 좀 공허한 생각이 든다. 우리 군대는 수많은 의문사 중에서 단 하나도 속 시원히 풀어준 적이 없다. 제발 다치지만 않았으면, 무사히 제대하기만을 바라는 군대에서 사명감은 어쩌면 욕심일지도 모르겠다. 「군인의 사명」을 매일 암송한다고 해결될 일이 아니다. 시민에 대한 국가의 책임에 관한 문제다.

내 아이도 얼마 지나지 않아 군대를 갈 것이다. 녀석이 억울한 생각을 하지 않게 할 방법을 모색해야겠다. 아니 그 전에 다치지 않기만을 바랄 뿐이다. 또래의 아들을 둔 모든 부모의 바람이다.

뭐가 잘못된 것인지 모르겠다. 입영 통지서를 받고서 나만 못 났나? 다른 사람은 부모 잘 만나 안 가는 것인가? 이런 생각이 만연하기 전에 군에 갔다 온 사람의 자긍심을 높일 수 있는 방법을 찾아야 한다. 그리고 사회적 지원이 따라야 한다.

그러나 제대 장병을 우대하는 제도는 위헌 판결이 났다. 그렇다면 대안은 모병제다. 우리 경제력이 감당할 수 있을 것인가에 대해서는 회의적이다. 그러기에 더욱 군 복무 경력을 인정하는 제도를 만들어야 한다. 그러나 책임이 있는 기관을 포함해 모두 손을 놓고 있다. 군에 가지 않을 수 없는데, 참 안타깝다.

순서대로 가고 있던 군용 차량 번호의 숫자 3은 무슨 뜻일까. 부대 번호 3번? 전방에 2부대, 1부대 또 있단 얘긴가? 불안하던 예측이 정확히 맞았다. 포장을 씌워서 야포인지 어떤 장비인지는 알 수 없으나 그들은 꼭 티벳탄에게 무력시위라도 하려는 듯이 보였다.

난 이날 군용 차량 250여 대를 추월하는 차에 타고 있어야 했다.

26 후련함 :: 금연결의가 깨졌다.

군용 차량을 쫓다 보니 도로 옆을 흐르는 니양허尼羊河가 그렇게 아름다운 줄 몰랐다. 백사장에 푸른 물결……. 지금까지 지나온 어떤 강보다 아름답다. 사람이 손을 대지 않은 자연이 얼마나 숨이 막히도록 아름다울 수 있는지 그걸 보여 주고 있다.

자갈밭과 백사장, 잔잔한 소와 굽이치는 여울, 강변의 풀밭과 버드나무, 바위가 웅크린 그 앞 깊은 물엔 메기나 꺽지, 그것이 아니면 꼭 뭔가가 있을 것 같은 강원도 어느 골짜기와 별반 다르지 않다. 포장길이 나기 전 우리가 살던 산골은 그렇게 아름다웠다..

어느새 바허巴河에 도착한다.

여기서 우회전하여 들어가면 바슘쵸巴松错-바송추어가 있다. 아마 티베트뿐만 아니라 중국을 통틀어도 가장 아름다운 호수 중 하나일 것이다. 만년설을 배경으로 한 쪽빛 호수……. 그러나 가장 높은 미라샨과 300km를 넘는 라싸 이정표를 보고는 포기할 수밖에 없다.

모두 밖을 바라보면서 풍경에 빠져 있으나 어제 약속한 대로 담배를 못 피워 그런지 말이 없다. 운전기사 츄런도 눈치가 있는지 담배를 잘 안 피운다. 공뿌지앙다를 지나고 보니 전방에 화물차가 빽빽하게 밀려 있다. 안 되겠다. 돌아가서 점심이나 먹고 가기로 했다.

공뿌지앙다 工布江达는 티베트의 유명한 가문 아페이아왕진메이 阿沛阿旺晉美의 고향이라고 한다. 공뿌지앙다를 가르는 니양허에 놓인 다리는 이 가문에서 기부하여 「아페이치아오」라고 부른다고 한다.

아치형의 다리, 아름답게 지었지만 지금은 소형차만 겨우 다닐 수 있도록 하여 지프차 같은 경우에도 좀 더 상류에 놓인 다리로 돌아가야 한다. 점심 식사 후,

"밥맛이 별로 없네요."

시간을 지체하였더니 차량 운행에 여유가 좀 생긴다. 평탄한 길로만 갈 줄 알았던 차가 다시 구릉을 따라 언덕을 오른다. 앞에 보이는 산은 어제 내린 눈인지 흰 머리를 이고 있다.

운전기사 츄런이 갑자기 차를 길옆 잔디밭에 세운다. 군용 차량이 앞서 간다. 또 추월해야 하나? 시간이 많이 남았단다. 도대체 무슨 시간? 어제부터 도로 상의 일정 거리마다 공안이 나와 모든 차량을 검사하고 통행증을 끊어 주는 것을 보면서 무심히 지나쳤는데, 중국다운 발상을 다시 한 번 보게 된다.

나는 공안이 차량 운행 시간을 통제하는 것을 보고 쓸데없는 공권력의 관여라고 생각했다. 그런데 그렇게 할 수밖에 없는 티베트의 도로 사정을 간과했다. 차량 통제 방식은 이런 것이다.

라싸로 들어가는 촨창공루 및 라싸에서 네팔과의 국경 도시인 쟝무까지 연결되는 중니공루의 최고 시속은 40km로 제한되어 있고, 그 속력에 맞춰 일정 구간마다 공안이 나와 그 지점의 통과 시간과 다음 지점의 통과 시간을 기재한 통행증을 발급하고 그 시간을 준수하여 차량을 운행하게 한다.

예컨대, 현 지점 통과 시간에 비추어 다음 지점의 거리가 40km 후방이라면 다음 지점의 통과 시간을 한 시간 후로 지정하여 주는 것이다. 글쎄다. 츄런도 이미 40km 이상으로 운행하고 중간에서 쉬었다. 모든 차량이 시속 40km 이하로 운행하는 것이 가능할까?

그렇지만 이곳에선 그렇게 하는 것이 가장 최선의 감속 방법일 수도 있겠다. 어쩌면 이 땅에서의 피지배자인 운전기사 츄런, 참 고지식하다. 이 제도의 요체는 지정해 준 그 시간을 넘겨서 도착하라는 것이지 꼭 그 시간에 맞추라는 얘기는 아닌 것으로 보인다.

그런데 이놈은 죽어도 그 시간에 정확히 다음 지점을 통과해야 한단다. 1분도 틀리면 안 된다나 뭐라나……. 한참을 쉬고도 2, 3분을 일찍 도착하니 공안이 통행증을 끊어 주면서 너무 빨리 왔다고, 다음 지점까지는 천천히 가라고 한다.

지앙다江达, 진다金达를 지나 다시 언덕을 오르기 시작한다. 지아씽加兴을 지난 후부터는 인가가 거의 보이질 않는다. 대신 도로 양옆으로 유목민 텐트가 점점 흩뿌려져 있다. 유목민은 가물가물, 멀리서도 어김없이 손을 흔든다.

니양허가 시작되는 물줄기가 끊어질 듯 이어지더니 하늘과 맞닿은 지점까지 오른다. 5,013m의 미라샨米拉山이다. 고갯마루에 세워진 아치 그리고 타르쵸……. 장관이다. 온통 타르쵸가 휘감겨 있어 아치에 쓴 글자도 잘 안 보인다. 그런데 바람에 날리는 타르쵸 사이로 입간판이 하나 보인다.

「假日酒店」

호텔 광고를 위한 상업주의가 이 높은 미라샨 꼭대기에 올라와 있다.

빠이에서 본 호텔이다. 무심코 천막으로 바람막이를 한 곳에서 소변을 보았다. 눈에 띄지도 않던 아주머니 한 분이 화장실 이용료를 내라고 한다. 1위안을 내고 돌아보니,

「氷雪路段, 车辆慢行」, 역시 시기를 잘 선택한 것 같다.

미라샨 정상에서 라싸 가는 길은 온통 초지 사이로 왼쪽 반원형으로 크게 휘돌아 넘어간다. 그리고 함께 달리는 고압선 철탑, 도시 쪽은 이미 문명에 길들여졌음을 뜻한다. 이들 땅에 자급할 발전 시설이 있는지는 모르겠다.

만약에……. 전기 공급이 끊기면? 아니 어떤 이유에서건 송전을 끊으면? 티베트는 과연 버틸 수 있을까? 중국에 대한 경제적 의존도가 더 높아질 수밖에 없는 현실을 그대로 웅변하고 있다. 고압

미라샨

송전 철탑은 중국의 티베트에 대한 지배력의 상징처럼 느껴진다. 안타깝지만 생각하고 싶지 않다.

티베트는 이 미라샨을 경계로 동부지역 린즈 쪽의 삼림과 서부 지역의 황량함이 극명하게 갈린다. 미라샨을 넘자 온통 바위산에 나무 한 그루 없이 풀포기 몇 잎만……. 그래도 이곳에서 야크를 키우고 칭커를 재배하면서 욕심 없이 살아가는 이들의 행복지수는 우리보다 한참 높단다.

미라샨을 넘자 모주공카墨竹工卡가 가까워진다. 모주공카는 토번왕국의 전성기를 이끌었던 쏭짠칸부松贊干布 왕의 고향이다. 당시 가장 위세를 떨치던 당나라도 문성공주文成公主를 정략결혼으로 보내지 않을 수 없게 한 티벳탄의 자부심이다.

모주공카로 들어가는 길옆으로는 수박, 옥수수 등 농산물을 파는 좌판이 길게 늘어서 있다. 하루 종일 담배를 피우지 않아 약간 신경이 곤두서 있었는지 삶은 옥수수를 살 것인지, 생 옥수수를 살 것인지를 두고 옥신각신이다.

"이쪽 좌판에 있다."

"아니 저쪽 뒤에 있다."

왔다 갔다 하는 재덕이 형님 눈치를 살피던 동진이 형,

"형님 담배 하나 드릴까요?" 못 이기는 척,

"담배 있노? 한 대만 피울까?"

"동생들도 한 대씩 피울래?"

빙 둘러선 채 피우는 담배 한 모금, 숨기던 것을 들키면 차라리 시원하다. 마음은 그런 것을……. 그리하여 금연결의는 하루를 못 가

깨지고 말았다. 그런데 모두들 즐겁다. 얼굴까지 환해진다.

'그래, 스트레스는 받지 말자.'

27 반가움 :: 오! 포탈라

모주공카를 지나면서 옆을 흐르는 키츄_{拉薩河, 미라샨에서 발원하여 라싸 쪽을 흘러 야루창뿌에 합류하는 강}는 광활한 면적을 차지하고 이 땅의 주인 행세를 한다. 수량이 많은 것 같진 않은데 강폭은 한강보다 훨씬 넓다.

이들의 물을 대하는 태도는 어떻게 보면 철저히 수동적이다. 자연스럽게 흐르는 대로 둔다. 설령, 물길이 넘쳐 농지를 침범한다고 해도 물길을 피해 생긴 것만큼, 취할 수 있는 것만 취한다. 자연에 대한 사람의 욕심, 제방이 없다. 그것이 현명한지도 모르겠다. 키츄를 통해 우리와 사뭇 다른 이들의 생활 방식을 보게 된다.

우리는 강을, 물을 지배하겠다며 「治水」라는 말을 쓴다. 제방을 쌓고 물길을 돌려 이를 직선화하여 강이 아닌 하수도를 만든다. 강원도 두로봉_{頭老峰}에서 발원하여 진부를 거쳐 정선 쪽으로 흐르는 오대천이라는 강이 있다.

수해 복구공사를 하면서 도로 옹벽을 치고 강바닥을 헤쳐 바위를 다 들어냈다. 강물이 조금만 늘어도 물 흐름에 저항이 없으니 물살은 더 빨라지고 빠른 물살은 다시 옹벽을 무너뜨리고, 그래서 그것이 나중에 더 큰 재앙으로 변할 수도 있을 텐데……. 수초나 바위가 없는 강은 그것 자체로도 황량하다.

츄런이 다시 차를 세운다. 시간이 남았단다. 그런데……. 기껏 시간 지켜 갔더니, 켁! 공안이 안 보인다. 라싸 40km 전방, 가이드 놈에게 간덴 사원^{噶丹寺, 또는 甘丹寺로 표기하는데, 1410년 게루파 교주인 총카파가 세웠다고 한다. 해발 4,200m에 위치한다.}을 가자고 하였다.

츄런, 얼굴이 환해지면서 "간덴! 간덴!", 한다. 역시 티벳탄이라 이공 차밭은 가기 싫은 눈치더니 그곳은 좋은가 보다. 우리는 간덴 사원을 보기 위해 지그재그로 난 비탈길을 휘돌아 올라갔다. 내려다보니 십 몇 굽잇길이 예술이다.

발아래로 내려다보이는 드넓은 키츄와 건너편 바위산, 구름 사이로 마치 서치라이트를 비추는 것 같은 빛 내림에 바위산이 자체 발광하듯 빛나고 있다. 천상에 올라와 있기라도 하듯이 굽어보이는 마을과 강은

간덴사원 오르는 길

그 경계가 없어 아련하다. 그리고 조금은 측은하게 다가온다.

우리 눈에 비친 사원은 참 적막하다. 달라이 라마가 속한 최대 종파인 게루파格魯派 최초의 사원이자 총 본산이라고 하는데 예전의 명성에 걸맞지 않게 오가는 승려도 별로 없고 조용하여 숨이 멎어 있는 것 같다.

간덴 사원을 보니 시가체의 타쉬룬포, 간체江孜의 간체 쿰붐白居寺 그런 곳까지 이런 모습일까? 하는 생각이 든다. 그 많다던 승려는 다 어디로 갔을까? 사원 내부나 승려를 사진으로 담기가 쉽지 않다. 카메라를 들면 어김없이 손을 내민다. 돈을 내라는 것이다. 사원마저도 돈에 저당 잡힌 것 같은 생각이 든다.

간덴사원

간덴사원 표지석

    몰락한 토번 왕국吐蕃王國의 쓸쓸한 뒷모습을 보여주는 것 같다. 티베트 사원과 불교는 이들과 상관없는 마오쩌둥毛泽东의 권력 투쟁의 수단으로 조장된 문화대혁명을 거치면서 철저하게 파괴되고 유린되었다.

    승려는 강제로 해산되고 투옥되었다. 파괴된 사원과 위축된 승려의 역할은 회복이 쉽지 않음을 내 눈으로 확인하고야 말았다. 돈을 달라고 내미는 손 그리고 쳐다보는 눈빛에 수행자의 모습은 없었다. 아릿한 마음을 뒤로하고 간덴사원을 내려왔다.

    라싸까지 얼마 남지 않았다.

    키츄를 따라 내려가는 길에 간간이 낚시하는 사람이 보인다. 티벳탄은 물고기를 먹지 않는다고 하는데, 한족汉族인가 보다. 도저히 물고기가 있을 것 같지 않지만, 그들의 먹거리에 대한 극성은 이렇게 티벳탄의 정서를 무시하고 있다.

지금은 머리가 큰 아들, 잠든 모습이나 동공이 허공을 맴도는 것을 보면 얼마 전 일이 연상된다. 녀석은 소파에 삐딱하게 기대앉아 온갖 인상을 찌푸린 채 코딱지를 파고 있었다. 그러다가 뭐가 걸렸는지,
"와- 월척이다.", 하면서 조심스럽다.
코딱지에 붙어 있던 나머지 코가 쭉- 빠져나오면 콧등으로 이마로 그리고 머리까지 시원해지는 느낌이 이어진다. 녀석이 그걸 느낀 모양이다. 동공이 커지는가 싶더니 이내 찌푸려진다.
"에이- 피라미네……", 그걸 엄지와 검지로 돌돌 말더니,
"미끼로 밖에 못 쓰겠네", 하면서 손가락으로 튕겨 버렸다.
나는 평상시 같으면 방바닥에 버린 코딱지를 지적했을 텐데 아무 말도 못 했었다. 그랬던 녀석이 벌써 머리가 컸다. 그런 만큼 오히려 고민이 더 많을 녀석, 일상을 벗어나고 싶은 마음은 나보다 클지도

티벳탄 마을

모르겠다. 괜히 미안해진다.

어느새 해가 진 모양이다. 타지에 나가 땅거미가 내려앉아 어둑어둑해지면 괜스레 쓸쓸해지며 하나둘 켜지는 푸르스름한 형광등 불빛은 애잔한 슬픔으로 밀려든다. 아마도 잠들 곳, 쉴 곳이 정해지지 않았기에 더욱 그런지도 모르겠다.

도로를 따라 일렬로 줄지어 자리한 티벳탄 가옥, 저녁 연무에 밥 짓는 기색이 보이질 않아 간덴 사원처럼, 집 나간 가장의 빈자리처럼 그런 적막감과 쓸쓸함 그리고 기약 없는 기다림이 내려앉은 것 같다.

마치 옛날 새마을 주택을 보는 것 같다. 똑같은 형태로 일렬로 지어놓고 지붕만 파란색, 빨간색 가장 촌티 나는 색으로 칠했다. 어쩌면 똑같음을 강요당하고 살아야만 하는 전체주의가 내리누르고 있는 그런 슬픔을 간직한 집, 시골에 가면 지금도 좀 남아 있다.

우리 새마을 주택의 일체감과 티벳탄 전통 가옥의 똑같음에는 어떤 차이가 있을까? 새마을 주택은 슬픈 시절의 강요된 삶이다. 그러나 이들의 똑같음은 한곳을 향하고 있다. 바로 불교다. 종교와 생활이 일치된 이들의 삶을 똑같은 가옥 형태가 상징적으로 보여 주고 있다.

츄런, 신 났다. 제집에 가까이 오게 되니 어찌 반갑지 않을까? 들떠 있는 모습이 옆에서도 느껴진다. 녀석은 집을 나와 최소한 열흘이 넘었다. 츄런이 손가락으로 앞을 가리키면서 아주 상기된 표정으로,

"라싸! 라싸!", 한다.

앞을 보니 땅거미가 어슴푸레한데, 오! 정말 거짓말처럼 신기루 같은 포탈라 궁이 불뚝 솟아 있다.

제 4 부

티베트 일기

1 신뢰 :: 소주 한잔의 의미

라싸拉萨, 중국식으로는 성省이 아닌 자치구西藏藏族自治區의 구도로 되어 있다. 그러나 예전 투판왕구어吐蕃王国 시대에는 종교와 경제의 중심인 독립 국가의 수도였다. 해발 3,700m에 위치해 있다. 포탈라궁을 중심으로 왼쪽은 한족 거주지고 오른쪽 일부만 티벳탄이 살고 있다고 한다.

이미 대부분의 상권은 한족에게 넘어갔고, 도시 분위기도 상당 부분 중국화되어 주민 분포도에서도 한족이 티벳탄을 추월하였으니 티베트 불교의 성도라고 말하기가 쉽지 않은 곳…….

라싸를 멀리 두고도 도드라지는 포탈라布达拉만이 그렇지 않다고 홀로 쓸쓸한 목소리를 높이는 것 같다. 땅거미가 질 때여선지 아니면 연무 때문이었는지 포플러에 가려진 도심을 뚫고 불뚝 솟은 포탈라를 보면서 그런 느낌을 받았다.

도착한 시각이 오후 아홉 시는 넘은 것 같다. 시내로 들어오면서 이미 침침해졌다. 희미한 저녁노을에 휩싸인 밤거리는 여느 도시와 크게 다르지 않다. 자동차의 경적 소리, 거리를 오가는 사람들의 잰걸음, 다시 묻힌 분주함 앞에 가이드란 놈이 헤맨다. 정해진 곳이 없는 것 같아 예약 안 했느냐고 물으니,

"여긴 예약이 안 됩니다.", 그러면서 눈치를 살핀다.

"이쪽은 별로입니다. 포탈라 동쪽으로 가야 티베트 분위기를 느낄 수 있을 겁니다.", 옮기기로 했다.

가이드 녀석이 나보다 나은 건 중국말을 할 줄 안다는 것뿐이다.

차마고도는 물론 라싸도 처음 왔다. 여기까지 오면서 뭘 보아야 할지, 어디를 가야 할지 갈피를 못 잡았다. 지금까지의 가이드는 오롯이 츄런이 대신했다. 녀석은 츄런이 하는 말을 통역한 것밖에는 없다. 그리고 놈의 역할은 뭔지 모르겠다.

"베이징동루 야크 호텔로 가자."고 하였다.

새로 지은 현대식 시설도 있지만, 야크 호텔亞賓馆은 전통적인 티베트 분위기의 라싸를 대표하는 숙소다. 재덕이 형님,

"여기도 한국 식당 있제?", 가이드,

"아마 여긴 없을 겁니다."

'쯧쯧쯧- 저걸 가이드라고……'

"아니요, 아리랑이라는 식당이 있답니다."

"그럼 먼저는 동진이가 샀으니 오늘 저녁은 내가 산다. 삼겹살에 소주, 어뜬냐, 좋제? 거기 좀 찾아 보래이?"

가이드 녀석은 오히려 안내를 받고 있다. 야크 호텔에는 형님들만 묶기로 하고 우리는 조금 떨어진 지르뤼관吉日旅馆, 키레이 호텔에 짐을 풀었다.

라싸까지의 차마고도 여행이 끝났다.

지난 몇 달간 마음 설레며 준비한 길, 심혈을 기울인 어떤 상황이 종료되었을 때의 허탈함, 중간에 보지 못한 것에 대한 서운함, 다시 한 번 와보고 싶지만 결코 쉽지 않을 것이라는 현실적인 생각에 왠지 더 느껴지는 아쉬움…….

창밖으로 들려오는 자동차의 경적 소리와 사람들의 웅성거림 그리고 다시 번잡함에 묻히면서 라싸에 도착했다는 안도감보다는 스쳐 간 기억에 대한 미진함이 더 크게 자리 잡는다.

키레이 호텔에서 조금 떨어진 곳에 「阿里郞」이라는 한식 식당이 있다. 2층에 자리를 잡았다. 왁자지껄한 한국말, 한국 사람이 이 오지까지 많이도 왔다. 차마고도를 거치면서 한 사람도 보지 못했다. 쭝디엔 은행에서 환전할 때 만난 이후로는 처음이다.

그곳에서 김치찌개를 우겨넣은 이후 처음 대하는 한국 음식, 반갑기 그지없다. 국내와 똑같이 삼겹살 구이에 마늘, 고추, 상추쌈이 있어 행복한데, 좀 비싸지만 반가운 소주 한잔까지 더한다. 헌데 환기가 신통찮아 고기 태우는 연기가 자욱하게 들어찬다.

야크 고기는 처음 먹어 봤다. 빛깔이나 식감, 맛이 소고기와 비슷하지만 기름기가 적어 약간은 거칠다. 많이는 못 먹겠다. 오랜만에

라싸 시내

접하는 익숙한 식단에 차마고도 여정의 피로가 싹 풀린다.

몇 순배가 돌아가니 분위기가 무르익는다. 차마고도와 티베트에 대한 단상에서 시작해 우정에 관한 이야기, 하필이면 이 먼 곳까지 와서 만난 것이 어떤 인연이 있었기 때문이 아니었겠느냐는 추론으로부터 소중한 만남을 지속하자는 약속에 이르기까지 오랜만에 중년 남자들의 수다가 꽃을 피운다.

오십 언저리에 들어선 지금, 나이 들어 만난 사람과 나누는 소주 한 잔의 의미는 무엇일까? 남자는 나이 들수록 함께할 친구가 있어야 한다고 했다. 친구가 없는 삶은 얼마나 무미건조할까. 문득 전화 한 통 받아 줄 친구가 없다면?

50을 사이에 두고 나누는 소주 한잔! 50을 잡고 싶지 않은 술잔이나 그 숫자를 놓치고 싶지 않은 술잔이나 그런 구분 없이 우린 아주 오래된 사이처럼 똑같은 느낌으로 이미 동화되고 있었다.

형님들, 신신당부한다. 건강 해치지 말고, 잘 먹고 잘 자고, 외국에서 돈 떨어지면 서러우니까 내가 준 돈 아끼지 말고 쓰라고……. 눈물이 나도록 고맙다.

"장도를 위하여"

"초모랑마를 위하여"

우리의 일정은 여기까지만 동행하는 것으로 되어 있다. 형님들은 시가체를 들러 항공편을 이용하여 청도우成都를 거쳐 국내로 들어가고, 우리는 시가체, 라체를 거쳐 초모랑마 베이스캠프를 들러 네팔의 카트만두에서 들어가기로 계획되어 있다.

우린 평상시 같았으면 밤이 이슥해지는 것을 자각하지 못했을 것이다. 그러나 고지대의 소주 몇 잔은 금방 체력의 한계를 시험한다. 한국에서 다시 만나자는 약속을 재삼, 재사 다짐했다.

다운도 나도 섭섭한가 보다.

가끔 아주 가끔 사무실 직원이나 모임에서 만나는 나이가 좀 적은 사람들과 노래방을 갈 경우가 있다. 내 자리가 아닌 것처럼 그들과 동화되지 못하고 슬며시 발을 뺄 때가 있다.

그러나 그런 어색함, 유행어의 의미를 파악하지 못하여 한쪽으로 밀려나 있는 어설픔이 아니라, 어려운 길을 함께 한 동료 의식 같은 것이 함께 나눈 소주 한잔에 담겨 있다.

그건 절대로 인위적으로 될 문제가 아니다. 그만한 신뢰가 쌓였기에 가능하다. 어떻게 보면 믿는다는 것과 신뢰한다는 것은 전혀 다른 문제일 수도 있다. 믿는다는 것은 지극히 주관적인 관념에 불과하다. 그러나 신뢰는 타인으로 하여금 자신을 믿게 하는 영향력 또는 힘이라고 정의한다면 크게 틀리지는 않을 것이다.

자신의 의지와는 다른 그런 상호 신뢰가 자리 잡았을 것으로 본다. 그것은 어쩌면 네 사람의 삶에 있어 기댈 언덕일 수도 있겠다. 몇 년 지기보다 가까워졌다는 느낌, 그리고……. 아주 오래도록 친분이 유지될 것이라는 믿음이 자그마한 소주잔에 넘치도록 담겨 있었을 것이다.

키레이 호텔 안 카페에서 오십 언저리 중년, 소주 한잔의 의미를 되뇌었다.

2 어긋남 :: 라싸에 대한 단상

아침 일찍 밖으로 나간 다운이 돌아오질 않는다. 어딜 갔나 하고 기다렸더니 한참이나 지나서 들어온다. 숙소 주변을 산책하러 나갔는데, 가다 보니 조캉 사원 Jokhang Temple, 大昭寺 앞, 광장과 연이은 바코르였다.

사원을 따라 설치된 코라 Kora, 순례길에 들어섰다가 수많은 사람 틈에 끼어 잠깐 길을 잃었던 모양이다. 코라 순례 행렬에 묻히면 되돌아 나올 수가 없다. 그래서 늦게 들어온 것이다.

라싸는 규모가 큰 도시는 아니지만 오가는 차량이 노후 되어 그런지 매연이 심하고 교통량도 상당히 많다. 특히 차량의 경적 소리는 중국의 여느 도시와 다름없어 고요한 성지로서의 선입견은 이미 깨졌다. 공기도 좋진 않다.

조캉 사원 앞으로 갔다. 향내가 코끝을 찌른다. 향연 香煙이 사방을 감싸는데 싫지는 않다. 기도하는 티벳탄을 보니 절로 숙연해진다. 오체투지 하는 사람은 자신의 키와 같은 길이의 두툼한 깔개를 만들어 왔다. 그리곤 가죽이나 고무판으로 무릎 아래까지 덮는 앞치마를 두르고 손엔 작은 나무판자를 끼었다.

무릎을 꿇고 손으로 밀며 이마를 대는 오체투지, 하나같이 양 무릎을 끈으로 묶었다. 아마도 수백 수천 번의 절을 하며 다리가 풀리는 것을 막기 위함인지 아니면 라마의 제자임을 나타내는 상징적인 의미인지 국외자 입장에서는 알 길이 없다.

이들 속에 끼어 동화되고픈 충동을 느꼈다. 그리고 알 수 없는 가슴 뭉클함, 눈물이 날 것 같은 찡- 한 감정이 내게로 왔다. 종교적 믿음이나 신념이 같을 수는 없다. 어쩌면 기도하는 티벳탄의 얼굴에서 간절함을 보았기 때문이다.

  그 마음이 합쳐진 대규모의 군무를 보듯 일체감을 이룬 집단적 감정에 사로잡혔다. 종교적 신념을 떠나 어느 누구라도 그럴 것 같다. 다운이 아침 일찍 나갔다 기도하는 사람들을 보면서 아주 좋은 느낌을 받았다는데 비슷한 감정이 솟았을 것이다.

  포탈라 궁을 가보기로 하였다.

  인력거가 손님을 기다리고 있다. 「릭샤」라고 한다. 10위안을 달라기에 8위안으로 깎았다. 어느새 물건값, 차비 깎는 데 재미를 붙인 모양이다.

조캉사원

내가 너무 영악해졌나?
뒤에도 몇 대 대기하는
모습이 눈에 들어왔었다.
두 사람이 탈 수 있게
의자를 단 3륜 자전거,
릭샤 페달을 밟고 있는
티벳탄은 상대적으로
작은 체구에 말랐다.

티벳탄 릭샤꾼

우리 둘을 합치면 거의 160kg, 이기기가 힘에 겨운 듯 가쁜 숨을 몰아쉰다. 선택의 여지가 없는 듯, 돌덩이 같은 삶의 무게가 좁은 어깨를 짓누른다.

포탈라 궁 布达拉宫에 도착했다. 햇빛에 바랜 불그스름한 스웨터를 입어 좁게만 보이던 그의 등짝이 억지로라도 인정을 이끌어 낸다. 그냥 10위안을 다 주니 희색이 만면, 사진 한 번 찍어 달라 하고 보낸다. 한족이었으면 안 줬다.

포탈라 궁 뒤로 돌아 연못이 있는 지역은 「종지아오루캉공위엔 宗角绿康公园」이라 붙여 놓았다. 아주 공원을 만들려는 모양이다. 어설픈 운동 기구도 몇 개 설치했다. 신기한 듯 아주머니 몇 분이 흔들면서 관심을 보인다.

포탈라 코라와 별도로 다섯 개 정도의 쵸르텐 주위로 작은 코라가 설치되어 있다. 다운과 내가 번갈아 가면서 한 바퀴 돌았다. 마니차를 돌리면서 티벳탄처럼 뭔가를 빌었다.

시골에서 온 듯, 할머니들 모습이 많이 보인다. 그중에는 다리를 절어 몹시 불편한 분도 있다. 젊은 아가씨, 마니차를 하나하나 힘차게 돌리면서 끝없이 돌고 있다. 우리는 한참을 그 자리에 앉아 있었다.

　포탈라 궁 정문에서 보면 왼쪽 끝에서부터 포탈라 뒤를 돌아 오른쪽 끝까지 연속된 마니차를 돌리면서 순례할 수 있도록 만든 포탈라 코라가 있다. 그런데 코라 안쪽 언덕에 노루인지 산양인지 서너 마리가 유유자적 노닐고 있다. 밖으로 나오는 통로가 없을 것 같은데 뭘 먹고 사는지 모르겠다.

　우리는 비 가림을 위한 작은 회랑回廊으로 설치된 코라를 따라 끝없이 이어진 마니차를 돌리면서 앞으로 나갔다. 엄청나게 큰 마니차, 별도의 집을 지어 설치했다. 내 키의 두 곱은 넘을 듯, 혼자서는 돌리는 것도 벅차다.

바코르에서 본 포탈라

마니차, 어떻게 보면 아주 기발한 생각이다. 그냥 경통을 한 바퀴 돌리면 그 안에 든 경전을 한번 읽은 것으로 의제한다. 상식적으로만 보면 공허할지 모르지만 티벳탄은 그렇게라도 간절하게 믿고

포탈라 코라의 마니쳐

싶은 것이다. 그 믿음이 끝없이 이어지는 마니차로 나타난다.

코라 옆 도로에 스무 살이 채 안 됐을 젊은 남자를 휠체어에 태우고 어머니인 듯 노인과 젊은 여인이 밀고 가다 우리와 눈이 마주치자 밝게 웃는다. 불편한 몸일지언정 기어이 포탈라를 보아야 하겠다는 의지가 읽힌다.

'포탈'은 배를, '라'는 항구를 뜻한다고 한다. 3,700m 고지대에서 배와 항구……. 영원을 뜻하는 것일까? 그런데 기도하는 사람은 별로 보이지 않는다. 당당하게 서 있어야 할 포탈라가 왠지 조금은 위축된 모습이다. 언덕 위에 지어진 높이 118m라는데…….

포탈라 뒤

포탈라 궁에 들어가 볼 생각은 없다. 중국은 티베트 정교일치의 상징, 포탈라 궁을 폐쇄했었다. 그런데 영악한 그들은 1994년 세계 문화유산으로 등록하고

박물관으로 개조하여 돈벌이 수단으로 삼았다. 공식적인 입장료는 100위안인데 입장객은 일정 수로 제한한다. 성수기에는 500위안 이상 받는 경우도 있다고 한다.

　포탈라 궁 앞 베이징루北京路, 분명 다른 이름이 있었을 텐데 북경로로 고쳤다. 길 건너편에는 아마도 광장을 만들기 위해 민가를 밀어버린 듯하다. 중국인들 광장을 왜 그리도 좋아하는지, 쭝디엔, 빠쑤, 빠이 등 작은 동네에서도 보았다. 광장 건너 포탈라를 마주 보는 지점에 세워진 대형 조형물,

　「西藏和平解放纪念碑」

　무엇일까? 그 의미는 정확히 포탈라와 대척점에 서 있다. 티베트를 해방시켜 평화를 가져왔다고 억지를 부린다. 일본이 경복궁 앞에 일제 강점기를 잉태한 「乙巳條約紀念碑」를 세웠다면 친일파가 아닌 한, 거기에 갈 한국인이 단 한 사람이라도 있을까?

　그러기에 억지로 조성한 광장과 조형물, 그 앞에는 인적이 별로 없어 썰렁하다. 그리고 그 사이에 걸려 있는 높디높은 우씽홍치五星红旗……. 조선 후기 시대, 두루마기 차림의 군중 속에 홀로 양복 입은 서양인처럼 생뚱맞다.

　사람들이 좋아하지도 않을 광장과 조형물, 티벳탄의 정서나 분위기에 어울리지 않게 너른 광장 때문인가? 그래서 포탈라가 위축된 것 같았는지 아니면 달라이 라마가 떠나 주인 없는 빈집처럼 생명이 없는 박제품 같은 느낌이어서 그랬는지, 대단한 규모와는 달리 조금은 쓸쓸해 보인다.

　광장 옆은 호수를 조성하고 있다. 아주 관광지로 만들어 버리려는 것

같다. 일제가 창경궁을 동물원으로 만들고 창경원이라 이름 붙인 것을 바로잡은 지 얼마 되지 않는다. 한번 망가뜨린 것을 바로잡는 데는 근 50년 이상 걸렸다.

이곳은 이렇게 대책 없이 망가져 가고 있다. 티벳탄과 티베트 불교의 지향점이 아닌 중국에 복속되는 방향으로 그렇게 떠밀려가고 있는 것이다. 어쩌면 이들은 그것을 바로잡는 데 우리보다 훨씬 오랜 세월을 기다려야만 할 것 같다. 내가 가지고 있었던 라싸에 대한 이미지,

聖都…….

아닌 것 같다. 그리고 한족의 손으로 만든 현대적 시설물은 참 생뚱맞다. 티벳탄은 자신의 방식으로 살아왔다. 그런데 무력으로 침공한 그들이 무슨 「和平解放」이라고 할 수 있는지 그 말 자체가 어불성설이다. 다시 릭샤를 타고 조캉 사원 앞으로 오니 훨씬 아늑하다.

티베트에 들어와서 우리는 여기가 중국의 일부라는 생각을 해보지 않았다. 중국과 상관없는 티베트일 뿐이라고……. 그런데 광장과 조형물 그리고 오성홍기는 그런 내 생각을 산산이 부수고 억지로 나를 되돌려 놓았다.

기대는 현실을 보면서 원치 않게 일부 깨져 가고 있었다.

조캉사원

3 희미함 :: 독립의 꿈

바코르八角街, 빠지아오지에, 조캉 사원을 한 바퀴 도는 코라인 동시에 쇼핑 거리 역할을 함께 한다. 골목길 양쪽은 커봐야 열 평을 넘지 않을 상점이 다닥다닥 붙어 있다. 수많은 사람과 함께 돌았다. 이들 손에는 염주 아니면 마니차가 들려 있다.

조캉 사원 앞, 수많은 사람이 절을 하며 기도를 올리고 있다. 이들 중에는 멀리 포어미에서 보았던 오체투지 하는 사람도 섞여 있을 것이다. 그리고 그들은 지금도 그렇게 한 발, 두 발 이곳을 향한 고통을 감내하고 있을 것이다.

중국은 티벳탄의 정신을 죽이기 위해 사원을 모두 파괴했었다. 그러나 그렇게 한다고 종교적인 신념이나 정신이 퇴색되진 않는다. 일본이 제국화를 위해 우리의 말과 글을 빼앗은 적이 있었다. 그러나 영원히 빼앗을 수는 없다.

중국은 더 영악해서 그런가? 정치, 경제적으로는 티베트를 예속시켜 놓고 종교적으로 타협하는 정치적 판단이 이들의 마니차^{玛尼车}에 함축되어 있는 것은 아닐까? 아니면 마니차를 빼앗을 수 없는 현실적 한계를 인정한 건지도 모르겠다.

카메라 메모리칩을 하나 샀다. 실랑이를 하면서 깎았다. 200위안인지? 그 순간, 옆에 있던 여자가 돈을 홱 빼앗듯이 낚아챈다. 따리에서 그랬던 것처럼……. '사지 말 걸', 이곳까지 상권을 장악하고

조캉사원 코라 바코르

있는 한족과 그들에게 경제적으로 예속된 티벳탄이 대비된다.

우리는 원치 않는 지배를 받은 경험이 있고 이들은 지금도 받고 있다. 일종의 동병상련일까? 우리는 그런 시각으로 티벳탄 편에 서서 중국을 바라보고 이들과 동화되려고 노력했다. 적어도 심정적으로는 그렇게 생각했다.

중국 내에 한족 외에 쉰다섯에 달하는 소수 민족이 있다고 한다. 그 중 중국 정부에서 주시하는 민족이 바로 티벳탄과 조선족 그리고 위구르족이다. 생김새나 말, 풍습이 다르고 수니파 무슬림인 위구르족을 억지로 묶어 놓고 있다.

티벳탄은 거의 600만 명에 가까운 인구에 광활한 영토가 있고, 지속적인 독립 투쟁이 있었다. 중국 입장에서야 분신자살로 폄하하고 싶겠지만, 벌써 수십 명의 고귀한 소신공양燒身供養, 절절한 외침은 현재진행형이다.

조선족은 200만이 채 안 되지만 그 뒤에는 인구 8천만 명의 한국과 북한이 있다. 중국 이외에서 독립된 국가를 유지하는 한국에 연결된 민족이 조선족이다. 중국 입장에서 보더라도 한국의 지위를 인정하지 않을 수는 없다.

중국의 국가 또는 정책기조는 「하나의 중국」이라는 말로 축약된다. 그런 기조는 같은 민족과의 양안관계台灣海峽兩岸關係, 대만과 중국의 상호 입장 차이를 함축하는 정치적 수사로 잘 나타난다.

중국은 소수 민족의 독립이나 완전 자치를 허용하지 않는다는 입장이다. 반대쪽에서는 완전 자치 또는 독립을 주장한다. 그리고 한 편에서는 중간 형태의 타협점을 찾으려는 노력이 있는 것 같다.

조캉사원 마니쳐

우리가 지나왔던 공뿌지앙다의 명문 귀족 「아페이아왕진메이 阿沛阿旺晉美」는 현실을 고려한 타협책으로 "티베트를 20년간 연방에 있게 한 뒤 국민 투표를 실시하여 연방에 계속 남을지 탈퇴할지를 결정할 수 있도록 해야 한다."고 주장하고 있다고 한다.

그러나 빠이에서 만났던 젊은 권력자의 말은 독립을 갈구하는 사람에게 비수처럼 꽂힐 수 있다. 세태에 순응하듯 일부의 젊은이들은 독립에 대한 열망이 많이 줄었고, 특히 중국 정부의 교육 혜택을 받거나 중국 정부가 임명한 공무원의 지위에 있는 사람일수록 티베트의 독립을 오히려 반대한다고 한다.

나는 그 실체를 이틀 전에 보았던 빠이젠 법원의 부원장과 공안부소장이라는 사람들을 통해 원치 않는 확인을 할 수 있었다. 그들은 우리에게 "중국의 시장임을 잊지 말아 달라."고 했다.

중국의 시장! 티베트가 아닌 중국 속의 시장, 그렇게 말하고 있었다. 일부의 생각은 바뀌어 가는 것 같다. 훈수꾼이 뭐라 할 수는 없을지 모르지만 참으로 안타까운 목격이다. 그러나 보다 중요한 것은 고유의 말과 글이 있다는 것이다.

티벳탄이 생계를 위해 티베트어가 있음에도 불구하고 중국어를 배우지 않을 수 없는 것이 현실이라고는 하지만, 그러한 생존 여건을 이겨내고 이들의 언어와 글자를 더욱 발전시켜 주기를 바랐다.

시간이 지나면, 국가는 그 체제에 변화가 있게 마련이고 또한 생겼다가 없어지기도 하고 뭉쳤다가 갈라지기도 한다. 말과 글은 다르다. 경우에 따라 무관할 수도 있다. 그것을 지키는 한 이들은 중국과 상관없이 영원한 티벳탄이고, 우리는 영원히 한민족이다.

말과 글자를 파괴하는 TV 오락 프로그램은 참으로 안타깝다. 말과 글을 오염시킨다. 얇다와 가늘다. 두껍다와 굵다. 라는 단어를 섞어 쓴다. 다르다고 할 것을 굳이 틀리다고 말한다. 틀린 것과 다른 것을 구분하지 못한다.

가장 듣기 싫은 말 중에 「너무」라는 말이 있다. 그 단어를 적절치 않게 「너무」 많이 쓰는 정제되지 않은 말이 정말 싫다. 외국 영화를 번역하여 자막을 띄울 때도 「너무」라는 단어를 쓴다.

사회 지도층이라는 사람들이 텔레비전을 통해 「우리나라」라고 해야 할 것을 굳이 「저희나라」라고 한다. 그들이 사는 나라와 텔레비전을 보는 사람이 사는 나라가 다른가? 아니면 자기들끼리 사는 나라가 따로 있다는 것인가.

  각종 비리에 연루되어 텔레비전 화면을 장식하는 사람들에게 사회 지도층이라는 거창한 명함을 달아 주었다. 일반 시민은 비리에 연루될 동기 자체도 없다. 그들이 무슨 역할로 사회 지도층의 지위를 갖게 되었는지 한 번도 설명을 들어보지 못했다. 그런데 무의식, 무비판적으로 사회 지도층이라는 말을 남발하고 있다.

  그 사람들이 사회의 다수를 구성하고 있는 일반 서민 대중과 단 한 번이라도 몸으로 부대끼며 섞여 보았는지 그리고 무엇을 교감했는지 모르지만, 나는 그들과의 교류를 단 한 번도 경험해 보지 못했다. 그리고 그들의 지도를 받아 본 바가 없다. 그들만의 리그일 뿐이다.

  그런데 재산 또는 직업적 비중이 있다 하여 사회 지도층이라는

조캉사원 앞

엄청난 지위를 부여한다. 서양에서의 그 말은 상류층의 노블레스 오블리주를 뜻한다.

굳이 표현하자면 부유층, 기득권일 뿐이다. 그래서 나는 오락 프로그램을 보지 않는다. 이들이 자신의 말과 글을 소중히 보존해 주기를 바란다. 진심으로……

이곳저곳 다니다 보니 피곤하고 숨도 차다. 형님들은 지금 뭐 하고 있을까? 해가 뉘엿뉘엿 넘어갈 때쯤, 허가증 발급 받아 주겠다고 여권을 가져 간 가이드에게 전화를 하니 아리랑 식당에 있다고 한다.

저녁 식사를 하면서 물어보니 허가증을 발급 받지 못했다고 한다. 현지 여행사를 통해야만 받을 수 있다나 어쨌대나, 그렇다면 비용이 얼마나 드는지 답이 있어야 하는데……. 자식이 알아보기나 한 건지, 한참 실랑이 끝에,

"우리가 알아서 할 테니까 여권이나 줘라.", 가이드 녀석,

"그러면 안전 담보 못 합니다.", 순간 짜증이 확!

"우리가 알아서 할 테니까 그만둬라.", 옆에서 지켜보고 있던 재덕이 형님,

"특별한 거 없으면 내일 우리와 동행하자. 우리가 중요하지 저놈아들 신경 쓰지 말고 내일 시가체나 같이 가자."

딱히 갈 곳이나 일정이 정해지지 않은 자유 여행이 좋은 점도 있다. 좋거나 싫으면 언제든 변경이 가능하다. 배낭여행은 그래서 좋다. 나무추어를 갈 것인가 아니면 형님들과 동행할 것인가?

숙소에 들어와 게시판을 보니 랜드크루저 파트너를 구하는 광고가 다닥다닥 요란하게 붙어 있다. 한국인 남녀를 만났다. 나무추어 纳木错를

갔다 오는 길인데 날이 흐려서 별을 보지 못했다고 한다.

우리가 나무추어를 보고 싶은 것은 티벳탄이 신성시하는 곳이어서만은 아니다. 우리의 하늘과 달리

랜드쿠르저 파트너 구함 광고

오염이라는 단어와는 전혀 상관없이 몇 배는 많은 별이 쏟아질 듯 걸려 있는 그 모습을 보기 위해 간다. 내일도 별 보기는 어려울 것 같다고 한다.

"포기하자."

어차피 가는 방향이니까 우리는 나무추어를 접고 시가체로 가기로 하였다.

4 지워짐 :: 시가체와 츠카즈어

시가체는 티베트에서 두 번째로 큰 도시고, 25m 높이의 금동불상을 모신 미륵전弥勒殿, 잠캉첸모가 있는 타시룬포스札什伦布寺로 유명한 곳이다. 라싸에서 서쪽으로 약 270km 거리에 있다고 한다.

아침 일찍 간편 밥집에서 또우지앙으로 끼니를 해결했다. 택시를 타고 포탈라 왼쪽 형님들이 옮겼다는 숙소로 찾아갔다. 어제는 라싸

현지의 한족 가이드가 붙는 바람에 형님 둘을 안내하는데 운전기사 외에 가이드 두 사람이 동행했다고 한다.

쿤밍에서 조선족 가이드가 따라 왔지만, 이곳에서는 다시 한족 가이드를 쓰지 않으면 안 된다고 한다. 아마도 중국 정부는 외국인이 티벳탄과 직접 접촉하는 기회를 주지 않기 위해 이런 노력을 하는 것 같다. 티벳탄이 아닌 한족 가이드가 뭘 설명할 수 있을지 의문이다.

라싸를 빠져나왔다. 시가체 쪽으로 가다 라싸허拉薩河와 야루창뿌雅鲁藏布가 합류하는 취슈에이曲水에 도착했다. 구멍가게에서 라면과 고추 그리고 찌글찌글 시들어 빠진 오이를 샀다. 기름에 볶은 것이 싫어 생야채를 먹어 볼 생각이다.

잠시 후, 야루창뿌를 건너는 다리, 취슈에이따치아오曲水大桥를 건너니 공가지차앙贡嘎机场으로 가는 갈림길이 나온다. 이 오지에 공항이 있다. 공항이야 그렇다고 해도 철도가 들어와 있다. 베이징에서 이곳까지 날수로 사흘, 48시간이면 닿는다.

정확히는 모르겠지만, 중국의 장기 계획에 따르면 라싸를 지나 시가체를 거쳐 네팔의 카트만두까지 연장할 것이라고 한다. 동토의 땅에 철도를 건설한 중국 정부의 자신감이 하늘을 찌를 기세다.

세계 질서는 미국과 중국의 양대 각축장이 되어 가는 것 같다. 중동과 서남아시아를 비롯한 여러 곳에서 두 나라가 충돌한다. 미국의 이라크 침공이나 아프가니스탄에 대한 개입, 파키스탄에 대한 영향력의 확대, 이란에 대한 협박 등 일련의 사건은 중국을 배제하고서는 이해할 수가 없다.

미국은 이스라엘이나 사우디아라비아 같은 전진기지가 있어

중동이나 서남아시아에 영향력을 행사할 수 있다. 이 지역에 대한 미국의 관여는 특히 석유를 염두에 둔 중국의 영향력 확장과 충돌한다.

이에 반해, 중국은 해상을 통한 영향력 행사 방법이 없다. 특히, 또 다른 강국 인도와 맥마흔McMahon 라인을 두고 국경 분쟁을 겪고 있다. 그 차선책이 히말라야를 넘는 철도인지도 모르겠다. 그 연장선에서 중국은 50년간 지배 대상으로만 보던 이곳을 주목하고 있다. 그리고 그 너머에 있는 네팔까지…….

티베트의 광활한 영토, 그 아래 어떤 지하자원이 있는지 중국은 이미 다 파악하고 있다고 한다. 특히 양질의 우라늄이 굉장히 많이 매장되어 있다고 한다. 중국은 부차적인 과실도 챙길 것이다. 티벳탄은 눈 뜨고 빼앗길 것이다.

중국은 미국과의 패권 경쟁에서 밀리지 않기 위해서라도 반드시 티베트가 필요하다. 그러기에 티베트의 독립을 용인할 수 없고, 그럴수록 티벳탄의 욕구는 더욱 절실해진다. 양립할 수 없는 중국과 티베트의 바람, 티벳탄 입장에서 보면 안타까운 상황, 바로 세계 질서라는 것…….

공가 공항과 반대쪽 야루창뿌를 따라 양쭈어옹추어로 길을 잡았다. 해발 4,440m에 있는 하늘 호수, 나무추어와 함께 가장 유명한 호수인데 우리는 나무추어를 보지 못하는 아쉬움을 양쭈어옹추어로 위안 삼기로 했다.

티베트에는 3대 신산과 성호가 있다. 상부의 카일라쉬神山-崗仁布齐峰-쒸미샨와 마팡옹추어瑪旁雍错-마나사로바, 중부의 다궈쉐샨达果雪山과

당르아옹추어当惹雍错, 그리고 하부에 니엔칭당구라샨念青唐古拉山과 나무추어纳木错.

그중에서도 특별히 카일라쉬를 신산이라 하고 마나사로바를 성호圣湖라 한다. 우리는 마나사로바와 카일라쉬를 보지 못하는 대신 나무추어는 꼭 들러 봐야겠다고 생각했었다. 그런데 뜻대로 되지 않는다. 양쭈이옹추어羊卓擁错—Yamdrok Tso로 나무추어를 대신할지는 모르겠다.

차가 진짜 끝도 없이 오른다. 저 멀리 아래쪽은 우리가 지나온 길이 구름 사이로 아스라이 보이는데 그래도 더 오른다. 깡바라岗巴拉를 오르는 중이다. 야크 떼는 푸른 초원에 점점이 흩뿌려져 있는 듯하다. 구름이 발밑에 쫙 깔렸다.

어느 순간, 타르쵸가 바람에 날린다. 4,990m의 고개 정상, 앞이 확

깡바라 오르는 길

양쭈어옹추어

트이면서 발아래로 펼쳐지는 양쭈어옹추어! 짙푸른 산정 호수, 물이 들어오거나 나가는 곳이 없다는데, 믿거나 말거나 마시면 죽는다고 한다. 「분노한 신들의 안식처」라는 뜻을 가진 티베트 4대 성호 중 하나다.

산꼭대기여선지 안개가 낮게 내려앉았다. 활처럼 휜 초승달 모양의 수면만 내려다보인다. 호수와 민둥산 사이 그 좁은 공간에도 칭커가 익어 간다. 이곳에도 사람이 산다. 티벳탄은 최소한의 공간만 있어도 삶을 일구었다.

양쭈어옹추어를 지나 간체江孜로 가는 도중에 해발 5,039m의 카류아라卡若拉 빙하가 있다고 하는데, 길이 끊겼다고 한다. 아쉽다. 이번 여행에서 갔던 길을 돌아 나온 것은 이공 차밭 이후 처음이다.

시가체 가는 길은 연속해서 야루창뿌를 따라 올라간다. 우리는 티베트에 들어와서 이곳 지명을 시가체, 간체, 라체, 샤카로 불렀다. 중국인들은 르카즈어日喀则, 지앙즈江孜, 라즈拉孜, 사지아萨迦 등 중국식 발음으로 고쳐 부른다.

야루창뿌, 나무추어 등 이곳 지명이나 고유 명사를 티베트 말로 표현하질 못해 중국어로 표기할 수밖에 없다는 점이 참으로 아쉽다. 이들 언어를 모르는 한계 때문이다.

가이드가 시가체, 간체 등 지명을 알아듣지 못한다. 처음 들어보는 말이라고 한다. 츄런에게 물어보라 했다. 티베트 말이라고 한다. 그럼 그렇지, 그 말을 알아들을 리가 없지……

가이드 녀석은 중국식 교육을 받았기에 중국의 정책에 따른 중국식 가치관을 갖고 있는 것으로 보인다. 녀석은 이곳을 시종일관 "서장西藏"이라 부르고 "장족藏族"으로 지칭했다.

장족이라는 말에는 티벳탄을 폄하하는 뉘앙스가 묻어나고 서장이라는 말에는 종속적 개념이 포함된 것으로 들린다. 중국식 교육의 고착화는 녀석으로 하여금 「티베트」라는 단어를 단 한 번도 입에 담지 않게 하였다.

중국인은 이 말을 알지 못한다. 그런데 한국인에게 살아 있다. 어떻게 해석해야 할까?

5 서러움 :: 막걸리

야루창뿌는 어느 순간 우리를 협곡으로 안내한다.

나무 한 그루 없는 민둥산 사이를 관통하는 야루창뿌, 하얀 포말을 일으키는 황토물, 협곡 사이사이, 칭커를 재배할 공간만 있으면 거기에도 사람이 산다. 티벳탄 마을은 무언가로부터 밀려나 무너지는 민둥산 자락을 겨우겨우 부여잡고 어렵게 버틸 수밖에 없는 것 같은 억울함이 묻어난다.

"점심 묵고 가자."

허름한 구멍가게 앞에 들렀다. 복숭아, 호두 등을 팔기 위해 저마다 한 바구니씩 들고 난리가 났다. 젊은이, 아주머니 한꺼번에 예닐곱 명이 들러붙는다. 동진이 형이 한 봉지씩을 샀다. 자두보다 작은 복숭아, 우리 개복숭아 같다.

복숭아나무 밑에 평상이 있다. 라면을 끓였다. 주전자가 라이구춘에서 불을 피워 사용했기 때문에 새카맣다. 고도가 높은

중식시간

모양이다. 라면 끓이기 위해 움직이던 다운이 숨이 가쁘다. 가이드에게 차에 있는 고추장 봉지를 가져오라 하니 고추장만 가져온다.

"옆에 고추 못 봤어요?"

한숨을 쉬는 다운, 힘이 드는 모양이다. 한 대 쥐어박고 싶은 표정이다. 가이드 녀석, 호두 깨먹느라 정신이 없다. 그걸 보고 있는 다운은 이미 체념한 듯, 멍한 표정을 짓고 있다. 한 번 맘에 들지 않더니 끝까지 그렇다.

협곡을 따라 오르면서 건너편 하안河岸에는 오랜 세월, 물길의 흔적이 그대로 나타난다. 마치 시간의 흐름을 그래프로 표시한 것처럼 선명하다. 한 줄의 표시가 몇 년이나 되었을까를 가늠해 보려는데 정차, 진행을 못 한다.

길이 막혔다. 아마 돌더미가 무너진 게 그리 오래 되진 않은 모양이다. 대기하는 차량이 별로 없다. 무너진 것이 아니라 언덕 위에서 굴러 떨어진 것 같다. 우리가 양쭈어웡추어를 갔다 오지 않았다면? 라면을 먹지 않았다면? 아스팔트 바닥에 튄 파편을 보니 저절로 몸이 오그라든다. 오싹한 마음으로 다 치울 때까지 기다릴 수밖에…….

자연이 참 변화무쌍하다. 협곡이 사라졌다. 어느새 벌판과 드넓은 야루창뿌가 나타난다. 길옆으로는 조림을 한 듯, 규칙적으로 서 있는 흔치 않은 녹음이 반겨준다. 그러나 언제 심었는지 모를 가냘픈 포플러는 선들바람에도 휘청휘청, 클 줄 모르는 것 같다.

왼쪽은 멀리서부터 비가 들어온다. 그런데 오른쪽은 신기하게도 파란 하늘과 하얀 뭉게구름의 뚜렷한 대비에 눈이 부시다. 비에 젖은 바위가 흡사 눈을 뿌린 듯 햇살에 반짝반짝 빛이 난다.

야루창뿌와 하늘

또 멈췄다. 통행증에 기재된 시간이 남았다. 야루창뿌를 앞에 두고 길가에 앉았다. 주변에 모여 앉은 몇 명의 티벳탄, 꼭지가 시들어버린 작은 수박, 호두, 짬바, 농기구와 각종 세간살이, 벌여 놓은 좌판 물건을 행인이 있어도 팔 생각은 없는 듯, 귀퉁이가 두툼하도록 부풀어 오른 카드로 게임에 열중이다.

무리에 끼지 못하고 의자에 앉아 조는 사람, 다리 사이에는 뿌연 물통이 아무렇게나 널브러졌다. 수유차인 줄 알았다. 다운이 마시는 것이냐는 시늉을 하자 통째로 내놓는다. 한 모금 마셔보니 술이다.

우리 막걸리 비슷한 술 칭커주, 「창」이라고 한다. 남을 초대할 때 내놓는 술이라고 하는데 막걸리보다는 조금 맑은 듯하다. 어느새 두어

잔씩 마셨다. 차량 문턱에 걸터앉아 웬일로 안 마신다고 외면하다 맛을 본 재덕이 형님,

"한잔 더 줘 봐라."

우리 막걸리보다 약간 독한 듯하다. 우연한 멈춤에 기분이 좋아진다. 야루창뿌를 스치고 올라온 바람이 이마와 머리카락을 훑고 지나갔다. 습도가 낮아선지 상쾌하다. 사랑하는 사람의 손길이 스친 듯, 몽롱한 기분에 눈꺼풀이 스르륵…….

내 아버님은 술을 좋아하셨다. 한 살 위, 아래인 친구 두 분과는 아주 오랜 단짝이셨다. 세 분이 약주하시는 것은 동네 사람이 다 알 정도였다. 아마도 내가 열두세 살 때였을 것이다.

그날도 세 분이 우리 집 안방에서 막걸리를 드셨다. 예전에는 막걸리를 사려면 주전자를 가져가야 했다. 한 되, 두 되 술독에서 퍼 담아 주었다. 술을 받아 오려면 좁고 가파른 언덕길을 지그재그로 내려가서 한참을 걸어가야 했다. 나는 이미 세 번이나 다녀왔다.

아버님이 부르셔서 갔더니 다시 술을 받아오라 하셨다. 얼른 다녀와야겠다 싶어 내리막길을 뛰어 내려갔다. 그러다 돌부리에 발이 걸리면서 다이빙 하듯이 앞으로 고꾸라졌는데 들고 있던 주전자가 떼굴떼굴 굴러 내려갔다. 무릎과 팔꿈치가 아픈 듯했지만, 주전자를 찾는 것이 급했다. 그런데 뚜껑이 보이질 않는다.

풀숲을 이리저리 뒤지는데 까닭 모를 서러움에 눈물이 핑- 돌았다. 절뚝거리며 막걸리를 방에 갖다 드렸다. 뭐 하다가 이제 오느냐고 핀잔을 먹었다. 밖으로 나와 바지를 걷어보니 무릎이 다 까져 피와 진물이 엉겨 붙었다.

어렸을 적, 친구와 싸움질하는 녀석들을 본다. 죽기 살기로 덤벼들어 용감하게 싸우던 녀석을 보고 "너 코피 난다.", 하고 일러 주면 그걸 보고는 "으앙-", 하고 울음을 터뜨리곤 했다. 무릎이 아프긴 했지만, 눈으로 보니 더 아픈 것 같았다. 확인하니 괜스레 더 그런 생각이 들었었다.

막걸리, 별로 마셔본 적이 없다. 배가 부르기도 하지만 별로 좋아하질 않았다. 어렸을 적 아팠던 기억 때문이 아니라 트림하고 난 뒤 냄새가 싫어서 잘 마시지 않았었는데…….

그 기분을 참 멀리 티베트에서 느꼈다.

6 노림수 :: 한족화 정책

시간이 되었나 보다. 츄런이 가자고 한다.

어느 듯 시가체에 가까워지나 했는데 야루창뿌는 넓디넓은 호수처럼 변한다. 호수 같은 강물 위로 비치는 바위산과 시리도록 파란 하늘, 양털처럼 희고 고운 뭉게구름, 가시거리가 우리의 몇 배쯤 되는 모양이다. 햇살이 강렬하다. 습도가 낮아선지 찐득거리는 느낌은 없지만 이마와 정수리가 따끔따끔하다.

차를 세웠다. 각종 도자기와 제례용품을 파는 난전亂廛 앞, 주인이 없을 것만 같은 송아지가 어슬렁거린다. 녀석은 저를 만져 달라는 듯이 사람 곁에 가까이 온다. 그리고 아무런 경계도 없다. 뿔을 잡고 조금 흔들어 보아도 가마 부분을 문질러도 그저 가만히 바라보고만 있다.

난전과 송아지

동물의 세계와 인간의 세계가 따로 있는 것이 아니다.

아스라이 가물거릴 것 같은 산이 정말 선명하다. 마치 치악산 비로봉 삼 탑을 망원경을 통해 보듯이……. 에스키모인의 시력은 4.0이라고 한다. 가장 좋은 경우는 6.0이라던가? 십리 밖에 있는 물개의 암수를 구분한다고 한다.

우린 평소 좁은 것만 보고 사는 건 아닌지 모르겠다. 매일같이 채 1m도 안 되는 컴퓨터 모니터만 보고 산다. 그것으로 일을 하고 생각하고 놀기도 한다. 나도 눈이 좋아진 것 같다. 치악산 아니 하늘이라도 한 번 쳐다봐야겠다.

내 몸에는 지금 눈으로 다 기억하지 못하는 한계를 보완하기 위한 카메라 외에 문명의 이기가 하나도 없다. 손에 전화기가 없으면 불안했다. 그런데 문명으로부터 벗어난 순간이 소중하다는 걸 이제야 알겠다. 때로는 벗어나야 함을, 그리고 가끔은 서 있더라도 조바심을 내지 말아야 함을…….

라싸에서 아침을 먹고 출발한 길이 양쭈어옹추어를 들렀다 오긴 했지만 최소 8시간은 걸린 모양이다. 겨우 300여 km 정도, 여기선 시간 개념이 필요 없다. 거리가 얼마나 되는지는 알아도 시간이 얼마나 걸릴지는 아무도 모른다.

쭝디엔을 출발한 차마고도, 단 하루도 예측한 시간에 도착해 본 적이 없다. 굳이 어디를 언제까지 가야 할지를 염려치 않아도 되는 이 시간, 지금까지 시간이란 개념을 이렇게까지 놓고 살아 본 적이 있었을까? '오늘 못 가면 내일 가지.', 라는 여유를 단 한 번 가지는 호사를 누리고 있다.

시가체日喀则에 도착했다.

오른쪽으로 타쉬룬포스가 보인다. 라싸보다 공기가 한결 맑은 것 같다. 어제 가이드가 여권을 가져가는 바람에 환전을 하지 못하여 마음이 급하다. 사람이 간사하다는 것은 이때를 두고 하는 말 같다. 현실로 돌아오면 지금까지의 여유는 없어지고 다시 조바심에 묻힌다.

츄런의 도움을 받아 환전을 했다. 1,000달러에 6,500위안 밖에 안 준다. 그 중 100위안짜리 지폐 한쪽이 새끼손톱만큼 뜯겨져 있는 것을 몰랐다. 그 돈은 호텔, 상점 어디서도 쓸 수가 없었다. 은행에서도 안 받는다. 지들이 환전해 주었는데 쓸 수가 없고 받아주지도 않으니……. 지금도 원치 않는 기념품으로 가지고 있다.

가이드, 츄런과 함께 초모랑마 베이스 캠프까지 가는 랜드크루저를 알아보았으나, 여행사에서는 자신의 차량과 가이드를 쓰지 않으면 허가증 발급에 도움을 줄 수 없다고 한다. 우선 숙소나 잡아 놓고 보자. 망캉을 지나 면서 부터는 숫제 가이드는 무용지물이고

뜯겨진 지폐

운전기사인 츄런이 가이드를 자임하고 나선다.

타쉬룬포 사원을 가기에는 시간이 늦었다. 시내를 어슬렁거렸다. 사원 외에 시내는 볼 것이 없다. 쿤밍부터 지금까지 거쳐 온 도시의 거리 이름은 참 무미건조하다. 쿤밍과 라싸의 가장 중심을 이루는 도로는 베이징루北京路였다.

쭈펑루珠峰路, 에베레스트의 중국식 표기는 이해되지만 이곳과 전혀 상관없는 도로 이름은 무엇을 의미할까? 상하이루上海路, 샨동루山东路, 칭다오루青岛路, 지린루吉林路 헤이롱지앙루黑龙江路 등의 거리 이름은 무슨 의도로 만들었을까?

역사적 배경도 없고 샨동이나 칭다오와의 관련성도 없다. 전혀 이유를 찾아볼 수 없다. 주민들이 알지 못하는 사이에 중국화 되는 것이다. 사람들 입에 자꾸 오르내리면 그 이름이 굳어지게 되어 있다. 중국의 다른 성이나 도시 이름을 거리 명으로 쓰다 보면 익숙해질 수밖에 없다.

중국의 노림수는 거기에 있다. 바로 한족화 정책이다. 의식하지 못하는 사이에 동화되는 것이다. 그들은 가장 적절한 규모라 할 수 있는 시가체를 그렇게 공략해 들어간 것이다. 거리 이름에서 한족의 교활함을 보았다.

우리도 별반 다르지 않다. 특히 광역시의 구 이름, 동구, 서구, 남구, 북구, 중구, 아무런 특색 없이 통제나 구분의 편의성만 가지고 지명을 만들었다. 엄밀히 말하면 지명이 아니라 방향일 뿐이다. 동구나 서구로 구분한 지역에 중심이 되는 마을이나 역사적 배경이 있는 동네가 분명 있을 터인데 그냥 그렇게 지었다.

시가체 전경

경기도 양평楊平에 양수리라는 곳이 있다. 북한강과 남한강이 합쳐지는 곳, 일제 강점기에 그렇게 지어졌음에도 우린 아무 생각 없이 50년이 넘도록 쓰고 있다. 얼마나 멋대가리 없는 이름인가?

「두물머리」

얼마나 정겨운지 한번 불러 보자. 그나마 다행인 것은 요즘 이정표에 옛 이름이 등장하는 것을 가끔 접할 때가 있다. 어떻게 보면 바람직한 방향일 수도 있겠다. 원래 우리 것을 찾는 일이기 때문이다.

우리는 대중교통을 이용하여 야동亚东이라는 곳을 가보고 싶어 했다. 아마도 티베트에서 가장 남쪽에 위치해 아름다운 산간 마을 시킴의 강토크와 부탄을 경계로 두고 있는 자연이 아름답다는 곳……. 천연

화원이라고 한다.

　숙소의 지배인에게 물어보았더니, 그곳은 외국인은 물론 중국인도 갈 수 없다고 한다. 아예 개방을 하지 않는다고 한다. 뭔지는 몰라도 외국인은 물론 내국인에게도 보여 주지 못할 피치 못할 사정이 있는 것 같다. 아마 라마승Lama僧 수천 명이 집단으로 거주하는 그곳이 아닐까 하고 미루어 짐작해 본다.

　호텔 지배인은 야동 말고는 여권만 있으면 된다고 한다. 여행사에서는 허가를 받아야 된다던데 순전히 장삿속인가? 그들의 이야기는 허가 자체가 중요한 것이 아니라 자기들 여행사를 이용하라는 것에 중점을 두었다.

　"우리가 언제 허가 받고 다녔나? 그냥 가보는 거야……."

　시가체에서 쉐가르까지 가는 버스 편을 알아보니 내일 8시 30분에 출발하는 차밖에 없다고 한다. 츄런에게 부탁하여 버스표를 끊고 초모랑마 입구인 쉐가르로 가기로 하였다.

7 이별 :: 한국에서 찾아뵙겠습니다.

　내일이면 우리는 예정된 길을 가야 한다. 그리고 형님들은 한국으로 돌아간다. 8일을 함께했다. 어쩌면 한 달은 지난 것 같다. 그만큼 정이 두터워졌다. 정말로 헤어져야 한다는 생각에 심란하다. 그래선지 중국의 방식대로 만든 거리 이름이 탐탁잖았던 것이다.

　형님들에게 고맙다는 뜻으로 우리가 저녁을 사기로 했다. 츄런에게 부탁하여 꽤 괜찮은 식당으로 갔다. 2층, 칸막이가 쳐진 독립된 방에서 이 시간 이후 헤어짐이라는 것을 숨기기 위해 아주 즐거운 마음으로 떠들썩한 식사를 했다. 거의 술을 마시지 않던 가이드와 츄런까지도 몇 잔씩 했다.

시간이 지나 포만감을 느낄 무렵, 기타를 메고 오디오 시스템을 밀고 들어오는 티벳탄, 노래 공연을 제의한다. 의도적으로 자리를 즐겁게 유도하기 위해 애를 쓰던 재덕이 형님, "하오, 하오", 하면서 공연을 허락했다.

지직- 거리는 잡소리가 흘러나오는 아주 오래된 스피커를 단 오디오 시스템, 마이크 지지대에는 흰 천, 카타를 걸쳤다. 그도 역시 잘 씻지는 않는지 얼굴이 정면으로 마주치면 그리 상쾌하지만은 않은 기분이 들게 한다. 노래와 연주 솜씨가 썩 훌륭한 것 같진 않다.

그러나 자신이 할 수 있는 최선의 성의를 다해 재덕이 형님이 신청하는 노래를 불렀다. 그 마음이 우리에게 전달된 것에 합당할 만큼 손바닥이 아플 정도로 박수를 보내 주었다.

"짜시텔레······."

재덕이 형님이 성의에 대한 보답으로 100위안을 주었다. 우리 시각으로만 보면 참 이해하기 어렵다. 칸막이가 있지만 방음을 기대하긴 무리여서 옆방에서 식사하던 사람들은 원치 않아도 엄청나게 큰 연주와 노랫소리 그리고 떠들썩한 웃음소리를 듣고 있어야 했다.

하긴 노래를 부르지 않아도 쿤밍 역 대합실에 들어와 있는 것처럼 대화가 불가능할 정도로 얘기소리도 시끄럽긴 하다. 우리 여정 중에 무려 300위안에 달하는 꽤나 비싼 식사를 했다.

츄런은 물론 가이드까지, 그동안 고맙다는 뜻으로 함께 발 마사지를 받으러 가는데 운전기사 츄런이 제일 좋아한다. 녀석은 무려 열흘이 넘도록 줄곧 운전만 했다. 그것도 거의 쉬지 못하고, 그러니 반갑지 않을 리가, 입이 귀에 걸린다.

나란히 앉아 무릎 아래 발만 마사지를 하는데 40여 분이 걸린다. 마치 세포 하나하나까지 깨워 놓을 것처럼 세밀하다. 중국 사람보다는 못하지만 한국 사람도 꽤 시끄럽다. 온통 마사지 숍을 전세 냈다. 조금은 일부러 큰 소리로 얘기하면서 즐거운 시간을 보냈다.

밖으로 나왔다. 자정이 넘은 것 같다. 차량이 없는 도로 한가운데서 약속이나 한 듯 빙 둘러섰다. 그러곤 별 말도 없이 서성이고 있다. 서로 헤어지자는 말이 나오지 않는다. 가이드 채O호라는 조선족인데 별로 맘에 들지 않아 이름을 다 밝히긴 싫다와 츄런은 재덕이 형님 눈치만 보고 있다. 서운한 마음에,

"한국 가서 만나자, 몸조심해라."

"꼭 대구 한번 와야 한데이.", 초점 없는 말을 하던 재덕이 형님,

"아이다. 츄런하고 채 선생이 아침 일찍 동생들 호텔로 가라. 가서 터미널까지 모셔다 드리고 와라. 알겠제? 꼭이다."

"형님 고맙습니다. 한국 가서 꼭 찾아뵙겠습니다."

억지로 인사를 하고 돌아섰다. 형님 일행을 태운 차량이 어둠 속으로 사라졌다. 또다시 우리 둘만 남았다. 갑자기 허전하다. 호텔 로비 앞 계단에 쭈그리고 앉았다. 서로 말이 없다. 이 시간에 뭘 해야 할지 까맣게 잊어버리기라도 한 것 같다.

타쉬룬포스

　호텔 앞, 몇몇 행인이 어둠 속으로 사라진 이후 거리는 조용하다. 사람도 차도 없다. 컴컴하다. 마치 사람들이 썰물처럼 빠져나간 뒤 불 꺼진 극장 분위기 같은 적막함……. 안개에 묻힌 교통신호등의 깜빡거림만이 살아 있음을 느끼게 해 준다.

　우리는 원래부터 이런 일정을 가지고 이번 여행을 계획했다. 그럼에도 불구하고 꼭 버려진 것 같은 애매한 기분이 든다. 비교할 순 없지만, 그럴 마음이 전혀 없음에도 억지로 떠밀려서 어딘가로 갈 수밖에 없는 식모살이 떠나는 큰누나 마음이 이랬을까?

　만남과 헤어짐 그리고 기다림……. 오십 나이 언저리의 새로운 만남, 속을 다 내보여도 부끄럽지 않을 만큼 쉽지 않은 소중한 인연이 이곳 차마고도에 그리고 하늘과 가장 가까운 땅, 티베트에 있었다.

　이별이란 말의 의미가 이렇게 무거운 줄, 헤어짐이라는 현실을 감내하기엔 너무도 두터운 정이 빠져나간 자리만큼이나 한쪽 가슴은 텅 비었다. 그것을 채울 기약은 이슥한 밤거리, 안개에 가린 희미한 가로등만큼이나 아득하다.

누가 시킨 것이 아니다. 정해 놓은 일정이 있는 것도 아니다. 다시 말해, 내일 가지 않으면 안 될 필연적 이유도 없다. 그럼에도 우린 내일 아침이면 아쉬움을 남기고 가야 한다.

'하루를 더 지체하는 것은 어떨까?'

부질없는 생각에 왠지 모를 짙푸른 쑥물 같은 쓸쓸함 그리고 섭섭함이 목구멍에 멍울처럼 걸렸다. 호텔 로비 옆, 매점에 진열되어 있는 라싸 맥주를 보았다. 눈이 마주쳤다. 하필이면 로비 입구 계단에 쪼그려 앉아 허전함, 섭섭함을 달랬다.

해발 3,900m의 시가체, 숨찬 것을 느끼지 못했다.

8 상념 :: 어머니와 차비

어젯밤, 재덕이 형님이 신신당부를 해선지 아침 7시 반에 호텔 로비에서 기다리니 츄런과 가이드가 우리를 데리러 온다. 주위는 아직 어두컴컴하다. 7시가 넘었는데도 해가 뜨지 않은 걸 보면 북경표준시보다 한참 늦음을 실감한다.

시가체치쳐쫑잔 日喀則汽车总站, 버스 터미널, 츄런이 직접 버스를 찾아 우리에게 안내한다. 운전기사 츄런, 제 일처럼 숙박비를 깎기 위해 목청을 높였었다. 라이구빙촨을 보여 주기 위해 물을 건너고 잡초를 뚫고 진창에 빠지는 등 희생을 마다 않고 온갖 노력을 다했었다.

 녀석은 공안이 끊어준 통행증을 읽지 못해 바로 보았다 뒤집어 보았다 하면서 글자를 알지 못함을 숨기기 위해 애를 썼었다. 글자를 모르는 츄런, 공부하라고 다운이 몇 번 얘기했다. 몇 년 후, 녀석이 글을 읽을 수 있기를 기원했다.

 우리의 차마고도 여행은 녀석이 있었기에 가능했다. 비록 글자를 읽을 순 없지만 자신이 아는 모든 것을 동원해 우릴 안내했다. 8일 동안 참 정이 많이 들었다. 특히 다운과 꽤나 친해졌다. 고맙다는 뜻으로 300위안을 주었다. 더 주고 싶었지만 그러진 못했다.

 훼이주回族는 머리에 딱 달라붙는 흰 모자를 쓴다. 옆에 서 있는 버스는 어느 지역으로 가는지 온통 훼이주만 타고 있다. 운전기사까지,

타쉬룬포 앞, 츄런(가운데)과 형님들

누군가 물건을 팔려하자 무섭게 노려보며 한마디로 거절한다. 별로 웃는 얼굴을 볼 수 없다. 그래선지 그들에겐 별로 정이 안 간다.

전통적인 티벳탄은 머리를 땋아 틀어 올리고 빨간색 실 댕기, 그리고 허리춤엔 은장도 같은 칼을 차고 있다. 길이 한 자 정도? 옛날 번성했던 토번 왕국 시절, 전사의 용맹성이 그 칼에 표창되어 있는 것일까? 한 눈에도 구분이 명확하다.

보통 시골로 갈수록 전통 문화가 잘 보존되어 있다. 이곳도 마찬가지다. 라싸보다는 전통 복장과 두발 모습을 한 사람들이 많이 보인다. 아마도 라싸와는 다른 역사적 배경을 갖고 있기 때문인지 아니면 인근 시골 사람이 많아서인지는 모르겠다.

버스는 역시 24인승, 차내에는 보따리와 가방이 통로에 꽉 차 있어 발 디딜 틈도 없다. 쉐가르까지 가는 버스가 하루 한 대뿐이니 대중교통은 상당히 불편하다. 아마도 이 사람들은 어제 이곳에 와서 물건을 팔거나 혹은 다른 볼일을 보고 오늘 아침에 각자 집으로 돌아가려는 사람들일 것이다.

그 보따리에 가족의 바람, 이웃의 부탁, 나누어 주고 싶은 마음 등 한가득 소망을 담았을 것이다. 그리고 막내에게 줄 눈깔사탕, 아무도 모르게 부인에게만 줄 무언가도 들어 있겠지…….

만원 버스는 벌써 매캐하다. 창문이나 좀 열었으면 좋겠는데 이미 담배 연기에는 둔감한 듯, 아무도 신경을 안 쓴다. 이웃을 만난 모양이다. 또다시 권하는 담배를 사양할 듯도 한데 그러질 않는다. 주변 사람들, 말없이 앉아 있는 우리가 낯설었는지 흘금흘금 쳐다본다.

버스가 출발했다. 아직 잠들어 있는 시가체가 멀어진다. 이제야 동이

야루창뿌의 조림

트는지 새벽 박무가 내려앉아 납작해진 들과 산, 한가운데를 가른 일직선으로 뻗은 도로를 시원하게 내달린다. 도로 옆은 어린 나무를 규칙적으로 심어 놓았다. 아마 조림을 한 모양이다.

아홉 시가 다 된 시각이지만 생체 시계는 아마도 여섯 시쯤이나 되었는지 새벽잠을 깬 몽롱한 기분이다. 시계는 저만치 앞서가지만 해가 뜨는 것은 그보다 한참을 뒤처진다. 그러기에 티베트의 시간은 아주 천천히 앞선 문명에 겨우 겨우 매달려 간다.

시끌벅적하더니 점차 조용해지며 잠을 청하는 사람도 보인다. 버스 안이 약간은 쾌쾌한데 엔진에서 새어나온 기름 냄새가 섞여 머리가 띵하다. 통로에 세워 놓은 자루에는 무엇이 들었는지 내 쪽으로 넘어와 어깨를 짓누른다. 옆엔 밀어낼 공간도 없다.

우리도 예전에 시골로 가는 버스에 한 보따리씩 짐을 들고 탔다. 버스비 외에 짐 싣는 요금을 추가로 내야 할 것인지를 두고 차장안내원과 실랑이를 벌이곤 했었다. 운임을 내야 할 보따리 크기의 기준은 오직 목소리와 고집, 그것에 의해 결정되곤 했다.

강원도 횡성, 오원리에 「웃거리」라는 마을이 있었다. 지금은 저수지로 인해 수몰되고 없지만 나는 그곳에서 태어나 초등학교 6학년까지 유소년시절을 보냈다.

마을 앞, 먼지를 뒤집어쓰고 띄엄띄엄 서 있는 미루나무 가로수를 낀 신작로가 산자락 비탈에 걸쳐 있었다. 동네 사람들은 어쩌다 합승미니버스을 타려면 몽네미 고개라는 곳까지 한참을 숨차게 걸어 올라가서 버스를 기다려야 했다. 신작로는 내가 살던 동네를 그렇게 예전부터 외면하고 있었다.

내 기억 속의 시골 합승, 입추의 여지가 없는 손님 사이를 뚫고 버스표를 끊어 주던 조금은 미련하게 생긴 차장의 두루뭉술한 얼굴 윤곽 그리고 출입문을 쾅쾅 치며 "오라이-", 하던 목소리만 남아 있다. 어울리지 않게도 요금을 안 낸 승객은 기가 막히게 알아보는 신기의 눈썰미를 가졌다.

그 시절, 어머니와 몽네미 고개에서 한참을 기다려 버스를 탔다. 어머니는 나에게 차장이 나이를 물으면, "여섯 살이다."라고 대답하라고 몇 번이나 다짐을 받으면서 신신당부를 하셨다. 나는 세 살이나 속이는 거짓말을 하지 못해 버스 차장과 어머니가 싸우는 모습을 목격했다. 그리고 그날, 집에 와서 되게 혼났다.

9확인? :: 허가증

상념에 빠져 있는 사이 버스는 한적한 티벳탄 땅을 달린다.

아마도 티베트의 광활한 영토 중에서 사람이 욕심을 낼 만큼 너른 땅은 시가체 인근뿐일 것이다. 끝없이 이어지는 청커밭 그리고 초원, 그 경계는 나무 한 그루 없이 병풍처럼 막아선 바위산, 삶과 죽음의 공존을 푸른 물을 뚝뚝 흘릴 것만 같은 깊고 파란 하늘이 연결 지어 하나의 삶으로 승화시킨다.

이 땅을 살아가려면 기다림과 양보, 그것이 필요하다. 도로를 꽉 메운 양 떼와 야크는 차량이 우선순위라는 것을 인정하지 않는다. 먼저 차지한 쪽이 임자다. 그것이 이 땅의 질서다. 어느 곳을 보아도 똑같은 광경, 야크와 말, 양 떼와 염소 그리고 사람, 함께 뒹굴면서 어우러지는 땅…….

우리가 가야 할 길이 뱀 꼬리가 남긴 자국처럼 협곡 속으로 사라지고 있다. 지딩吉定, 히말라야를 넘어 티베트의 종착지 장무까지는 430km, 카일라쉬로 가는 갈림길이 있는 라체까지는 90km라는 녹슨 이정표가 반긴다.

얼마 지나지 않아 앞에 마주 오던 고장 난 버스가 보인다. 그 옆에 웅성거리던 사람들 일부가 우리가 탄 버스에 오른다. 아마도 시가체 쪽으로 가려다 다시 쉐가르나 라체로 돌아가려는 사람들인가 보다.

출발할 때는 좌석 버스였는데 중간에 입석 버스로 바뀌었다. 시끌벅적, 여기저기서 연신 내뿜는 담배 연기, 바닥에는 꽁초가 굴러다니고 앞에 앉은 사람은 끄지도 않은 담배를 승강구 계단으로 팅겨 버린다. 옆자리에 앉은 젊은 녀석은 계속 생담배만 태우고 있다.

"형, 담배 하나가 자연스럽게 다 탈 때까지 두면 8분 걸린대요. 저 놈 불붙이고 7분 걸렸어." 다운이 어느새 시간을 쟀나 보다.

"에라- 모르겠다. 우리도 한 대 피우자."

이곳은 담뱃불을 붙이면 꼭 다시 한 번 붙여야 한다. 산소가 희박하여 한 번에 붙질 않는다. 담배 피우던 사람들 거리낌 없이 불도 안 끄고 차창 밖으로 집어 던진다. 나무가 없으니 불날 일도 없지만, 산소가 부족하여 저절로 꺼지겠다.

건너편에 앉은 아가씨가 손수건으로 코를 막고 있다. 조금은 미안해 얼른 껐다. 운전석 옆 엔진 덮개 위에 앉은 남자는 담뱃불 끄고 5분이면 다시 붙인다. 나도 담배를 피우지만 무지막지하게 피운다.

티벳탄의 평균 수명은 60세가 좀 안 되는 것으로 알고 있다. 담배를 많이 피워 그런지 아니면 영양이 부족해선지, 자외선이 강해선지 이유는 알 수 없지만 우리보다 훨씬 빨리 늙는다는 것은 사실이다. 이 사람들은 내 나이 정도 되면 거의 50대 후반 또는 60대 초반으로 보인다. 이젠 정말 담배를 끊어야겠다.

나지막한 고개를 넘어 야루창뿌의 지류를 끼고 돌아 어디가 어딘지 구분할 수 없는 풍경이 약간은 따분해질 때쯤, 드디어 라체拉孜 인근에 다다른 듯, 검문소가 보인다.

한쪽에 시멘트로 무게 추를 달고 끈으로 연결해 놓은 바리케이드, 고정시킨 줄을 풀면 무게추가 내려가면서 바리케이드가 위로 올라가게 되어 있다. 가장 원시적인 형태인데 거의 모든 검문소는 이곳과 같다. 그냥 통과하겠지 하는데, 차가 멎으면서 공안이 올라온다.

야루창뿌

'에쿠! 허가증이 없는데……'

티베트의 허가 제도는 좀 독특하다. 라싸, 시가체, 샨난山南, 창도우昌都, 린즈林芝, 아리阿里, 나취那曲 등 일곱 개의 지구地區로 구분하고, 윈난성에서 티베트로 들어가기 위해 외국인 여행 허가를 받듯이 라싸에서 시가체를 거쳐 중니공루 쪽을 가기 위해서도 또 다른 여행 허가가 필요하다고 한다.

같은 티베트, 행정 구역상 같은 서장 자치구임에도 그 안에서 움직이는데 여행 허가를 다시 받게 하는 것이다. 좀 더 쉽게 얘기하면 외국인이 한국에 들어와서 강원도에서 발행한 여행 허가를 받고 원주를 들어왔는데, 원주에서 강릉을 가려면 또다시 여행 허가를

티베트로 가는 길 차마고도 • 333

받아야 하는 것과 마찬가지다. 돈벌이 수단이라고 할 수밖에 없는······.

어제 시가체에서 허가증을 받기 위해 이곳저곳에 전화해 알아보았지만 여행사에서 자신들 차량과 가이드를 이용하지 않으면 허가증을 발급받아 줄 수가 없다고 하여 이를 받지 않은 것이 잘못일까? 아닌데- 호텔 지배인은 여권만 있으면 된다고 했는데······.

어느 것이 맞는지 도대체 알 수가 없다. 외국인은 우리밖에 없다. 우린 사전에 모의한 바에 따라 공안이 우리 보고 무어라 할 때 전혀 모르겠다는 표정으로 멀뚱멀뚱 눈만 껌뻑이기로 했다.

공안 얼굴만 쳐다보았다. 그때 공안이 역시나 빠스포트 어쩌고 한다. 여권을 보여 주니, "한꾸어?" 하면서 이리저리 살피다가 건네주고는 아무 말 없이 내려간다. 호텔 지배인 말이 맞는 건가? 괜히 여행 허가증 때문에 마음고생만 한 건가?

약간 미심쩍긴 했지만 공안의 태도를 보고는 별도의 허가를 받지 않아도 되겠다는, 근거가 두텁진 않은 확신이 섰다.

10 기도 :: 짜시텔레

황량한 바위산 사이에 들어앉은 라체拉孜, 기사가 점심을 먹고 오는지 버스가 정차한 후 한참을 기다려도 움직이질 않는다. 다운을 두고 버스에서 내렸다. 화장실을 찾았으나 통 보이질 않는다. 어차피 영어가 통할 수 없는 동네다.

현지인을 불러 흉내를 내면서 "쉬-" 하니, 손으로 가리킨다. 그러나 그곳엔 아무리 찾아봐도 없다. 버스가 언제 출발할지 알 수 없어 건물 뒤편, 한적한 곳에서 허겁지겁 실례를 했다. 오랜 시간 참았기에 일각이 여삼추, 다급하게 버스에 오르자 기사가 휘익- 승객을 돌아보더니 시동을 건다.

라체를 벗어나니 아리阿里쪽으로 가는 갈림길이 나온다. 다운은 쉬-미샨须弥山, 카일라쉬를 그렇게 가고 싶어 했다. 아주 수미산, 수미산 노래를 부르고 다녔다. 구체적인 계획까지 세웠었다. 그러나 둘이 가기에는 무리가 있어 포기했는데 지금 목전에 와 있는 것이다.

카일라쉬 강롄뿌지펑, 岗仁布齐峰 6,656m, 인더스獅泉河, 갠지스孔雀河, 야루창뿌马泉河, 수틀레지 강象泉河의 발원지, 인간 세상의 중심, 「눈의 보배」라는 뜻을 가졌다.

세계 하천의 어머니 마팡음쵸를 낀 쉬미샨을 한 바퀴 순례하는데 꼬박 사흘간 최고 높이 5,700m의 돌마라Dolma-La를 넘어 53km 거리를 오직 내 다리 하나에 의지하고 쉼 없이 걸어야 한다.

한 바퀴를 순례하면 일생에 지은 죄를, 두 번을 순례하면 전생에 지은 죄를 사赦하여 준다고 한다. 불교, 힌두교, 자이나교Jaina教, 뵌포교티베트 토속 신앙 등 종교의 구분 없이 수많은 사람이 성지로 생각하는 곳, 여기서부터 최소 6일 동안 운행할 차량 연료와 음식을 준비해서 가야 한다. 카일라쉬神山와 마나사로바圣湖 그곳…….

다음에 기회가 되면 꼭 한 번 가 봐야지 생각하는데 어느새 수미산 가는 야루창뿌따치아오雅鲁藏布大桥가 멀어진다. 좌우로는 나무 한 그루 없이 풀 포기 몇 낱만 어렵게 식생을 이어가는 완만한 산, 눈이라도 덮이면 그야말로 천연 스키장이겠다. 걸림돌이 전혀 없다.

개울을 따라 언덕을 오르는 길, 인가는 거의 보이질 않는다. 마치 화산재가 뒤덮은 듯 온통 시커먼 땅, 아무런 생명도 없을 것 같은 황량함을 깨우는 야크, 어딘가에 물이 있고 풀이 있음을 뜻한다.

비록 절박할지라도 초지를 찾아 떠도는 티벳탄의 삶은 욕심을 버리지 않고는 불가능하다. 숙명으로 받아들일 수밖에 없다면, 애초부터 그런 물욕은 생기지도 않았을 것이다. 그러기에 살 수 있다. 이들의 느긋함에서 그런 것을 보았다.

한참을 휘돌아 오르면서 마주치는 티벳탄의 삶, 우리처럼 돈이나 생활에 쫓겨 찡그린 얼굴을 한 번도 본 적이 없다. 남루하게 보이는 행색은 내 눈에만 그럴 뿐이다. 야크 털로 짠 옷은 어떤 좋은 옷보다 추위를 막기에는 제격이다. 설령 수백, 수천만 원짜리 유명 브랜드 옷을 입는다 해도 이곳 생활에는 거추장스러울 뿐이다.

언덕길을 한참이나 휘돌아 오르더니 바위가 띄엄띄엄 자리 잡고 있는 곳에 정차한다. 사람들이 다 내린다. 휴게소가 있을 리 없는데 무슨 일인가 싶다.

'아하! 소변보는 시간이구나, 이럴 줄 알았으면 라체에서 괜히 눈치 보면서 볼일 보지 않아도 됐을 텐데.'

남자들은 참 편하다. 여기저기로 흩어진다. 사람들 눈을 피해 멀리 바위 뒤까지 가서 처리해야 하는 아주머니 몇 분을 기다리느라 상당 시간을 지체한다. 몸을 은폐할 수 있는 몇 안 되는 곳이다. 표시가 안 나게 서성이면서 노심초사하는 남자도 몇 있다.

수많은 양 떼와 사람을 피해 다시 언덕을 오른다. 고갯마루를 다 올라왔나 했는데 갑자기 웅성거리면서 버스 안이 소란스러워진다.

지아추어라샨 오르는 길

  영문을 모르는 우린 또 검문소가 있나 해서 조금은 불안해진다. 정확한 정보가 없고 의사소통이 안 된다는 것이 사람을 참 불편하게 한다.
  앞에 앉은 남녀, 뭔가를 손에 들고 있다. 어느 순간, 성냥갑만 한 종이뭉치를 무어라 중얼거리면서 창문 밖으로 날리니 바람에 흩뿌려진다. 하나가 창문을 통해 우리 자리에 떨어졌다. 주워서 보니 옴마니밧메훔, 장문자모藏文字母로 쓰인 경전이다.
  '아! 타르쵸와 같이 바람에 부처님 말씀이 퍼져 나가라고……'
  그들이 중얼거리던 말은, "짜시텔레."
  나도 속으로 '짜시텔레', 하면서 날렸다.
  그러고 보니 뒤에 앉은 사람도, "짜시텔레."
  다른 사람이 뿌리는 데 주변 사람들 같이, "짜시텔레"

티벳탄에게 있어 '짜시텔레'라는 말, 안녕을 기원하든, 평화를 바라든, 부처님에게 기대든, 인사를 하든, 바라는 모든 마음을 이 한마디로 표현한다. 짜시텔레'축복 받으세요'라는 뜻라는 말이 함축하는 의미는 어쩌면 내 느낌을 넘어 끝이 없을지도 모르겠다. 마치 티벳탄과 동의어처럼 들린다.

지아추어라샨嘉措拉山 마루에 이르렀다. 해발 5,248m라고 하는데 고개라는 느낌은 전혀 없다. 「珠穆朗瑪峰國家級自然保護區」라고 쓴 아치에 매달린 형형색색의 타르쵸와 한쪽으로 비켜 서 있는 표지석을 보고서야 고개 정상임을 눈치챌 수 있다.

우리는 지금 히말라야 산등성이를 올라타고 있다. 해발 5,000m에 가까운 고지대, 나무 한 그루 없이 적막한 산과 구릉, 그래도 마을이 있고 사람이 산다. 히말라야를 뒤 덮은 눈, 생명 유지의 원천, 그것이 사람을 살게 하고 야크를 키운다.

지아추어라샨의 황량한 벌판을 한참이나 스친 후 내리막길로 접어든다. 오른 것만큼 내려가야 한다. 지아추어시앙加措乡을 지나면서부터는 거의 일직선으로 뻗은 도로를 달리고 있다. 아스라이 이어지는 도로 끝에 나지막한 마을이 보인다.

쉐가르에 도착했다. 초모랑마 베이스캠프로 들어가는 길목이다. 도로 양옆으로 50여 호나 될까? 아주 작은 마을이다. 우리가 타고 온 버스의 목적지 쉐가르는 여기서 조금 더 들어가야 한다. 그곳 쉐가르와 이곳이 명칭은 혼용되는 모양이다.

이곳은 뉴 팅그리 또는 딩르定日로 불리는 모양인데 버스에서 내린 사람은 가죽점퍼에 카우보이모자를 쓴 티벳탄 한 명과 우리 둘뿐이다.

순간, 잘못 내렸나 하는 생각이 든다. 초모랑마 문턱이라는데 티벳탄 한 사람 외에는 하차하는 사람이 없다.

노선버스를 타고 오는 여행객이 없다는 것이 무얼 의미하는지 이튿날이 돼서야 알 수 있었다.

11 오버랩 :: 할머니를 보았다.

도착한 시각이 오후 2시쯤, 숙소가 마땅치 않아 초모랑마 호텔珠峰賓館로 갔다. 주평빈관은 초모랑마 등반가에게 중간 기착지 역할을 하는 것 같다. 트윈 룸, 240위안인데 200위안에 주겠다고 한다. 더 깎으려 했더니 어림없는 소리 하지 말라는 투다.

어쩔 수 없다. 바닥에 깔린 카펫, 아마 야크 털로 짠 모양이다. 끊긴 야크 털이 떠 있어 성긴 카펫, 마치 외양간에 들어와 있기라도 한 듯 짐승 털 냄새가 진동한다. 다운 왈, 이 정도면 좀 낫다고 한다. 먼저 본 방은 바퀴벌레가 열병식을 하더라나? 환기를 위해 창문을 열어 놓고 나갔다. 늦은 점심 먹을 곳을 찾아 기웃거렸다.

허름한 식당 짜시찬팅扎西餐厅, 이 집 딸인지 웬 아가씨가 우리 감자탕에 넣는 등뼈 같은 것을 뜯어먹고 있다. 야크 뼈인가? 먹어볼 수 있겠느냐는 시늉을 하자 대접째 내놓는다.

우선 볶음밥을 시키고, 앉아 있기 무료하여 다 식어빠진 등뼈 같은 것을 뜯어 먹어보니 맛은 꽤 좋다. 시장이 반찬이다. 결국 마파람에 게 눈 감추듯 한 그릇을 다 비워버렸다. 식사 후, 고깃값 2위안이 포함되어 있었다.

숙소로 돌아가는 길, 아버지와 아들인지, 할아버지와 손자인지 도저히 구분할 수 없는 두 사람이 담벼락에 기대앉아 있다. 움푹 팬 주름살, 변변찮은 옷차림, 얼굴과 손은 때가 끼어

쉐가르의 부자

새카맣다. 손에 들고 있는 지팡이, 어딜 가던 중이었는지 하릴없는 눈으로 쳐다본다. 하긴 뭘 꼭 해야 하는 것은 아닐지도 모르겠다.

해발 4,000m가 넘는 쉐가르, 양쪽 코가 막힌 것 같은 답답함, 심호흡하기도 쉽지 않다. 잔 숨으로 천천히 움직여도 정말 힘들다. 숙소에 누웠다. 움직이는 것은 물론 숨쉬기조차 귀찮다. 냄새가 났었는지는 인식도 못 하겠다.

사방을 둘러 눈에 보이는 모든 곳을 통틀어 호텔 앞에 유일하게 나무가 몇 그루 서 있다. 우리는 이번 여행 중에 가장 비싼 방에서 머무는 것을 녹음을 볼 수 있는 호사로 대신했다. 바람을 타고 일렁이는 나뭇잎, 한여름 그늘진 툇마루에 누워 있는듯, 몽롱한 기분에 눈꺼풀이 내려앉았다.

어디가 어딘지 알 수 없는 꿈속을 헤매는데, 다운이 깨운다. 그 사이 호텔 앞 허름한 식당에서 할머니와 말을 튼 모양이다. 중앙에 난로가 있고 흙바닥에 허름한 테이블 두세 개, 그리고 벽 쪽으로 나무침대 두 개, 할머니가 꽤나 정갈하다. 닦고 쓸고, 할머니와 딸, 그리고 눈치로 보아 사돈 같은 분, 꽤나 다정해 보인다.

티베트에 들어와서 거의 매일 저녁 마시던 술에 꽤나 익숙해 있었는데도 할머니 자꾸 마시라는 시늉에 이기질 못하겠다. 조그마한 술잔인데 한 모금 마시면 따라주고 안마시면 술병 들고 마시라 하고 조금 마시면 또 따라준다.

매상을 올리려는 것이 아니라 기껏 맥주 두 병 이들의 인정은 이렇게 나타나는 모양이다. 계속해서 마시라는 눈짓을 한다. 심지어 5mm 정도만 마셔도 또 따라준다. 나중에는 술잔을 병 뒤에 숨겼다. 그래도 할머니 눈을 피하지 못한다.

'고맙다. 미안하다. 마셔라. 많이 먹어라.', 자기감정이나 뜻을 눈빛과 표정만으로 나타내는 것이 가능하다. 작은 체구에 눈꺼풀이 내려앉아 지긋이 바라보는 눈빛에서 그런 의사가 가감 없이 전달된다. 흡사 영화 「집으로」에 나오는 말을 잃은 할머니와 똑같다.

다운이 정을 느꼈는지, 가지고 있는 것 다 드리고 가자고 한다. 호텔로 돌아가 배낭을 뒤졌다. 비상용으로 몇 개를 제외하고 물휴지, 사탕, 껌을 챙겨 들고 갔다. 약도 있을 거라고 얘기하는 다운,

"진작 얘기하지?"

쉐가르의 할머니

숙소에 다시 갔다 왔다. 불과 백 걸음거리, 두 번 왕복하니 숨이 헐떡헐떡, 물휴지 한 장 빼서 손과 얼굴 닦고 또 닦고 휴지가 새카매질 때까지 닦으면서 신기해하는 할머니, 꽤나 흡족한 표정의 딸과

사돈을 보면서 숨찬 것을 잊어버렸다.

　지금은 돌아가셨지만 우리 할머니는 꽤나 성화가 심한 분이셨다. 전기가 들어오지 않는 산촌의 밤은 호롱불이 겨우 밝히고 있었다. 우리 형제들이 옹기종기 그 앞에 모여 앉아 콧구멍이 새카매지도록 객살客說에 여념이 없을 때쯤,

　"세기석유 닳는다. 객살 그만 떨구 얼렁 자라.", 할머니의 거듭된 성화에 겨우 이부자리에 들어서도 형과 동생 옆구리를 쿡쿡 찌르면서 키득거리다 나도 모르게 스르륵 잠이 들곤 했었다.

　이웃집에 잔치가 있거나 하여 먹을 것이 생기면 곤하게 자던 우리를 다 깨워서 먹고 자라고 또 성화를 하셨다. 자다가 일어나서 비몽사몽 맛이 있을 리 없음에도 왜 안 먹느냐고 성화를 하고, 먹고 나면 또 자라고 성화를 하고…….

　그것이 그때는 이해할 수 없는 할머니의 1차 방정식 사랑법이었다. 먹을 것이 생기면 우선 손주 새끼들 배를 채워 놓아야 안심이 되는 그런 원초적 사랑, 그런 것이었다. 배불러 못 마시겠다는데도 자꾸만 권하는 할머니에게서 돌아가신 내 할머니를 보았다.

　저녁이나 때울 요량으로 밥을 시켰다. 그때 할머니와 딸이 어쩔 줄 몰라 하면서 상을 치우고 자리를 새로 깔고 어질러진 물건을 정리하느라 부산하다. 우리 보고 옆 테이블로 옮기라고 한다. 그리고 정말 미안하다는 표정으로 두 손을 모아 우리에게 양해를 구한다.

　잠시 후, 뚱뚱한 사내가 들어오자 앉을 자리에 카펫을 깔고 담요를 덮어 주면서 차를 한 잔 내온다. 아까 내가 한 번 만졌더니 기겁을 하면서 치워 놓은 그 찻잔이다. 아마도 저놈 전용인가 보다. 우리는

순간, 찬밥 되었다.

숙소에 돌아오니 할 일이 없다. 시가체에서 헤어진 형님들은 라싸로 돌아갔는지 모르겠다. 언제나 밝은 표정과 웃음을 잃지 않았던 다운, 오늘은 별말이 없다. 조금만 움직여도 숨이 차다. 아예 입을 벌리고 가쁜 숨만 몰아쉰다. 멍한 표정으로 서로 얼굴만 바라보고 있다.

지금까지 살아오면서 뭔가를 할 수도 없고 할 일도 없는 이런 시간을 가져 본 적이 있을까? 우리는 왜 여기에 서 있는 것일까? 말 그대로 멍 때리는 이 시간, 뭘 봤는지, 뭘 했는지 아무것도 기억하지 못할 것 같다.

우린 호텔 바에서 라싸 맥주 한 병에 말없이 두 시간을 뭉갰다.

12 황당함 :: 버스에서 쫓겨났다.

초모랑마 베이스캠프 가는 차량을 알아보니 2,000위안을 줘야 된다고 한다. 그런데 동행자를 구하기도 어렵거니와 차량을 구할 수가 없다. 어제 호텔에 주차되어 있던 랜드크루저는 모두 라싸나 시가체에서 온 듯, 한 대도 보이질 않는다.

중국인 젊은 친구가 왔는 지 알아보기 위해 도로변으로 나갔다. 쉬에위판디엔 앞에서 한참을 기다렸다. 어제 오후에 혼자 온 젊은 친구를 우연히 만나서 초모랑마 베이스캠프를 동행하기로 했었다. 그러나 모습을 보이지 않는다.

그럼 그렇지! 약속을 하면서도 크게 미덥지는 않았었다. 랜드크루저와 여행 허가를 그 친구에게 기대했었는데 틀렸나 보다.

노선버스를 이용하여 초모랑마 베이스캠프를 가는 사람이 없는 이유를 알겠다. 여행 허가나 차량 이용이 이곳에서는 불가능하다는 생각이 든다.

그래도 미련이 남아 다운이 호텔에 알아본다고 갔다. 걷는 것이 힘들어 지나가는 소달구지를 1위안에 얻어 타고 300여 m 거리를 갔다 왔다. 마땅치 않다고 한다. 결정적으로 날이 흐려 베이스캠프를 가도 초모랑마를 보기는 틀렸다.

"등반하는 흉내라도 내 보면 모르겠는데……. 꼭 가야 할 이유가 있을까요?"

"그래, 날씨가 안 좋아서 무리하면서까지 가고 싶은 생각은 없어."

네팔로 넘어가기로 했다.

쉐가르에서 국경 마을인 쟝무까지는 250km가 넘는다. 물론 전 구간 비포장 산길이다. 베이스캠프를 포기하고 주변 사람에게 물어보니 쟝무 가는 버스는 1시에서 2시 사이에 온다고 한다. 지금 시각이 9시, 적어도 너댓 시간을 기다려야 한다.

우린 네팔로 넘어가는 중니공루 중간에 앉아 있다. 이 길을 일명 요우치잉공루友情公路라 부른다. 히말라야를 넘어 친구로서의 정을 나누는 의미로 해석해야 할까? 그러나 간간이 지나는 화물 차량 외에 대중교통이나 승용차를 구경하기는 어렵다. 버스가 올지는 전적으로 하늘에 맡겨야 한다.

어제 버스에서 사람들이 막 밟고 넘어간 배낭은 이미 꾀죄죄해졌다. 배낭에 기대어 시간을 보내다 지루하면 한 바퀴 돌고, 음악 듣다가 싫어지면 남의 가게 기웃기웃……. 참 지루하다. 갈 곳도 없고…….

시가체에서 헤어진 형님들은 아마도 이 시간쯤 청도우成都로 갈 것 같다. 비행기를 기다리는 공가 공항에서의 형님들 표정도 지금 우리와 같을까? 나중에 본 타쉬룬포에서의 사진, 형님들 얼굴은 하나 같이 웃음기 없는 무표정이었다.

여기를 서둘러 오는 게 아닌데, 하루를 더 동행했어도 되는데, 별로 달라질 것도 없는데 왜 그렇게 서둘렀을까? 공가 공항에서 먼저 보내 드리고 와도 되는데, 괜히 서운한 마음만 커져 갔다.

초모랑마 베이스캠프를 갈 수 없는 현실에 그런 생각이 겹쳐 더디게 흐르는 시간이 지루함을 더 얹는다. 서너 명의 코흘리개가 훑고 지나간 동네엔 고요함이 내려앉았다. 차량, 사람 등 움직임이 일체 끊겼다. 무언가에 묵직하게 눌린 것 같은 적막이 흐른다.

길 건너 맨바닥에 앉은 사람, 우리와 마찬가지다. 한참을 그렇게 있더니 물통을 꺼내 차와 함께 음식을 먹고 있다. 옆에 어슬렁거리던 개가 다가가 좀 달라는 표정인데 내쫓아 버린다. 이곳 개는 거의 야생화된 것 같다. 돌보는 사람이 없는 모양이다.

티벳탄은 개, 물고기를 먹지 않는다고 한다. 어제 점심 식사 하면서 먹고 남은 뼈다귀를 던져줄 때 다른 개에게 힘에 밀려 그걸 차지하지 못하고 나를 쳐다보던 다리 다친 개도 거기에 있다. 방치된 개에 견줘 우리도 나은 것이 없다. 옷은 꼬질꼬질, 땟국물이 흐른다.

방치된 개

"우리도 거지 다 됐다."

띄엄띄엄 한족들이 오는 모양이다.

화려한 모자와 하늘거리는 치마차림, 나들이객이다. 그들은 무너질 것 같은 집이며 꼬질꼬질한 아이들, 삐뚤빼뚤 씌어 있는 간판 등을 카메라에 담으며 거드름을 피우고 있다. 그들을 보면서 이곳에선 사진을 찍지 않기로 했다.

   12시, 밥은 먹고 가자. 쉬에위판디엔雪域饭店에 들어갔다. 먹을 것이라고는 볶음밥과 계란 프라이, 팬에 기름을 쳐서 지진 것이 아니라 펄펄 끓는 기름에 넣고 튀겼으니 계란 튀김인가? 채반에 얹어 놓으니 기름이 뚝뚝- 떨어진다.

   그걸 이빨 빠진 접시에 올려놓으니 미끄덩-, 나무젓가락에 힘을 주고 떼어 냈더니 미끄러져 식탁으로 떨어졌다. 흘린 국물이 말라붙은 자국이 남은 비닐 식탁보가 씌워져 있다. 집어서 접시에 담았다.

   그제의 풍성함은 사라졌다. 먹을거리 자체도 빈약하지만, 영- 내 입맛에는 맞질 않는다. 청경채青梗菜가 섞인 우르르 쏟아지는 볶음밥, 역한 샹차이香菜 냄새는 아무리 중국 생활을 오래 한다 해도 적응이 안 될 것 같다.

   시큼한 총각김치 한쪽만 있었더라도 얼마나 좋을까? 보기만 해도 속이 니글거리는 계란 프라이, 식탁보의 때가 묻은 것만 같은 찝찝함, 슬그머니 까닭 없는 눈물이 핑- 돈다.

   계란 프라이, 많이 먹지도 않았는데 질렸다. 쭝디엔에서 점심 먹을 때도 이 맛이었다. 한국에 가도 다시는 계란 프라이, 이건 안 먹을 거다. 아니 달걀도 안 먹는다. 밥이 잘 넘어가질 않는다.

   겨우 점심을 때우고 꼼짝 않고 기다렸다. 왼쪽으로 꼬아 보느라 목덜미가 뻐근해질 때쯤, 저 멀리 노란색 미니버스가 동네 어귀를 넘어온다. 쟝무행 버스다. 오직 하는 일이라곤 버스를 기다리는 것뿐이었다. 무려 네 시간이 넘는다. 반갑다.

'이제 중국을 벗어나겠구나.'

버스가 저만치 앞서 선다. 승객들이 소변을 보기 위해 우르르 내린다. 잽싸게 배낭을 밀어 넣고 차에 타니 주유소로 들어간다. 그런데 분위기가 좀 묘하다. 뒤에 앉은 아주머니 우릴 보고 뭐라고 하는 것 같은데 알아들을 수는 없고, 운전기사는 쳐다보지도 않고 전화기를 들고 정신이 없다.

통화를 끝낸 기사에게, "쟝무, 쟝무", 외쳤는데, 내리라는 손짓을 한다. 난 자리가 없어서 그런 줄 알았다. 나중에 보니 운전기사가 통화를 한 곳은 공안이고, 외국인이 2명 탔는데 그냥 태워도 되는지를 물어본 모양이다. 공안에서는 당연히 안 된다고 한 것이고…….

우린 버스에서 쫓겨났다.

황당하다. 어제 쉐가르까지 오는 버스에서 여권을 본 공안도 아무 말이 없었다. 미심쩍었지만 확신이 있었다. 그래서 생각도 안 해 봤다. 버스에서 쫓겨나니 시베리아 한가운데에 내동댕이쳐진 기분이다.

그래도 우리가 한국 사람인데 이런 시골에서 무시당했다. 조금은 화가 난다. 아니다. 그들 방식이 있는데 우리식대로 밀어붙였다. 그래도 그렇지, 미치겠다. 라싸로 돌아가야 하나? 그러나 돌아갈 차도 없다.

돌겠다.

13 의미심장 :: 티벳탄 여성 가이드

우리를 쫓아낸 버스는 먼지 꼬리만 남겨 놓고 동네 어귀를 빠져나갔다. 원망스런 눈으로 쳐다보다가 멍해졌다. 마치 장난을 하는 것 같다. 미처 예상치 못했거나 어찌할 수 없는 거대한 벽과 마주치면 실없는 웃음이 나온다. 어떻게 해야 할지 생각이 떠오르질 않는다. 그야말로 머릿속이 하얘졌다.

아침부터 오직 버스만 기다렸다. 이럴 때의 황당함이란 미처 경험해 보질 않아서 정말 당혹스럽다. 쟝무행 버스가 다시 오지는 않는다. 여기서 하루를 더 자는 것은 지옥이다. 어떻게든 빠져나가야겠는데 무엇을 어떻게 해야 할까?

"그래! 히치하이킹을 하자."

빵차, 짐 실은 트럭 구분 없이 쟝무 방향으로 가는 차를 붙잡고,

"쟝무! 쟝무!", 외치니 전부 고개를 젓는다. 다운,

"뭐래요?"

"다 안 간다는데, 어쩌지?"

"형 난 여기서 죽어도 하루 더 못 자."

드문드문 쟝무 쪽으로 가는 차는 다 잡아보았지만 그곳까지 간다는 차도 없다. 아예 차량 운행이 끊겼다. 큰일이다. 쟝무까지 가는 차를 만날 수 없을지도 모르겠다는 절망적인 생각에 넋이 빠졌다.

시가체로 돌아가서 허가를 받아야 할까? 뺀질거리긴 했어도 이럴 때 가이드 녀석이라도 있었더라면 얼마나 편할까……. 무식하게 밀어붙인 무모한 도전이 여기서 중단되고 마는 걸까?

완전히 고립되었다. 어떻게 해 볼 도리가 없다. 화물차는 설령 쟝무까지 간다고 해도 우릴 태워줄 것 같지 않다. 털썩 주저앉아 별 생각을 다 하다 눈이 번쩍 뜨였다. 쟝무 방향에서 지프차가 한 대 온다. 운전석 옆에 여성이 타고 있다. 차를 세우고는 다짜고짜,

"쟝무!", 했더니 운전기사, 흘끗 쳐다보더니 1,000위안을 달라고 한다. 순간, '15만 원? 도둑놈들!'

"500위안" 했더니, 돌아보지도 않고 떠난다. 보고 있던 다운,

"형, 1,000원 주고라도 가야지 어떡해, 가는 게 맞는 것 같다."

"그럼 다시 얘기해 보자."

짜시찬팅 앞에서 담배를 피우고 있던 기사에게 800위안을 불렀더니 어림없는 소리 하지 말라는 투다. 쉐가르 호텔 여성 지배인이나 지프차 운전기사나 한 번 아니면 아니다. 계산에 있어서 바늘로 찔러도 피 한 방울 안 나올 것 같은 이들의 완고한 인상은 흥정의 대가인 한족과는 뚜렷이 구별되는 것 같다.

결국 1,000위안을 주기로 했다. 빠져나갈 수 있다는 것에 위안을 삼았다. 기사가 멈칫하더니 다시 돌아간다. 무슨 일인가 했더니 주유소로 들어간다. 캑! 거기까지 가는 동안 기름 넣을 곳이 없다는 말이다. 어쨌든 다행이다.

이곳에서 대중교통을 이용한다는 것은 보통 어려운 일이 아니다. 허가증이 없기도 하거니와 버스표를 파는 곳도 없다. 만약 발이 묶였다면? 버스가 매일 있는지도 불확실하다. 생각해 보면 1,000위안에 쟝무까지 갈 수 있다는 것만으로도 안심이다.

느긋하게 바라보는 창밖 풍경, 정말 자연 그대로다. 구불구불

굽이치는 개울물, 유유자적 몇 마리의 야크, 한국이라면 자연 상태의 개울을 얼마나 두고 볼 수 있을까? 너른 하천 부지에 욕심을 내지 않았을까? 멍하게 바라보는데 얼마 가지 않아 차가 멈춘다.

앞을 보니 검문소가 있다. 차량이 일렬로 쭉 늘어서 있다. 내렸다. 차량에서 내린 사람들 모두 검문소로 걸어간다. 검문소 앞에 붙은 「依法治边」이란 글자, 의법치변? 무슨 뜻인지도 모르면서 순간, 가슴이 쿵- 하고 내려앉는다.

우리는 난감한 표정을 지으면서 가던 걸음을 멈췄다. 조수석에 타고 있던 여성이 돌아보기에 종이처럼 네모를 그리면서 그게 없다고 손사래를 쳤다. 그러자 비닐 코팅한 종이를 흔들어 보이면서 이미 알고 있다는 듯, 의미심장한 웃음을 짓는다.

'아! 다 해 먹는 방법이 있나 보다……'

검문소 직원, 모든 사람 신분증과 여행 허가증을 받고 인적 사항을 일일이 기재한다. 우리가 여권을 보여주자 그 여자 공안에게 카드를 흔들면서 뭐라 하니 우리의 인적 사항을 기재하고 돌려준다. 씨-익 웃으면서 가자고 턱짓을 한다.

'휴우—'

루루비엔징지엔차-짠 鲁鲁边境检查站, 검문소이라고 한다.

운전석 옆에 타고 있는 여성은 가이드라고 한다. 각종 허가증을 만들어 비닐로 코팅해서 들고 다니는 눈치다. 아마도 초모랑마 베이스캠프를 왕복하는 쉐가르 현지 랜드크루저인 모양이다.

검문소를 통과하여 한참을 가다 보니 외국인 둘이 히치를 한다. 팅그리까지 가는 길인데, 영국에서 왔다고 한다. 최소 50km 정도

되는데 걸어가다 차를 세운 것이다. 자기들끼리 흥정하여 태운다. 우리에게 물어는 봐야 하는 것 아닌가? 멋대로다.

 초모랑마 베이스캠프珠峰大本營 들어가는 입구를 지나친다. 이곳에서 100여 Km를 들어가면 초모랑마 턱밑이다. 우리로서는 어쩔 수가 없다. 사실 이번 여행의 가장 중요한 목적 중 하나를 그냥 지나치고 있다. 그렇게 지나가고 말았다.

 팅그리崗嘎, 강가에서 영국인을 내려 주었다. 가이드가 아는 집인 모양이다. 여관에 그들을 소개해 주고 한참을 얘기한다. 랜드크루저뿐만 아니라 숙박까지 소개하는, 이를테면 다목적 가이드다.

 길옆에 서 있는 노란색 미니버스, 쫓겨난 쟝무행 버스다. 팅그리를 벗어나니 광활한 초원에 집 한 채 보이지 않는다. 구름이 낮게 깔렸다.

팅그리의 초원

비가 올 듯하다. 날씨를 보면 베이스캠프는 가지 않길 잘했다.

팅그리의 초원은 황량하지만 정말 넓다. 구름이 낮게 깔렸다. 벌판 끝에는 8,153m의 초유봉이 있을 텐데……. 유목민의 텐트와 점점이 뿌려진 야크만 이곳도 살아 있음을 웅변하고 있다.

히치하이킹하는 티벳탄 부자

유목하던 티벳탄이 삐딱하게 모자를 걸친 곱슬머리 아들인 듯, 꼬마를 데리고 또 차를 세운다. 길게 늘어뜨린 산발에 헐렁한 남방 차림, 깊게 팬 주름, 다급하게 쫓아 나온 것 같은 행색을 보면서 참고 기다리기로 했다.

흥정이 잘 안 되는지 한껏 불만스런 표정의 아들과 달리 애원하듯 안타까운 표정을 짓는다. 기사가 요구하는 차 삯을 긍정하면서도 그만한 돈을 낼 여유가 없는 모양이다. 인정하지만 봐 달라는 안타까움이 계속된다. 흥정이 길다. 밀고 당기기가 계속된다. 그러다 합의가 됐는지 꼬마 녀석을 뒷자리 중간에 태웠다.

우린 1,000위안 주고 랜드크루저를 대절한 줄 알았다. 그건 우리 생각일 뿐이다. 쾌적한 여행을 기대한 것은 어떻게 보면 욕심인지도 모른다. 쟝무까지 갈 수 있다는 것만으로도 만족해야지…….

운전기사, 뭘 보는지 창문을 내리고 몸을 반쯤 내밀어 차량

상태를 점검한다. 우리 눈엔 참 불안하기 짝이 없다. 운행 중인데 몇 번을 그러더니 아예 차를 세운다. 앞바퀴를 툭툭 차보더니 고개를 갸웃하면서 다시 운행한다. 타이어 바람이 새는 모양이다.

팅그리를 벗어난 중니공루는 중간 중간은 길이 끊겨 있다. 원래의 길을 돌아 깊게 팬 물웅덩이를 건넌다. 팅그리에 서 있던 쟝무행 버스나 이 차나 오늘 안에 갈 수나 있는 건지 모르겠다.

14 무클람 :: 초모랑마

팅그리의 광활한 초원을 지나 협곡을 돌아 물길을 따라 오른다. 개울 옆으로는 간간이 티벳탄 마을이 보이는데 사람의 움직임은 거의 눈에 띄지 않는다. 안개가 깔려 더욱 적막하다.

'어떻게 살까?'

고립된 것 같은 풍경도 그렇지만 가옥의 숫자에 비해 먹고 살 만큼의 충분한 농토를 갖지 못했음을 한눈에도 알 수 있을 정도다. 그러나 그건 이들의 일상과는 상관없는 국외자의 느낌일 뿐이다.

그래도 이들은 살아왔고 앞으로도 살아갈 것이다. 다만, 옆을 지나는 중니공루가 이들에게 어떤 변화를 요구하게 될지는 아무도 모른다. 목축을 하던 티벳탄이 라싸의 관광객을 실어 나르는 릭샤꾼으로 변한 것처럼……

다운과의 사이, 중간에 앉은 꼬마 녀석은 진작부터 졸기 시작했다. 끄떡이던 머리가 내 어깨에 얹힌다. 나도 깔끔한 편은 아니지만 조금은 불편하다. 어깨로 밀어 올리다 바로 세웠다 하면서 씨름을 한다.

그러다 녀석의 얼굴을 돌아보니 안타까운 표정을 짓던 애비 얼굴이 떠오른다. 없는 돈에 자식을 타지로 보내는 것이 얼마나 어려웠으면 그런 표정을 지었을까 하는 생각이 들어 아예 어깨를 내주었다.

맑은 날이 아니어서 주변은 희끄무레한데 어느새 언덕을 오르고 있다. 그것도 끝없이, 퉁라 拉龙拉. 라롱라. 5,120m를 넘는 중이다. 정말 한 번 오르기 시작하면 끝이 없다. 저 아래 땅이 있다는 것을 잊어버리기라도 한 것 같다.

지금까지 지나온 고갯마루와는 사뭇 다르다. 앞은 끝없이 이어지는 완만한 지평선이다. 경사도 5%가 채 안 될 오르막길을 계속 오른다. 저 너머에는 무엇이 있을까? 끝도 없이 오른다.

드디어 뭔가가 나타난다. 삼각형 끝이다. 지평선 위로 솟아오른다. 고개 너머 반대편에 있는 산이 나타난다. 초모랑마 Qomolangma다. 에베레스트! 중국인들은 주펑 珠峰 또는 珠穆朗玛峰 이라고 부른다. 다가갈수록 삼각형이 크기를 더 하더니 이윽고 퉁라 정상,

우린 누구랄 것도 없이 차에서 후다닥 내렸다. 전방으로 펼쳐지는 히말라야 산군, 오른쪽은 안개가 끼었는지 잘 안 보이지만 왼쪽 초유봉에 가려져 일부긴 하지만 초모랑마를 볼 수 있었다.

'저것이 초모랑마로구나!'

가슴이 꽉 막히는 기분으로 초모랑마는 내게로 왔다. 고개 정상이어서 바람이 엄청나게 분다. 바람 속에서 타르쵸와 함께 온몸이 흔들리면서 초모랑마를 바라본다. 눈가에 배어 나온 눈물은 바람 때문인지, 감정 때문인지 잘 모르겠다.

가슴에 새겨진 초모랑마는 서로 다를 수도 같을 수도 있겠지만, 초모랑마는 원래부터 이곳에 있었다. 억겁의 세월을······. 그런데 영국이 훔쳐갔다. 영국지리원인가 하는 곳에서 전 측량국장인 에베레스트 경卿의 이름을 따서 마운트 에베레스트로 바꾸고 초모랑마를 훔쳐간 것이다.

우리는 초모랑마로 불렀다. 그렇게 하는 것이 이 자리에 설 수 있게 해 준 이들에 대한 최소한의 예의로 생각했다. 아니 그에 앞서 한족이나 영국인이 이곳을 지배하고 정복한다는 현상이나 표현이 싫어서다. 초모랑마는 영국인에게 정복당한 것이 아니다. 길을 허락해 준 것이다. 그때 그들이 잠시 들어왔었을 뿐이다.

제국주의 시각으로 정복이라고 하는 것은 얼마나 오만방자한 태도인가? 그에 앞서 사람이 들어올 수 있도록 길을 열어준 초모랑마는 그들에 비해 훨씬 큰 열린 마음을 가졌을 것이다. 우리는 초모랑마를 볼 수 있음에 감사했다. 아니 이 자리에 있다는 것만으로도 감사하다.

초모랑마를 뒤로 하고 5,000m 히말라야 등줄기를 타고 넘는다. 좌우로는 풀 한 포기 없다. 말 그대로 황량한 벌판 그리고 순백의 설산, 두 가지 빛깔만 있다. 흑과 백, 세상일이나 사물을 이렇게 딱 두 가지로 압축할 수 있을까? 흑백논리로 가른 세상은 아마 이렇게 보일지도 모르겠다.

아스라이 보이는 까마득한 길에 군데군데 먼지가 띠를 이루었다. 앞선 차가 일으키는 먼지다. 삼국지에서 대규모 군마의 이동으로 가장하기 위해 일으키는 먼지, 정말 그것이 가능하겠다. 거리가 멀어

먼지가 아니면 차량이 운행 중인지 알 수도 없다.

　이제부터 내리막, 끝도 없이 내려간다. 통라 정상에서 니알람을 거쳐 쟝무까지 100km도 안 되는 거리를 두고 해발 2,500여m가 낮아진다. 아마도 평생을 살면서 불과 두어 시간 사이에 이 정도의 고도 차이를 넘나드는 건 처음이자 마지막이 될 것 같다.

　기사가 재미있다. 산길을 돌지 않고 지프차가 아니면 갈 수 없는 지름길로 내달린다. 여보란 듯, 으쓱거리면서 우릴 한 번, 씨-익 돌아본다. 오른쪽은 시시야팡마希夏帮玛라고 한다. 그런데 보이질 않는다. 왼쪽은 산위 까마득하게 빙하가 걸쳐 있다.

　빙하와 만년설은 이런 고원에 생명을 잉태했다. 한 방울 두 방울 모여 실개천을 이루고 사람은 거기에 의지해 삶을 이어 간다. 지구상에서 가장 혹독한 여건을 이겨내고 생명이 움텄다. 바람에 일렁이는 칭커는 주변으로 밀려난 슬픔을 안고 있지만, 가장 척박한 환경과 싸워 이긴 치열한 삶의 상징이다.

　협곡 속으로 빠져들던 차가 갑자기 분주함 앞에 멈췄다. 니알람聂拉木, 니에라무라고 한다. 펑크가 난 것이다. 우리가 예전에 사용하던 고무 튜브가 들어 있는 타이어, 작은 구멍이 생겼는지 계속 바람이 새는 것을 뭉개고 왔다.

　카센터, 타이어 구멍을 때우는 종업원이 빌어먹게 생겼다. 기껏 때우고 너무 빨리 공기를 넣었는지 이내 픽- 하고 다시 샌다. 이번엔 다시 본드를 바르고 나서 열을 가하는 기계에 장착하고 코를 훌쩍이며 히죽거리고 있다.

　시가체를 지난 이후부터 사람들의 옷차림은 이해하기 어렵다.

지나가는 사람, 작업하는 사람, 대부분 머리를 감지 않아 푸석하게 떡이 진 행색을 하고서도 양복을 입고 있다. 한두 치수 큰 것으로······.

양복 하나로 평상복, 외출복, 작업복 등, 라싸나 시가체에서도 후줄근한 양복을 입은 사람을 많이 보았다. 카센터 주인인 듯, 중년의 남자도 그 차림새로 자동차 문짝을 다느라 여념이 없다.

한참을 기다려도 종업원 놈이 코를 훌쩍거리고 서 있기에 작업 안 하느냐고 하니 그제야 기계에서 튜브를 빼는데 하마터면 다 태울 뻔했다. 이때쯤 살짝 인상을 써둘 필요가 있을 것 같다.

'차비를 깎을 수는 없어도 더 주진 않겠지······.'

내가 시계를 차는 손목을 가리키면서, "니부얼! 니부얼 尼泊尔, 네팔", 넘어가야 한다고 손짓을 하자 가이드, 오늘은 안 된단다. 그런 줄은 알고 있던 터라 짐짓 큰일 났다는 듯이 크게 동작을 취해 본다. 드디어 펑크를 다 때웠다.

조금 전에 보았던 초모랑마는 안타깝게도 실루엣으로만 남았다.

15 현상 :: 히말라야의 속살

니알람은 언덕에 참 불안하게 걸려 있다. 규모가 좀 작은 더친과 비슷한 동네, 통라를 넘은 이후 티베트 분위기는 싹 가셨다. 완전한 한족 도시인 것 같다. 티벳탄 전통 가옥은 한 채도 보이지 않고 멋대가리 없는 현대적 시멘트 건물만이 그 자리를 차지하고 있다.

중국은 혹시 이곳을 경계로 히말라야 너머에 거주하던 티벳탄을 모두 이주시킨 것은 아닌지 모르겠다. 이전까지는 군데군데 이들의 단청 분위기를 볼 수 있었다. 그런데 니알람은 완벽한 한족 도시로 보인다.

협곡이 깊어 이미 해가 졌다. 3, 40km만 더 가면 쟝무다. 그런데 무슨 일인지 차가 또 줄지어 서 있다. '헉! 또 검문이야', 공안, 우리 차에 다가오더니 기사에게 뭘 묻는다. 가이드가 "한구어!", 하니, "아! 한구어", 하면서 차창으로 얼굴을 들이밀고 쳐다본다.

공안, 기사와 함께 뒤로 간다. 우리를 두고 이야기를 하는 모양이다. 약간 불안해진다. 둘러보니 검문 대기하는 차량이 족히 20여 대는 되는 것 같다. 국경이 저 앞인데 무슨 일인가 싶다. 옆에 있는 가이드, 태평해 보인다. 괜찮은 건가?

쟝무까지 가는데 한 푼도 안 깎아 주고 1,000위안, 영국인, 꼬마까지 차비를 별도로 받은 이유가 루루 검문소 그리고 이곳 검문소聂拉木县公安检查站에 있었는지도 모르겠다.

중니공루를 통과하기 위해 별도의 허가를 받도록 한 정책이 있다면, 허가증이 없는 우리가 아무 일 없이 통과할 수는 없다. 그건 혹시 짬짜미의 근거일지도 모르겠다는 생각이 든다.

얼마 있다 통과 명령이 떨어졌나 보다. 서 있던 차량이 일제히 출발한다. 불안한 마음을 뒤로 하고 쟝무를 향한 비포장 좁은 길을 계곡과 함께 달린다. 자연은 니알람을 경계로 완벽하게 변신한다.

설산을 머리에 인 황무지, 군데군데 유목하는 티벳탄과 손을 흔들며 반가움을 나눴는데, 니알람을 지나면서부터는 일체 사람의 흔적을 찾을 수가 없다. 대신 풀과 야생화, 키 작은 관목이 나타나더니 드디어 숲이 모습을 드러낸다.

함께 달리는 보아취허波曲河는 억겁을 흐르면서 히말라야의 속살을 파고들어 깊이를 가늠할 수 없는 협곡을 만들었다. 사람은 아주 오래전부터 절벽 중턱에 길을 냈다. 바위를 깨고 겨우 만든 틈새, 오금이 저릴 만큼 낭떠러지에 걸친 길을 위태롭게 지난다.

중국에는 우리에겐 생소한 잔다오공栈道工이라는 직업이 있다. 바로 쟝지아지에张家界, 티엔멘샨 구웨이구- 잔다오天门山鬼谷栈道를 건설한 인부를 일컫는 말이다. 수백 길 절벽에 앵커 볼트를 박아 난간 같은 길을 낸다.

보아취허를 따라가는 요우칭공루도 마찬가지다. 물길이 파고든 협곡은 좀 과장해서 표현하면 손바닥 하나도 들어갈 수 없는 좁은 틈새로 이루어진 수백 길 협곡이다. 잔다오와는 다르지만, 디귿자로 파낸 곳을 지날 때는 차량 지붕이 바위에 걸릴 것 같은 생각에, 부질없지만 저절로 고개를 숙이게 된다.

그들의 수고 덕분에 우리는 절경을 감상하고 있다. 지금까지 좋지 않았던 기억을 모두 날려 보낼 수 있을 만큼, 어떤 말로도 표현할 수 없는 환상적인 드라이브 코스가 펼쳐졌.

도로는 끝이 없이 내려가는데 맞은편 산은 바위와 나무가 어우러져 그 사이를 50m 아니 30m마다 하나씩 폭포가 흰 물줄기를 그린다. 그것도 백 척 이상 심지어는 몇 백 척에 이르는 폭포가 불규칙하게 금을 그리듯 하나씩, 협곡 중턱에서 쏟아져 나오는 듯, 흘러내리다 사라지듯 변화무쌍하게 무리를 이뤘다.

어떤 곳은 바닥에 닿기도 전에 흩뿌려져 물줄기가

끊어진다. 폭포가 아니라 실연당한 여인처럼 펑펑 우는 히말라야의 눈물 같다. 산 전체가 오열하듯, 물줄기를 토해낸다. 그걸 인간의 눈으로 보니 선경이 따로 없다. 가히 무릉도원이다.

  눈으로 볼 수 있는 맨 꼭대기에도 폭포가 걸쳐 있다. 도로 위쪽에서 떨어지는 물이 그대로 길바닥으로 쏟아진다. 차를 멈추니 지붕을 요란하게 두들긴다. 그야말로 천연 세차장이다.

  도로를 넘어서 떨어지는 폭포, 차량이 그 속을 통과한다. 통라를 넘을 때도 그랬지만 기사가 조금은 장난기가 있는 모양이다. 폭포 안쪽에 차를 세우더니 우릴 돌아보면서 씨-익 웃는다. 그 덕에 어두침침한 폭포 안쪽에서 밖으로 떨어지는 물줄기를 감상할 수 있었다.

쟝무 가는 길

우리는 한 시도 눈을 떼지 못하고 그렇게 왔다. 중국의 지어자이거우九寨沟, 후앙샨黃山, 장-지아지에 등 모든 유명 관광지도 이곳만은 못할 것이라는 생각이 들게 하는 비경이다. 그러나 도로 공사를 하는 것으로 보아 더 이상 이렇게 숨어 있기는 어려울 것 같다.

진작 해가 진 협곡은 이제 날이 저물었다. 지프차 전조등이 허공을 가르면서 마치 꿈속을 헤매듯 지그재그로 돌아 드디어 나타난 불빛, 인가가 보이면서 분위기가 소란스러워진다. 드디어 경계에 도착한 것이다. 국경 도시 쟝무!

경사가 근 50도는 되어 보이는 산 중턱을 깎아서 지그재그로 시내 도로가 있는 곳, 비탈이라 해도 사람에게 필요한 모든 것이 있다. 시장, 여관, 가게가 연이어 자리를 잡고 있다.

국경 도시답다. 날이 저물어 출국 허가를 받지 못한 트럭이 길가에 빽빽하게 주차를 하고 있다. 하긴 비탈이라 주차장 만들 곳도 없을 것 같다. 교행이 어려운 길을 용케도 빠져나간다.

꼬마를 먼저 내려주었다. 무표정하게 돌아서는 녀석을 보면서 약간은 서운한 마음과 짠-한 느낌이 든다. 가이드가 어디로 갈 것이냐고 묻기에, "깡지엔 빈관!" 하니, 출입국 사무소 바로 앞으로 데려다 준다. 날이 저물어 컴컴하다.

그렇게 해서 국경까지 멀고 먼 길을 도착했다.

쟝무 가는 길

16 경계 :: 금線을 넘다.

쟝무樟木, 마을 뒷산에서 내려온 폭포물이 그대로 도시를 관통하여 흡사 소나기 온 뒤의 도로 모습과 같다. 숙소刚坚宾馆, Gangjian Hotel로 들어가는 입구에는 널빤지를 걸쳐 놓았다. 여장을 풀었다.

우리의 차마고도 여행은 이렇게 종료되었다. 쿤밍에서부터 기차로, 버스로, 랜드크루저 그리고 당혹스런 히치하이킹으로 무려 3,800여 Km, 숱한 우여곡절과 험난한 길을 헤쳐 드디어 여기까지 왔다.

용기를 내기가 쉽지 않았던 길, 티베트어는 한마디도 모른다. 중국어도 마찬가지다. 겨우겨우 토막 난 단어, 필담과 보디랭귀지 그리고 눈치에 의지했다. 아쉬운 점도 있지만 무사히 도착했다는 안도감에 괜스레 입가가 실룩거린다.

그 기분에 밤늦게까지 한잔했다. 호텔 앞 쌍나씨위중씬桑拿洗浴中心, 사우나 목욕센터다. 피로를 풀 겸 마사지를 받으러 갔다. 누군가 들어오는 것을 본 것 같은데 그대로 곯아떨어졌다.

난 성격이 좀 예민하다. 잠자리가 바뀌면 잠을 잘 못 이룬다. 그럼에도 국경에 도착한 안도감과 피곤함이 겹쳐선지, 거기서 잠이 든 것은 스스로도 이해가 안 된다. 다운이 깨웠다. 부축을 받으며 비몽사몽 숙소에 떨어졌는데 그래도 아침에 일어나니 몸이 무겁다.

기분 전환을 위해 위쪽으로 올라가면서 산책을 해 본다. 쟝무라는 도시 참 대단하다. 이런 곳에 어떻게 마을이 생겼을까? 요우칭공루가 뚫리면서 필요에 의해 만들어지긴 했지만 마치 공중 도시를 보고 있는 느낌이다. 출입국 사무소가 어딘지 확인하고 식사를 했다.

식당 종업원 말로는 네팔 루피화로 바꿀 때는 은행보다 거리의 환전상이 더 후하게 쳐준다고 한다. 환전상이 무리지어 다닌다. 서너 명의 아주머니, 네팔 돈을 다발로 들고 "익스체인지, 익스체인지" 하면서 호객을 한다.

식당 주인도 마찬가지다. 지나가듯 물어보기에 중국 돈을 모조리 루피화로 바꿨다. 뜯긴 100위안짜리, 중간에 슬쩍 끼워서 건네주었는데 안 통한다. 100위안짜리는 무조건 한 장 한 장 뒤집어 본다.

배낭을 메고 출국 사무소 쪽으로 걸어갔다. 중구어하이관 中国海关, 세관이라 쓴 아치 뒤로 출입국 관련 관공서가 연이어 자리를 잡고 있다. 세관을 지나 검역소를 통과하니 비로소 중국을 탈출한 기분이다.

여행 허가증이 그렇게 마음을 졸이게 했는데 출국 사무소에서는 일언반구도 없다. 공안 따로, 출입국 사무소 따로, 행정의 일관성도 없는 것 같다. 아니면 티베트를 떠나는 외국인이어서 신경 쓸 필요가 없는지도 모르겠다.

"자! 출국 허가를 받았으니 국경까지 걸어서 가 보자."

네팔의 국경 마을인 코다리까지는 11km, 바로 발밑 협곡 사이로 훤히 내려다보인다. 쟝무에서 걸어 굽잇길에 이르면 등산로가 있다고 하였다. 좁은 비탈길을 내려가려 했으나 12kg의 배낭을 메고는 무리겠다. 그냥 조금 더 걸어 보자. 내리막인데도 지친 몸에 얹힌 배낭은 자꾸 발걸음을 붙잡는다.

도로 옆 바위에 배낭을 얹어 놓고 앉았다. 언덕 위 아슬아슬하게 걸친 쟝무, 구름을 뚫고 솟아오른 바위산 꼭대기에도 두 개의 물줄기가

세관 지나 올려다 본 쟝무

선연하다. 도로가 흡사 한바탕 소나기 온 뒤의 모습과 같던 이유는 바로 저 폭포였다.

　기분이 좀 묘하다. 자꾸 헛웃음이 나온다. 여기는 티베트와 네팔의 접경지대다. 국경을 넘지 않았으니 아직은 티베트다. 그런데 출국허가를 받고 나왔으니 중국의 관할권에서는 벗어났다. 네팔에 입국한 상태도 아니다. 이 상황에 처한 우리를 무엇으로 불러야 할까? 주변인 아니면 경계인?

차를 타기로 했다. 국경 통과하는 차량이 많다. 빵차 다마스 비슷, 20위안 달라기에 15위안으로 깎았다. 비포장 길, 덜컹거리면 엉덩이가 아프다. 아마도 완충 장치가 제 기능을 못할 만큼 낡아선지 도로의 충격이 그대로 전해진다. 엉덩이가 그대로 길바닥에 닿는 느낌이다.

국경선을 통과하기 전 빵차에서 내렸다. 마주치는 사람들의 모습이 확 바뀌었다. 겨울이 갑자기 여름이 된 것처럼 낯설다. 드디어 국경선, 네팔과 티베트 사이 보아취허波曲河를 건너는 아치형의 다리, 7, 80여m 길이의 요우이치아오友谊桥, Friendship Bridge, 한가운데에 국경선 표시가 있다.

나는 태어나서 처음으로 국경선이라는 것을 보았다.

다리 한가운데 붉은 페인트로 금을 그어 놓고 네팔과 티베트 땅을 가르고 있다. 우린 간단하게 그 엄청난 의미의 국경선을 밟고 있다. 그리고 이곳 네팔과 중국, 아니 티베트와 네팔의 경계에서 티베트를 떠나려 하고 있다.

우리는 티베트에서 뭔가를 보길 원했다. 그것이 우리와 연결될 수 있는, 증명될 순 없지만 희미한 뭔가가 있을 것으로 생각했다. 아라지쵸와 아리랑, 창틀의 채색과 단청, 룽다와 솟대, 타르쵸와 금줄, 마니두이와 돌탑, 할머니의 눈빛과 인정, 카타와 실타래로 전하는 마음, 내가 보고자 했던 것과 가장 비슷한 모습일까?

하지만 우리에게 다가오는 순수한 미소와 꾸밈없는 느낌 외에 뭔가가 있을 것 같은 그것이 무엇인지는 끝내 보질 못했다. 아니 이들은 내가 그것을 확인하지 못했기에 다시 한 번 그 실체를 보아야만 할 발걸음의 초대장을 남겨 준 것인지도 모르겠다.

그런 생각을 하면서 다운은 네팔 쪽, 나는 티베트 쪽에 서서 국경선을 밟고 사진을 찍으려는데 뒤에서 소리를 지른다. 빨리 건너가라고 손짓을 한다. 다리가 보안 시설이라는 것을 깜빡했다. 그렇지만 좀 아쉽다. 다시 올 수 있을지, 티베트 국경을 이렇게 간단히 넘다니…….

눈에 밟힌 티벳탄

티베트를 떠나며 한 가지 잔상이 뇌리에 남았다.

17단계 :: 안나푸르나와 서민

국경 마을 코다리Kodari를 통해 네팔로 들어갔다. 만만찮은 도로, 무너진 길이 가장 먼저 맞이한다. 세 시간을 기다렸으나 차량 운행이 불가능하다. 그 길을 걸어서 반대편에서 올라온 택시를 타고 삿갓배미 다락논의 협곡을 지나 카트만두 여행자 거리인 타멜Thamel,「호텔 서울」에 짐을 푸니 해가 뉘엿해졌다.

헷갈리기 이를 데 없는 네팔, 전 세계적으로 유일한 3시간 15분의 시차, 삼각형 2개를 이어 붙인 형태의 국기, 좌측통행, 13종류에 이른다는 화폐, 차량, 오토바이, 사람, 심지어 소까지 뒤죽박죽, 교통경찰로는 역부족인 난장판 도로…….

다음 날, 여행 안내소를 찾아갔다. 항공 티켓, 호텔, 안나푸르나

트래킹 가이드 등을 소개하는 직원이 터무니없는 가격을 부르기에 포기했다. 우리는 또다시 객기를 부리고 말았다. 무조건 짐을 꾸려 계측기도 없이 바가지를 씌우려는 택시 기사와 싸워 가면서 공항으로 갔다. 그러나 버스터미널처럼 생각한 건 오판이다.

다시 U-턴한 호텔, 뺀질거리는 매니저 현지인가 1인 여행사로 안내를 한다. 인천, 포카라행 항공기 티켓팅과 호텔 및 가이드를 소개받았다. 여행사 사장이 형이라고 한다. 어쩐지 좀 비슷하다. '자식이 진작 말하지……'

어수선한 공항, 예정 시간보다 무려 세 시간이나 넘겨 운행되는 포카라행 18인승 경비행기, 개방된 조종실, 역할이 뭔지 알 수 없는 스튜어디스, 소음과 진동, 기류 변화에 춤을 추듯, 잘못되면 어쩌나 하는 우려 속에 무려 이틀이나 걸려 도착한 포카라, 호텔 U&I에 짐을 풀었다.

뒤쪽으로 나가는 출입문에 눈이 꽂혔다. 양쪽 문설주에 걸쳐 있는

포카라의 뒷문

세 개의 대나무, 어디서 많이 본 듯하다. 제주도 정낭도 구멍이 세 개다. 제주도의 현무암으로 만든 정주석과 대나무로 만든 문설주의 재료가 다를 뿐 모양이나 형태가 판에 박은 것처럼 똑같다.

호텔 주인은 전형적인 인도풍의 네팔인과는 다르다. 오히려 작달막한 키에 쌍꺼풀 없는 눈, 북방계통의 한국인과 닮았다. 제주도 정낭과 출입문, 외 눈꺼풀, 어쩌면 연결점이 있지 않을까?

다음 날, 아침에 일어나 창문을 열었다. 정면으로 세상 모든 것을 압도할 듯, 장쾌한 설산이 펼쳐졌다. 안나푸르나 1, 2, 3봉, 그리고 마차푸차례, 만년설을 이고 우리를 내려다본다.

생전 처음 보았다. 웅장하고 높다. 히말라야 등줄기를 타고 넘었음에도 이제야 비로소 그 위용을 보고 있다. 그리고 형언할 수 없는, 안나푸르나를 볼 수 있게 해 준 그 무엇에 감사했다. 나는 안나푸르나가 계속 보일 줄 알았다. 그러나 그 후로는 단 한 번도 보지 못했다. 사진이라도 찍어 둘 걸…….

카트만두에서 소개받은 가이드 녀석, 폐와 호수$^{Phewa\ Lake}$ 옆 산으로 우릴 안내한다. 한참을 오르는데 앞서 가던 녀석, 양말에서 뭔가를 떼어 낸다. 그리고 우리를 돌아보면서 히죽거리는데? 발목이 근질근질한 것 같다. 바지를 걷고 양말을 벗겨보니, 으악!

우리나라에 있는 자벌레 같은 거머리가 오른발에 세 마리, 왼발에 두 마리, 새카만 게 정말 징그럽다. 놈은 손가락으로 튕겨도 떨어지질 않는다. 결국 손으로 잡아 떼어내야 했다. 그러나 물린 자리에서 피가 주르륵…….

한참을 지나도 멎지를 않는다. 아마도 놈이 피를 빨 때 혈전용해제 같은 성분을 투여하는 모양이다. 그 두터운 등산 양말에 피가 흥건하게 밸 정도에 이르러서야 겨우 멎는다. 그 후로 나는 아무리 힘들어도 맨바닥에 앉지 못했다.

사랑곶Sarangkot viewpoint까지는 트래킹을 하려 했었다. 그러나 가이드 녀석은 현지 사정에 어두운 우릴 엉뚱한 곳으로 안내해 주고만 것이다. 그것도 사랑곶과 반대편으로, 트래킹을 포기했다.

다음 날, 10루피를 주고 빌린 자전거를 타고 둘러본 포카라, 네팔 사람들 일하는 모습은 우리와 사뭇 다르다. 옛날 넝마 일을 하던 사람들이 지고 다니던 큰 바구니 비슷한 것에 끈을 묶어 이마에 걸쳐 메고 물건을 운반한다.

그런데 그걸 이마에 멘 상태에서 흙을 한 삽 퍼서 바구니에 담으니 몸 전체가 휘청-, 그리고 느릿느릿, 건물 기둥에 들어가는 철근 달랑 여섯 개, 상판을 받칠 수나 있을지 걱정된다.

네팔과 고용 허가제를 통한 근로자 공급을 위해 한국 정부와의 양해 각서가 체결되었다고 한다. 앞으로 네팔에서의 유망한 사업 중의 하나는 한국어 학원이라는 말도 있다. 저 사람들 한국에서 일할 수 있으려나 모르겠다.

한국의 노동 문화에 이들은 태생적 한계를 가질 수밖에 없다. 그러기에 인권 문제는 어떻게 해결할지, 저 사람들 데려다 조직 목표와 그 문제를 어떻게 조화시킬지 걱정스럽다.

포카라, 네팔 제2의 도시다. 아직 도시화가 진행되지 않은 나라여서 규모가 크진 않기에 안나푸르나가 이 지역 경제를 떠받쳐 준다. 그러나 산을 통해 창출된 경제력은 소수에게 집중된다.

우리가 보고 있는 서민에게 돌아갈 몫은 없는 것이다. 그러기에 거리마다 집집마다 할 일 없는 사람이 부지기수다. 자전거를 타고 돌아본 포카라의 서민, 궁핍窮乏을 벗어나기에는 사회적 한계에 부닥쳐 있는 듯이 보인다.

그런데 아무래도 의심스럽던 자전거가 고장이다. "끼리릭, 끼리릭", 하더니 체인이 엉켜 페달을 밟을 수가 없다. 다운을 먼저 보내고 고철덩어리를 끌고 가려니 목이 탄다.

'이걸 확! 팽개쳐 버릴까?'

가게에서 시원한 물을 달라 하니, "Power No!", 미지근한 물을 준다. 낮에는 전기가 들어오질 않는다. 그걸 한 병 다 마셔 버렸다. 시내에 들어오니 다운이 "나 누구 만났는지 알아요?", 한다.

카트만두 공항에서 한국인 아가씨 두 사람을 만났었다. 다른 비행기를 타고 먼저 떠났었는데 우연히 만난 것이다. 함께 한 식사

포카라의 서민 가옥

자리, 우리보단 여행의 고수다. 같은 비행기를 타고 카트만두 그리고 한국으로 돌아간다고 한다.

호텔 식구들과의 마지막 밤, 주인과 아들 내외, 조카까지, 테라스에서 벌어진 맥주 파티, 모두 함께 어우러지니 한국의 어느 시골집처럼 정겹기까지 하다. 아침에 주인이 맥주 두 박스를 냉장고에 넣는 것을 보았기에 외면할 수가 없었다. 그리하여 이를테면 송별회 비슷한 자리가 되었다. 맥주병이 테라스를 한 바퀴 돌았다.

호텔에 묵는 나흘 동안 손님이라곤 오직 우리 밖에는 없었다. 성수기를 지나긴 했지만 찾는 이가 없어 호텔을 전세 냈다. 조금은 안됐다는 생각이 든다. 하루 숙박비 8달러, 10,000원 돈, 호텔 주인은 밥값까지 다 합쳐야 50달러가 못 되는 돈을 벌었다.

"포카라 컴백! 포카라 컴백!"

포카라의 서민

주인아저씨, 포카라 다시 오라고 몇 번을 얘기한다. 우리도 다시 오겠다고 구속되지 않을 약속을 했다. 내일 간다니 섭섭했나 보다. 한국 사람에게 많이 소개해 달라고 신신당부한다.

우리도 섭섭하여 대취했다. 이날 포카라 하늘은 구멍이 뚫린 것 같았다.

18 복귀 :: 한국인과 티벳탄

트리부반 국제공항 Tribhuvan International Airport 으로 나갔다. 하릴없는 오전을 보내다 좀 서둘렀다. 포카라로 가기 위해 며칠 전에 왔을 때의 한적한 모습과는 전혀 딴판이다.

청사 밖, 보안 검색을 위해 대기한 사람이 장사진이다. 맨 끝줄에 서 있으니 한참을 지나도 변동이 없다. 창구가 하나밖에 없는 모양이다. 언제나 들어갈 수 있을지, 이러다 비행기를 놓치는 것은 아닌지 조바심이 난다.

외국으로 돈 벌러 나가는 사람, 승려, 아가씨, 바리바리 싸 짊어진 사람……. 가능이나 한지. 그래도 보안 검색대에는 여성 전용 게이트가 있다. 여성이 별로 안 보이니, 오는 대로 프리 패스? 계류장에 서 있는 한국 국적기, 당연하지만 괜히 반갑다.

아래를 내려다보니 브라마푸트라 강 어디쯤인가? 끝없는 물 위로 말로만 듣던 수상 가옥이 보인다. 저 강을 거슬러 오르면, 히말라야를 관통하고 티베트를 횡단하여 인간 세상의 중심 쒸-미산 须弥山,

카일라쉬까지 이르는 야루창뿌雅鲁藏布로 연결된다. 그렇게 바람의 길, 물의 길은 아무 걸림돌 없이 억겁을 흘렀다.

　티베트로 가는 길은 몇 개가 있다. 공가 공항貢嘎机場의 하늘길, 칭창후아쳐青藏火车의 철도, 쓰촨에서 연결되는 촨창공루, 카쎈客什에서 들어가는 씬창공루新藏公路, 우리가 지나온 차마고도까지, 티베트가 나가는 길이 아니라 중국이 필요에 의해 들어가는 길이다.

　반면, 티베트가 바깥세상과 소통할 수 있는 거의 유일한 길이 바로 네팔을 연결하는 중니공루中尼公路다. 그럼에도 티벳탄이 히말라야를 넘는 길은 막혔다. 허락된 몇 사람, 중국의 이익에 기여할 트럭만 오갈 수 있다. 중국의 이해관계에 의해 만들어졌기 때문이다.

　그러나 국경에서 외국인에게까지 펼쳐지고 있는 중국 정부의 삼엄한 경계, 굳이 한족만을 가이드로 쓰도록 한 티벳탄 배제 정책, 히말라야를 가르는 국경 수비대의 실체는 그 필요성 이상의 뭔가가 있다는 것을 의미한다.

　그것은 바로 독립을 향한 절절한 외침, 백여 명에 가깝고도 끊이지 않는 소신공양燒身供養, 정중동의 활화산 같은 형형炯炯한 티벳탄의 눈빛이 죽지 않고 살아 있음을 역설적으로 보여 주는 것이라고 이해하기로 했다.

　요우칭공루, 인위적인 통제 외에 자연적으로는 막히지 않았다. 중국의 필요성 이상으로 티베트의 절실함이 더 크다. 언젠가는 티벳탄의 길이 될 것으로 믿기로 했다. 그렇게 보는 한, 티베트의 입장에서도 우정공로라 부르는 것이 얼마나 마땅한지, 내 눈으로 보고서야 알았다.

신문지상의 한쪽 귀퉁이에 겨우 매달린 온몸을 불사르는 티벳탄의 소신공양 소식, 제발 다른 민족도 아닌 우리라면 그들의 소신을 분신자살로 폄하하지 않았으면 좋겠다. 한국의 주류 사회, 아주 쉽게 승자의 편에 서는 경향이 있음을 부인하지 못한다.

떠올리기도 싫지만 우린 35년, 한 세대가 넘는 일제 강점기를 거쳤다. 정신을 차릴 사이도 없이 국제 관계에 뒤엉켜 전쟁을 치렀다. 중국은 1951년, 한국전 개입과 동시에 슬쩍 물 타기 하듯 평화롭던 티베트를 명분도 없이 침공했다.

미국과 중국 그리고 소련의 패권 경쟁의 소용돌이, 한국 전쟁에 가려져 구렁이 담 넘어가듯 변방에서 일어난 그 일은 국제적 이슈가 되지 못했다. 영악한 한족은 그렇게 티베트를 침공했고 60년이 넘도록 강압적 지배를 이어가고 있다.

그러기에 포탈라 궁 맞은편, 「西藏和平解放纪念碑」는 역설의 상징이다. 중국이 가해자고 티벳탄은 피해자다. 티베트는 중국의 지배를 받거나 묶여야 할 어떤 역사적 연유도 없다. 엄연한 사실인데 인식을 못 하고 있다.

티벳탄의 소신은 중국의 그런 강압적 지배가 정당하지 못함을 온몸을 던져 세상에 고하는 숭고한 자기희생이자 살신성인이다. 중국은 그 소신을 분신자살이니, 신변비관이니, 경제적 문제니 하면서 파급 효과를 차단하기 위해 안간힘을 쓴다.

자살은 고립과 욕심에서 비롯된다. 내가 본 티벳탄은 적어도 중국인이나 우리보단 탐욕이 적다. 그러기에 경제적 이유로 자살할 동기가 크지 않다. 더구나 빈곤 때문에 자살하는 사람은 그 방법을

택하지 않는다. 그들은 형제공처제로 상징되듯 가족 공동체 사회다. 결혼을 못해 비관 자살할 이유도 없다.

그럼에도 우린 중국의 티벳탄 폄하 시각에 무비판적으로 동의하고 있다. 아니 오히려 그들이 중국 발전에 걸림돌이라는 식의 표현으로 엉뚱한 보도를 할 때도 있다. 독립을 향한 절절한 외침을 그저 '티베트의 소요 사태'라고 기술한다. 그들의 저항은 가십거리가 아니다. 절대적 생존의 문제고, 민족의 정체성이다.

피지배라는 민족적 경험을 같이 한 우리는, 비록 우리 책임은 아닐지라도 한국 전쟁과 티베트 침공이 사실적, 역학적으로 결부되어 있음을 부인하지 못하는 한, 티벳탄에게 그렇게 하면 안 되는 것이다. 결코 그렇게 할 수는 없다.

조캉사원 앞의 기도

돈이 전부가 아니다. 물론 경제적으로만 따지면 중국은 끝을 알 수 없는 거대 시장이다. 그러나 티벳탄의 정신을 존중하는 것이 곧 중국 시장의 포기를 의미하지 않는다. 굳이 그렇게까지 하지 않아도 중국에 등을 돌리는 것이 아니다.

국제 관계, 힘의 논리가 지배하고 있음을 부인하진 못한다. 그러나 경우에 따라 경제적 이득보다 훨씬 중요한 가치가 있다. 그러기에 외교적, 수사적 테크닉이 필요하다. 종교적 이유도 있지만, 가치관에 따라 그 이익을 포기하는 사람도 있다. 영화배우 리차드 기어……

티벳탄은 그들 방식대로 살아 왔고 그렇게 살아야 한다. 중국의 방식과는 다르고 다를 수밖에 없다. 물신주의가 자연주의, 라마교에 기댄 삶보다 행복할 것이라고는 말할 수 없다.

부유하진 않지만 부탄의 행복지수가 그 답이다. 부탄 사람이 행복한 것은 자신의 방식대로 살기 때문이다. 우리가 일본의 지배를 벗어나 우리 결정에 의해 살듯이, 티벳탄은 그들 결정에 따라 자신의 방식대로 살아야 한다. 티벳탄은 그럴 자격이 있다.

다시는 티벳탄의 소신공양 소식이 들려오지 않기를 기원했다. 현실적으로 독립이 어렵다면, 자신의 삶이나마 자신이 결정할 수 있는 국방, 외교권만 인도에 위임하는 부탄식 자치라도 실현되길 바랐다. 조금은 수줍어하면서 살포시 웃던 수많은 티벳탄의 얼굴이 스쳐 지나가더니 어느새 어두워졌다.

포카라에서 만났던 아가씨들은 비행기 탔는지 모르겠다. 목포, 군산, 천안, 수원의 밤하늘을 거슬러 올라갔다. 하늘에서 내려다보는 한국의 밤은 참 밝다.

못다한 이야기

한 마음에 누가 될까 저어됩니다.
이나 가슴에 솟은 감정을 제대로 표현하지 못하여 그 아름다운 자연에 따뜻이 들어 남일의 전령을 모았습니다. 다만, 어휘력이 부족하여 눈에 비친 모습 서울함, 눈가를 스친 그런 기억들을 들리기에는, 잊기에는 정말 아깝다는 생각 무심한듯 지나치거나 만났던 티벳탄의 순수한 눈빛, 반가움과 아쉬움. 그리고 우연한 재회, 초승을 훑어 보았던 룸창, 처음 맛났던 인정을 보여준 형님들, 그렇게 太古의 세월이 빚어낸 숨이 막히도록 아름다운 자연, 생각도 못했던 생각을 엄두도 내지 못했었습니다.
그리기에 보고 느낀 것이 있어도 글로 표현하고 러나아가 그것을 책으로 만든다는 글을 쓸 기억은 물론 연애편지 한번 제대로 써본 적이 없습니다.
애초에 책을 쓰겠다는 생각은 하지 않았습니다!

茶 马 古 道에서 쓰러져간 티벳탄의 충혼을 빌며……

溪峻 宋 承 求 사룀

겠습니다! 고맙습니다!

그것을 다시 볼 용기를 내 보았으면 합니다. 출질, 해량해 주시면 감사하겠습니다. 이번여행을 통해 보지 못한 것이 있어 누군가는 길이 있어 간다고 했습니다. 이번여행을 통해 보지 못한 것이 있어 정용철, 친구에게 무한한 감사를 표하고 싶습니다.

특히 이번여행을 하면서 오랜시간 무던히도 참아주고 동고동락했던 茶耘 둔둔한 정을 배풀어 주신 대대해 리할 나위 없는 감사를 드립니다. 여행도중에 만났던 대구에 계시는 김재덕, 이동진 형님, 우연한 동행 이상의 백현경 등 직원 모두에게 고맙다는 말을 진합니다.

내가 없는 동안 사무실 운영에 지장이 없도록 물신을 다한 김윤홍, 오창환, 친구의 느닷없는 말에 스스로 반신반의 하면서 용기를 낼수 있었습니다.

내게 이런 좋은 경험을 할수 있도록 용기 부여를 해 준 친구 오진, 어쩌면

초판 1쇄 인쇄일 2013년 08월 20일
초판 1쇄 발행일 2013년 08월 23일

지은이 송승구
사진제공 김재덕 · 이동진 · 정용철
펴낸이 김양수
편집디자인 곽세진

펴낸곳 도서출판 맑은샘
출판등록 제2012-000035
주소 경기도 고양시 일산동구 마두동 827-5번지 1층
대표전화 031.906.5006 팩스 031.906.5079
이메일 okbook1234@naver.com
홈페이지 www.booksam.co.kr

ISBN 978-89-98374-24-2 (03910)

「이 도서의 국립중앙도서관 출판시도서목록(CIP)은 서지정보유통지원 시스템 홈페이지(http://seoji.nl.go.kr)와 국가자료공동목록시스템(http://www.nl.go.kr/kolisnet)에서 이용하실 수 있습니다.(CIP제어번호: CIP2013015485)」

*저작권법에 의해 보호를 받는 저작물이므로 저자와 출판사의 동의 없이 내용의 일부를 인용하거나 발췌하는 것을 금합니다.
*파손된 책은 구입처에서 교환해 드립니다.